旅顺史地论谭

大连市政协文化体育和文史资料委员会
大连市旅顺口区政协 ◎编
大连市旅顺口区史志办公室

大连理工大学出版社
Dalian University of Technology Press

图书在版编目(CIP)数据

旅顺史地论谭 / 大连市政协文化体育和文史资料委员会, 大连市旅顺口区政协, 大连市旅顺口区史志办公室编. -- 大连 : 大连理工大学出版社, 2022.12（2023.2重印）
ISBN 978-7-5685-3378-2

Ⅰ. ①旅… Ⅱ. ①大… ②大… ③大… Ⅲ. ①旅顺口区 – 地方史 – 研究 Ⅳ. ①K293.14

中国版本图书馆CIP数据核字(2021)第243349号

LüSHUN SHIDI LUNTAN

大连理工大学出版社出版

地址 : 大连市软件园路 80 号　　邮政编码 : 116023

发行 :0411-84708842　　邮购 :0411-84708943　　传真 :0411-84701466

E-mail:dutp@dutp.cn　　URL:https://www.dutp.cn

大连图腾彩色印刷有限公司印刷　　大连理工大学出版社发行

幅面尺寸:170mm×240mm　　印张:21　　字数:359 千字

2022 年 12 月第 1 版　　2023 年 2 月第 2 次印刷

责任编辑:邵　婉　张　娜　　责任校对:齐　悦

封面设计:奇景创意

ISBN 978-7-5685-3378-2　　定　价:168.00 元

前言

历史，是一座城市的“根”与“魂”，更是一座城市生生不息、砥砺前行的动力。“一个旅顺口，半部中国近代史”。旅顺口，以其在中国近代史上的特殊经历而被世人所熟知，近代旅顺历史也因此成为史学界研究的重点。

多年来，一些热爱旅顺的人士，围绕旅顺口历史事件、历史人物、历史建筑等展开研究与探访，聚焦其中的一桩事件、一个人物、一幢建筑、一条街道等，写下了许多颇有见地的文章。铭记历史，从历史中汲取智慧和力量，方能鉴往知来，砺行致远。《旅顺史地论谭》就是通过辑录二十年来部分专业与业余史学工作者的研究文章，帮助读者更加深入地感受旅顺口的历史沧桑，传承旅顺口的历史文脉，不仅助力市、区政协文史资料工作发挥“存史、资政、团结、育人”作用，更为城市、为国家的发展和进步凝聚更大力量。

编纂时，我们力争使不同的学术观点都能得到体现，同时，根据专家的意见，对部分文章及注释进行了修订。由于书籍内容庞杂、编著者水平有限，不当之处在所难免，真诚欢迎读者朋友批评指正。

本书编委会
2022 年 9 月

目 录

旅顺明代北城究竟毁于何时

韩行方

旅顺明代北城到底毁于何时，历来说法不一。2008 年春，旅顺地方史爱好者从网上下载的老照片中，发现了有关此段史实的重要线索，并订正了长期以来人们的误记讹传。

《大连通史》（古代卷）记载：明代大连地区除筑有金州城、复州城两座规模较大的州（卫）城外，还筑有规模虽小而地位特别重要的旅顺南北二城……

南城以原普西（原文如此——引者注）金小学为中心（大华街、长江路、红光街、忠诚街中间部分），北城以今旅顺九三小学为中心（清代为宋庆兵营）。两城相距约 200 米。

明太祖洪武四年（1371 年）七月，定辽都卫都指挥使叶旺、马云二将率大军在狮子口登陆后，改狮子口为旅顺口，当即命军士“树木为栅”，修成一座木栅城，留兵防守，此即旅顺北城。洪武二十年（1387 年），为防倭寇侵掠金州沿海，明廷决定加强旅顺一带海防，即将金州卫中左千户所调往旅顺驻守……永乐十年（1412 年）由金州卫指挥使徐刚主持，将木栅城改筑为砖城。新筑就的旅顺北城，周长一里一百八十步，护城河深一丈二尺、宽二丈。砖城南北各有一座城门：南曰“靖海”，北曰“威武”……

到嘉靖四十四年（1565 年）《全辽志》成书时，旅顺“北城废”，明末后金南下时拆毁了北城，旅顺南城则废于清代。[1]

大连地区最早的方志著作《南金乡土志》“城池志”中关于旅顺古城，仅有两则简短的记载：

旧旅顺城，治城西南一百二十里，周围一里五十五步，一门。

旅顺城，治城西南一百二十里，周围一里二百十八步，一门。[2]

《简明大连辞典》则称：“旅顺城……明末毁掉。清康熙五十四年设水师营后，重修北城，仅留一门。两年后水师营移今水师营镇，又名新城……后历经战乱，南北城俱废。”[3]

俄军红十字战地医院照片中所见的旅顺北城

孙宝田的《旅大文献征存》根据前人之著作，对“旅顺城”做如下综述：“《全辽志》云：旅顺南北二城，在金州城南一百二十里，俱临海。北城洪武四年（1371 年），都指挥使马云、叶旺立木栅以守。二十年设中左所，永乐元年（1403 年）设都司官备御，十年指挥徐刚砖砌，周围一里一百八十步，池深一丈二尺，阔二丈。城门二，南曰靖海，北曰威武。南城永乐十年（1412 年）徐刚包筑，周围一里三百步，池深一丈二尺，阔二丈五尺，城门二，南曰通津，北曰仁和。登州卫海运军需至此。今北城废（旅顺在金州城西南境，其南北二城至清时均废）。”[4]

以上罗列了几部史志著作关于“旅顺城”的记载，其中以成书于 1565 年（明嘉靖四十四年）之《全辽志》为最原始、最权威，近世大连地区的诸多史志关于旅顺明代南北二城的记述都是根据此志的说法。关于旅顺城废毁之时间，有说“其南北二城至清时均废”，也有说“明末后金南下时拆毁了北城，南城则废于清代”。尽管说法略有差异，但旅顺南北二城到清代均已废毁之说，却都是一致的。

2008 年 5 月，大连市第五十六中学原教师李华家、林辉二人从网上下载的一张老照片，却使我们对上述说法产生了动摇。这张照片，是沈阳市一位网友在“中国记忆论坛”的网页上发布的（见上图）。

这是俄国“租借”旅大时期的一张明信片。明信片下方的俄文说明是“旅顺医院”。照片中央矗立一高大帐篷，帐篷前上方缀一个硕大的红十字；帐篷顶端插有一排旗帜；帐篷前横排多列外国人，有男有女，百余人；前排站

宋庆毅军兵营照片中所见的北城门

立者中有数名俄国军官与女士。仔细端详照片的背景，竟然有出人意料的发现：帐篷右侧，是一段城墙，城墙上面凹凸形的堞墙清晰可辨。帐篷左侧有高耸的城门楼和逶迤的远山。从山势轮廓及山下数排俄式平房建筑分析，此地应是旅顺白玉山东北麓。照片中的城门楼，或许就是明代北城之北门。这幅照片的拍摄时间为 1902 年，此时正是俄国“租借”旅大之后第五年，日俄战争尚未爆发。

在得到俄人 1902 年明信片的照片不久，李华家同志又提供两张日本人所拍摄的老照片，其中一幅照片的左侧印有竖排汉字一行：“明治二十八年一月版权所有 陆地测量部”；照片下正中，自右至左横印两排汉字，上行字略大，为“旅顺口庆字正营全景”，下行字略小，为“明治二十八年一月 ×× 摄影”。这张照片展示了三面城墙、城墙内房舍及角楼等全景。

明治二十八年，即公历 1895 年。而 1895 年正值中日甲午战争期间。日军于 1894 年 11 月 21 日侵入旅顺口，灭绝人性的大屠杀使我约两万无辜同胞惨遭杀戮。清军败退，宋庆率残部经复州，转战于田庄台、盖平、营口、太平山一带。这张拍摄于“明治二十八年一月”照片中的“庆字正营”，此时已是人去城空。“庆字正营”正是“宋老帅”宋庆驻防大营。营址即今之旅顺九三小学。

本页左上图则是拍摄于同时期的毅军副营旧兵营及其附近城门楼的特写照片。此城门楼高大雄伟，城门正前方不远处有两面相连的石砌影壁。这大概就是康熙年重修北城时保留下的唯一一座城门吧！

日本伯爵亀井兹明（1861—1896）在中日甲午战争期间充当随军记者，拍摄了大量战地照片，并以日记形式详细记述他从日本出发至日军退出辽东半岛期间的所见所闻，战后出版了《日清战争从军写真帖》，其中的一些照片与资料弥足珍贵，有很高的史料价值。在此书第六章“旅顺攻略战与行政管理”中，有1894年11月24日的日记。其中写道：

明信片中的旅顺白玉山全景

我在椅子山炮台装好照相机，拍下了战后状况……出炮台门下左方的险坡……稍往前行又登上了一个山坡。坡上即前军左营，有一座壮丽的城门楼，门上挂着金字大匾……山地师团长等到门前时，也就是我军三团通过练兵场逼近宋头领的坐营时……[5]

上述文字表明，龟井兹明1894年所看到的“一座壮丽的城门楼”，即俄国1902年明信片中左侧的城门楼；文中之“前军左营”亦即“毅军副营”。文中还提及宋头领（即宋庆）的坐营，正是上述明信片中城墙向东延伸之所在，即“庆字正营”。将龟井兹明1894年日记中的有关记述与日本人1895年之照片以及俄国人1902年明信片比照细研，就可以对甲午战争及其稍后时间旅顺北城的全貌了然于胸。

在《旧明信片中的老大连》一书中，有一张拍摄于1908年之“旅顺白玉山全景”的明信片，展示的却是另外一幅场景[6]：在俄人1902年明信片中有城门楼的空间位置上，城门楼不见了，取而代之的，却是一排和风欧式二层建筑（即新中国成立后之老四〇六医院，今为驻军某部驻地）。这幅照片展示了白玉山的山势，稍右位置隐约可见“纳骨祠”的形影，稍左位置却不见今日之白玉山塔，因为当时日本“表忠塔”尚未建起（1909年11月方竣工），故明信片右下方标有“向左旅顺忠魂碑建设地”，由此可知，“表忠塔”最初拟名为“忠魂碑”。拿这张1908年的日本明信片与那张1902年的俄国明信片比对一下，可以推断，当年旅顺北城消失的时间，应当在1902年之后、1908年之前。

2008年9月20日，旅顺博物馆举行“大连文博论坛暨首届专家年会”。大连地方史专家董志正、关捷、王万涛、曲传林、周祥令等人在会议间休息时，传观了上述几幅老照片，大家都惊异于这一地方史研究方面的“重大发现”。《旅大史话》作者、地方史研究资深专家董志正介绍：“旅顺北城在清代康熙年间又重修了，一般称‘旅顺新城’。1715年（康熙五十四年）旅顺水师营正式成立。开始时营区就在旅顺新城，后来现今水师营街道的新营区建好了，水师营就迁过去了。晚清时成了宋庆毅军的兵营，称‘宋营’或‘帅营’。”其余专家均表示，老照片十分珍贵。其中之“旅顺口庆字正营”全景照片，是中日甲午战争期间日军占领旅顺时拍摄的，当年旅顺北城的全貌尽呈眼前，说明直至1895年旅顺北城还是完好无损的。而俄国的明信片进一步证明，直至1902年旅顺北城犹存。那么旅顺明代北城究竟毁于何时？综合各位专家的意见，答案大致如下：旅顺北城建于明初，清康熙年间重修，毁于1904—1905年日俄战争的炮火之中。日俄战后，为了殖民统治的需要，殖民当局按照其城市建设规划，拆除城墙与城门楼，在北城旧址一带建医院、修公路、设街区。文献资料的新发现，终于揭开了历史研究中的一个谜团。

注　释：

[1]《大连通史》编撰委员会编：《大连通史》（古代卷），人民出版社，2007年版，第422页。

[2] 乔德秀：《南金乡土志》，哈尔滨出版社，2003年版，第66页。

[3]《简明大连辞典》编委会编：《简明大连辞典》，大连出版社，1995年版，第760页。

[4] 孙宝田编著：《旅大文献征存》，大连出版社，2008年版，第8-9页。

[5]〔日〕龟井兹明：《血证——甲午战争亲历记》（原名《日清战争从军写真帖》），中央民族大学出版社，1997年版，第167页。

[6] 旅顺日俄监狱旧址博物馆、大连市近代史研究所编：《旧明信片中的老大连》，文物出版社，2004年版，第103页。

旅顺《天妃庙记》碑与《创修天后宫序》碑之关联考

周爱民

旅顺天妃庙是我国东北地区有文字记载的最早的一座妈祖庙，该庙宇遗址几经历史变迁，已荡然无存，如今只留下《天妃庙记》碑与《创修天后宫序》碑，分别收藏在旅顺博物馆和旅顺日俄监狱旧址博物馆。

旅顺《天妃庙记》碑立于 1408 年（明永乐六年），比《创修天后宫序》碑早 498 年。虽经仔细研究《天妃庙记》碑文，我们却没有发现始建庙宇的确切时间，但根据碑文记述的历史事件推算，旅顺天妃庙至少建于元朝。由此可见，大连地区的妈祖信仰至少有六七百年的历史了。

一、妈祖

关于妈祖，史料上记载确有其人，名叫林默，民间又称“林默娘”，福建莆田湄洲岛人，所以福建莆田至今仍有“妈祖故乡”之称。相传她“生面神异”，识水性、懂巫术，富侠义之心，能够保佑航海捕鱼之人平安，是我国沿海地区都非常崇信的一位女性神灵。自 1123 年（北宋宣和五年）以来，历代皇帝对妈祖均有敕封，元代始封为“天妃”，清代被晋封为“天后”，道光年间再封为“天上圣母”。

天妃庙，在旅顺地区俗称“海神娘娘庙”。清代康熙年间，因“天妃”被晋封为“天后”，所以又称“天后宫”。山东长岛县庙岛显应宫（海神娘娘庙），建于 1122 年（北宋宣和四年），是我国北方建造最早、影响最大的妈祖庙。山东长岛地处渤海与黄海之间，是南方商船从海上进入渤海的必经之地。《新唐书•地理志》载“登州海行入高丽、渤海道”，即以登州港为起点分为两条海运航线，其中一条是从登州港出发，渡渤海海峡到旅顺，再沿辽东半岛到鸭绿江口，然后沿朝鲜半岛南下，过对马海峡到日本。旅顺作为海上交通要道，自古以来就是南北文化习俗交汇的地方，而山东长岛县庙岛显应宫又是距离大连海域最近的天妃庙。由此看来，旅顺天妃庙的修建，一方面与福建航海者和商人在大连地区频繁活动密切相关，另一方面与山东沿海地区妈祖信仰的习俗紧密相连。

二、旅顺《天妃庙记》碑

旅顺天妃庙原址位于旅顺港北岸（现旅顺天光街南端），依山傍海，风景宜人。从元朝开始，随着妈祖信仰不断向北方传播，我国沿海地区先后修建了大批天妃庙。旅顺天妃庙虽始建年代不详，但根据历史记载，它应早于“大连湾、金州、大连等地的天后宫”。另外，《天妃庙记》碑的碑文曾记述，天妃庙重修时“兴工于永乐丙戌”，由此推断旅顺天妃庙始建于元朝。

旅顺《天妃庙记》碑位于旅顺天妃庙院内。日本殖民统治期间，发现该碑刻，并将其移到关东都督府满蒙物产馆（今旅顺博物馆），收藏至今。该碑呈长方体，圆首，高 165 厘米、宽 79 厘米、厚 21.5 厘米，辉绿岩质。碑之左上角残缺。碑阳额题“天妃庙记”四字，双钩篆书。额下为碑文，碑文竖 17 行，满行 29 字，阴文楷书。碑阴文 5 行，阴文楷书，刊勒当时主要参与此次立碑的地方官员，以及参与修庙工程的石匠、木匠、泥水匠、塑匠、画匠等人的名单，共计 15 人。额题“福户”二字。

碑文如下：

【碑阳】碑额：天妃庙记

………西淮程樗撰　干越白圭篆额　番易何谦书

□□□□□□□依者，人也，神而依人，则足以显其灵而扬其威。人之所以□□□□□□而事神，则足以赖其休而蒙其福。夫以神之与人，初未尝不□依□相□也，使其相须而不相依，抑何足有以显其灵，而赖其福哉！此神也之不可以无人，而人之不可以无神者，然也。金州之旅顺口，旧有天妃圣母灵祠，岁久倾塌，不堪瞻仰。永乐丙戌春三月，推诚宣力武臣保定侯，以巡边谒庙，睹其事，召其郡之耆旧，谓曰：“天妃圣母，海道敕封之神灵也，克庇于人，食民之祭，往昔然也。今之渡鲸波而历海道者，莫敢不致祭，敬于祠下，咸蒙其祐。兹欲重新创造，汝辈其效勤焉。”众曰：“诺。”于是各捐币输金，鸠工抡材，兴工于永乐丙戌之二月二十六日，毕工于永乐丁亥之八月十五日，殿堂门庑，黝垩丹雘

（臒），妆塑庙貌，奂（焕）然一新，岂意久稽奠享，致形梦寐，有不可为言者乎？于是遣官进礼于祠下而立石焉。嗟夫！世谓神依人而灵，人依神而立，是仰盖有由者矣，于此见吾侯之心诚感孚，而神之所以孚祐吾侯者，有不可为言者欤。于是乎，书。

永乐六年岁次戊子夏四月吉日奉天靖难推诚宣力武臣特进荣禄大夫柱国保定侯孟善立石

【碑阴】碑额：福户

助福辽东都指挥徐刚　镌石匠郘福海　刘旺

立石定辽前卫千户段诚　木匠张福　泥水匠赵牌

提调百户闫安　塑匠祁福名　邓智

□□致仕千户郝方　画匠夏叔良　杨春　胡善　王智

□□悳安[1]

旅顺天妃庙永乐六年碑（残）

碑文主要记述了保定侯孟善镇守辽东期间，于1405年（明永乐三年）巡视旅顺，发现旅顺天妃庙“岁久倾塌，不堪瞻仰”，于是建议重修的史实。

《明史》列传记载了孟善因骁勇善战被朝廷委以重任，负责镇守辽东。

明朝洪武年间，明朝廷对辽东地区的统治极其不稳定，除金州、复州、海城、盖县降明以外，辽东大部分地区仍被元朝残余势力所控制，因此，归金州管辖的旅顺便成为明朝政府向辽东地区供应粮饷物资的重要中转站。明朝统一东北后，在辽东金州实行卫所制，即设左、右、中、前和中左千户所，前四所设在金州城内，而把中左千户所设在旅顺。同时，在旅顺另筑一城，即旅顺北城，充分显示了旅顺海路的重要性。

明朝永乐年间，辽东地处偏远，土地贫瘠，物资匮乏，百姓生活困难，辽东驻军庞大的粮饷物资供应仍需要内地增援，并依靠海上运输到达旅顺，当时沿海各地驶往旅顺的船只较多。朝鲜使臣李詹（1345—1405），曾两度出使中国，著有诗集《双梅堂箧藏文集》，其《旅顺行》云："君不见，旅顺口，山藏浦溆平如斗。千艘万舸可容受，官为置关使之守。"由此可见旅顺海运的繁忙景象。当时，海上运输很不安全，船只经常遭遇倭寇的抢劫和骚扰。因此，凡海船平安到达旅顺后，船上的官员和船员都要到天妃庙祭拜海神娘娘，答谢她的佑护恩德，孟善重修天妃庙之举也是为了显示皇室恩泽，安定民心。

旅顺天妃庙重修于 1406 年（明永乐四年）2 月 26 日，于 1407 年（明永乐五年）8 月 15 日竣工。此后，"殿堂门庑，黝垩丹雘，妆塑庙貌，奂然一新"，并一直香火延绵。清代以后改称"天后宫"。

三、旅顺天后宫易地重建

1895 年中日甲午战争结束后，日本侵占辽东半岛。俄国为了实现其远东扩张计划，联合德国、法国进行"三国干涉还辽"，日本迫于三国的强大实力，又向清政府勒索白银 3000 万两后，于 1895 年 12 月 25 日撤离旅顺。

1898 年 3 月 27 日，俄国借口"还辽有功"，强迫清政府签订了《旅大租地条约》，租借旅顺口为军港、大连湾为商港。《旅大租地条约》第三款规定"租地限期，自画此约之日起，定二十五年为限。然限满后，由两国相商，展限亦可"。由此可见，俄国的目的是要永久霸占大连。直至 1905 年日俄战争结束，俄国在大连地区实行了 7 年的殖民统治。

俄国侵占旅顺，是欲将这里变成"俄罗斯帝国称霸东方的军事要塞和政治中心"[2]。俄国军队在旅顺登陆后，除占用原清军兵营外，还大兴土木，修建俄海军陆战队军营、陆军参谋部、海军医院、海军将校俱乐部、俄军将校集会所等。俄国殖民当局在选址修建海军将校俱乐部时，看中天后宫的地址，企图下令强行拆毁庙宇，遭到当时天后宫住持僧心一和尚的严词抗拒。

心一（1829—？），俗名不详，仅知姓李，法名心一，众称"心一和尚"，江南寿州（今安徽省寿县）人。原是清军的一个下级军官，1888 年来旅顺驻防，曾担任黄金山炮台的哨长，为人正直刚烈。1894 年甲午战争后，痛恨清政府的腐败无能以及一些清军将领的贪生怕死，愤而削发为僧，隐居在旅顺黄金山脚下的天后宫（海神娘娘庙），后来一直担任住持。

俄国殖民当局派马队到天后宫后，以“军事用地”为名，强令和尚们搬迁，逼迫心一和尚拆毁寺庙。面对俄军暴行，心一和尚坚贞不屈，他将干草木柴置于寺庙周围，并坦然置身于积薪之上，“誓欲与庙同为煨烬”（见《创修天后宫序》碑）。

俄军当时驻旅顺头目乌鲁克夫见心一和尚态度坚决，也怕强拆庙宇引起众怒不好收场，便派汉奸纪凤台等人与心一和尚谈判。心一和尚坚持几项条件：俄军必须赔偿全部搬迁费用；赔款必须一次付清；新庙建成后才能搬家。俄军最终同意拿出 2 万卢布作为搬迁费，心一和尚才勉强答应。

时值战乱年间，“烽火频警”，心一和尚日夜经营，不敢有任何的懈怠，直到 1899 年才在旅顺教场沟西（现大连市第五十五中学校址）买到地基，开始重建天后宫。在施工期间，因费用不足，心一和尚又多次向善人君子募捐，以补其缺。历尽艰辛，两年之后终于将寺庙建成，7 年之后立《创修天后宫序》碑。

四、旅顺《创修天后宫序》碑

《创修天后宫序》碑立于 1906 年（光绪三十二年），原位于旅顺天后宫院内，现已被旅顺日俄监狱旧址博物馆收藏。该碑高 209 厘米、宽 82 厘米、厚 19 厘米，重约 1 吨。青灰石质。碑石形态为碣石，上戴半圆形碑额，碑额正中雕刻着两个楷书大字——皇清，四周雕刻着表示吉祥的卷云和两条巨龙，威严庄重。碑身呈长方体，正面中间刻着碑文，两边雕刻着双龙戏珠的图案，底边雕刻着汹涌奔腾的海浪，海浪中跃出两条鲤鱼，可能寓意“鲤鱼跳龙门”。整个碑文共有 18 行，满行 44 字，共计 700 余字。字体为正楷，属阳刻。目前，碑身完整。碑文局部风化。

碑文如下：

创修天后宫序

劫数之来，惟神能历之而不坏，惟人能挽之以复安。旅顺白玉山之东南隅，旧有天后宫一所。于光绪十二年，登莱青兵备道刘含芳重新整理。其间如来、菩萨诸佛殿参错掩映，官民祈祷灵应如响，香火由是鼎盛。每水师巡海帅舰则奉天后以行，及入口停泊始复安其位。盖国家公设之神堂，非乡里私造之荒祠也。光绪廿四年俄人租借兹土，欲毁此寺，以适其用。斯时也，辽东且欲占而据之，何有于一寺？官长且将轻而侮之，何有于一僧？乃住持禅师，法名心一，江南寿州人也，拼命阻留，舍生抗拒，甚至四围积薪，誓欲与庙同为煨烬。俄员感其真诚，易强横为和敬，爰命通译再四慰藉，后赐白银万圆有余，以为易地重修之助。禅师不获也，乃勉强从之。所尤难者，时遭荒乱，烽火频警，一椽茅茨尚非易措，矧栖神之所尤非可简略从事者。禅师乃夙夜经营，无时或怠，于光绪廿五年即购基址于教场沟，庀徒度材，鸠工建造，需用不足，复募化于善人君子，以补其缺，由是天后之宫乃焕然一新。呜呼！衰不复振，毁不复成，理之常也。兹则金碧辉煌，而衰者以振；楼殿耸峙，而毁者以成。以视白玉山昔年之□□，天后宫有其过之，无不及焉。通计如来佛殿三间，左右僧寮各三间，东西客舍亦各三间。中间高建层楼，奉祀天后，其下左右看台各三间，其南戏楼三间，左右钟楼鼓楼各一间，盖借以为祝嘏酬神之用。非仅欲以壮观瞻也。夫庙宇之毁，人每疑神之无灵；庙宇之成，人又疑神之有灵，而吾以为不然。庙宇之毁，庙宇之劫数也，于神何损？庙宇之成，成于挽回劫数者积诚以感之也。人能如禅师之积诚以感，则天下无不灵之神，况天后尤灵应素著者乎？工竣之后，兵端数起，今值平定，韩道观、郭殿春二公为此特来求序，因不揣固陋，谨略述其颠（巅）末，以俾禅师与斯庙永垂不朽。

候选直隶州训导 乔德秀 沐手拜撰

刘洪龄 沐手敬书

光绪三十二年七月十五日住持僧心一敬立[3]

碑文由候选直隶州训导乔德秀撰写。乔德秀（1849—1916），大连营城子人。是清末民初大连地区著名的学者和教育家，著有《南金乡土志》等著作。乔德秀在碑文中回顾了天后宫的历史，并记述重修天后宫的始末，尽数俄国侵华的暴行，彰显住持僧心一和尚的抗俄事迹。同时，告诉后人天后宫“盖国家公设之神堂，非乡里私造之荒祠也”。

1714 年（康熙五十三年），清政府正式批准在旅顺设置水师营，经过约两年的建设，于 1715 年（康熙五十四年）建成，当时有木战船 10 艘，营房 1200 间，水兵 500 人，分左、右两哨，每哨有 250 人。同时，在旅顺蟠龙山下设码头。

每年三月，水师营战船从蟠龙山下高家屯出发，沿龙河而下入海，北到山东北隍城岛，西北到营口外的菊花岛（今营口、葫芦岛），东到鸭绿江口一带，主要是在海上巡视，保护沿海渔民不受海盗的侵扰。1888 年 12 月 17 日，北洋水师在山东威海卫刘公岛正式成军，旅顺水师营在延续了 165 年之后被裁撤。当年，每当水师战船要出海巡视时，官兵们都要先到旅顺天后宫烧香，祈求海神娘娘保佑一路平安，即碑文中提到的“每水师巡海帅舰则奉天后以行，及入口停泊始复安其位”。

《创修天后宫序》碑

另据碑文记载，1886 年（光绪十二年），天后宫还位于“白玉山之东南隅”时，登莱青兵备道刘含芳曾命人重新修整过这座寺庙，使各个佛殿之间参差掩映，到寺庙烧香的官民络绎不绝。

刘含芳（1840—1898），字芗林，安徽省贵池县（今安徽省池州市贵池区）刘街人。1880 年清政府在旅顺开始创建军港。1881 年，刘含芳奉李鸿章之命筹办威海、旅顺鱼雷营、水雷营。1882 年，刘含芳由袁保龄提名任旅顺工程局会办。他在任期内积极辅佐总办袁保龄，历尽千辛万苦经营军港工程建设。1886 年 9 月，袁保龄患重病，由刘含芳主持旅顺工程局。直至 1893 年被调补山东登莱青兵备道，刘含芳先后在旅顺驻守 11 年，在海防建设中功绩显著，使旅顺成为北洋海军重镇。

根据刘含芳驻守旅顺的时间，以及旅顺港修建工程进度分析，他命人重修天后宫时，正值旅顺港修建工程困难重重、举步维艰之际：一是主持旅顺建港和海防工程的旅顺工程局总办袁保龄身患重病，不能工作；二是旅顺港建设工程所面临的技术性问题越来越复杂；三是外请的德国工程师善威“才具太短……万不能独立任此巨工”[4]。在“自建不成，外帮无效”的困境下，清政府决定将旅顺建港工程交由外商承包。因此，刘含芳重修天后宫之举，一方面是为了保护这座古老的寺庙，使之永存；另一方面也是为了祈盼海神娘娘保佑建港工程顺利，按期完工。正如碑文开篇所言，“劫数之来，惟神能历之而不坏，惟人能挽之以复安”。刘含芳在旅顺驻守期间，对文物保护十分重视，不仅命人重修了天后宫，还相继重修了显忠祠、黄龙墓、鸿胪井等文物遗址。

新建的天后宫不仅“金碧辉煌”“楼殿耸峙”，而且基本保持了原貌。内部建筑共计有如来佛殿、僧人住屋和东西客舍各三间，中间“高建层楼”奉祀天后，下面左右看台各三间，另有戏楼、钟楼、鼓楼等建筑。由此可见，心一和尚为之付出了巨大心血。新庙建成后，因规模宏大，与原来的天后宫相比有过之而无不及，香火四季不断。每年农历三月二十三日是天后的诞辰日，天后宫都要举办庙会，人们纷纷前去祭拜，四乡赶庙会的善男信女更是络绎不绝。

《创修天后宫序》碑的碑刻由大连营城子擅长欧体的书法家刘洪龄书写。刘洪龄（1868—1958），字梦九，出身于书香门第，自幼熟读四书五经，成年后在家中开设塾馆，长年教授乡里子弟，并刻苦研习书法，成为大连地区著名书法家。1948 年，旅顺政府重新修建万忠墓时，由刘洪龄题写“万忠墓”碑。

五、后记

1950 年，旅顺初级第六中学（今大连市第五十五中学）建校院时，旅顺天后宫被拆除一部分，《创修天后宫序》碑被埋入地下。1971 年 6 月，学校在平整操场时，发现《创修天后宫序》碑，捐献给旅顺日俄监狱旧址博物馆收藏。1996 年 6 月，经国家文物局专家鉴定组鉴定，《创修天后宫序》碑为国家一级文物。

注　释：

[1] 崔世浩编著：《辽南碑刻》，大连出版社，2007 年版，第 108 页。

[2] 顾明义等主编:《大连近百年史》(上),辽宁人民出版社,1999 年版,第280页。
[3] 崔世浩编著:《辽南碑刻》,大连出版社,2007 年版,第 255-256 页。
[4]《项城袁氏家集·阁学公集》书札录遗,清芬阁编刊本,1911 年版,第 16-17 页。

明末旅顺争夺战与黄龙墓及显忠祠和碑记

王珍仁

闲云悠悠，物换星移。岁月流逝，春秋代序。大连地区自战国时代始，进入燕国行政区划后，其地域位置越发显得重要。自秦汉以来，两千余年的时间中，这里更充当了我国北方海上交通要道和海防战略要地。尤其是旅顺地区，因其三面环海，港汊众多，海上交通极为便利，与山东半岛的联系尤为紧密，而受到中央政权的高度关注。

1368 年，朱元璋建都南京，全国上下逐步从元末分崩离析的局面中走向统一和强大。但在明初，盘踞在东北广大地区的元朝残余势力仍负隅顽抗，迫使朱元璋采取讨抚并用的手段收复辽东地区。1371 年 2 月，于得利嬴城设置辽东卫指挥使司，“固保辽民，以屏卫疆圉”。辽东卫是明朝政府在东北地方建立的第一个卫所。同年 7 月，为进一步加强和巩固对辽东局面的控制及稳定，朱元璋又再设定辽都卫指挥使司，治所于金州（后迁辽阳），任命叶旺、马云同为定辽都指挥使，前往辽东镇守。

叶旺、马云均是安徽人，早年曾跟随朱元璋征战疆场，建立功勋，“授指挥佥事”。二人奉诏亲率大军自山东登州蓬莱登船，沿“蓬莱海道”（蓬莱至旅顺的渤海海道），扬帆挺进，万船争先，浩浩荡荡，一路竞发，景象蔚为壮观。为了纪念此次“旅途的平顺”，叶旺、马云二人遂将“狮子口”，易名“旅顺口”，从此，“旅顺”开始名传天下。

叶旺、马云占据旅顺后，命军士“树木为栅”，留兵防守，建成了旅顺北城。1412 年，又将北城修葺改建为砖城。同时，在与北城相距不远处，再建南城一座。北城为明时驻守旅顺地区的军事机构所在地，南城则是朝廷设于旅顺海运分司机构的所在地。因为此时，整个辽东地域所用的军需、饷银、布帛等均由海路运抵、储存于旅顺，然后由此地调转运往各地。一时间，辽东、山东两地海船往来如梭。旅顺元宝坊的地名就是当时的称谓并传留至今。1416 年，明朝政府又在旅顺增设“城堡墩架二十台”“官军一百十二员名”，以加强海防，抵御倭寇的骚扰。

旅顺的南、北二城及台堡墩架作为御倭前哨，成为进可攻、退可守的强固基地。明朝各项政策的实施，有力地推动了大连乃至整个东北地区社会经济和文化的发展，促进了大连地区乃至全东北与内地中原地区的广泛联系，对巩固国家的统一也起到了积极的作用。

到了明代末期，因朝政腐败，阶级矛盾与民族矛盾日益激化，社会动荡随之加剧。而东北地区，自古以来就是一方多民族聚居的沃土，此时的女真人在首领努尔哈赤的统率下再度崛起。1616 年，努尔哈赤正式称汗建国，国号“金”，史称“后金”。后金政权的建立，表明以努尔哈赤为首的女真统治集团已与明廷分庭抗礼，并显示出欲取而代之的雄心，对明朝在东北地区的统治造成了严重的威胁。

早在建州女真势力大增之时，明朝政权已经有如芒在背的感觉。1602 年，明廷遂决定在旅顺地区增设水军，修造战船，以备不测之患。还于金州增设海防同知一员，“凡海防哨探，战守机宜，同游击并金、复将官商榷计议而行，兼理军民一切事务”。在旅顺水军尚未建成之前，由山东一名游击率领水军千余人长期镇守旅顺，严格控制海上交通要道，对来往船只严加管理。1606 年，明廷又决定裁撤旅顺游击，改设守备官一员，并挑选身体健壮、谙识水性者 500 人，驻守旅顺海口。1620 年，明廷鉴于东北边陲形势的变化，为外护金、复，内保登、莱，再从辽阳等地抽调 2700 余名水军，从浙、直一带调集步兵近万名，驻防旅顺及沿海诸岛。

1621 年，努尔哈赤率领后金大军先后攻破辽阳等地。此时明朝的辽东国土，除辽西走廊和辽东半岛南端外，几乎全被后金政权所占领。为了维持明朝对关外的统治，明廷被迫采纳兵部侍郎熊廷弼“三方布置策”的建议，实行海陆联防。在熊廷弼的这个建议中，能够联结渤海湾中的登莱一线至天津的中枢点就是旅顺，因为在这个军事防御体系中，旅顺的战略位置决定了它将要起到的作用：南接登莱，西卫京津，东联朝鲜，北防后金南下。对于明廷而言，守卫旅顺，似乎直接关乎朝廷的兴衰存亡；对于努尔哈赤的后金政权来说，旅顺的得失，将直接决定后金政权能否在辽东站稳脚跟，进而挥师向西，问鼎中原。旅顺因其特殊的地理位置，不可避免地成为明军与后金的部队进行厮杀的重要战场。因此，明朝政权以金州、旅顺为阵地，后金以占领后的辽阳为基地，双方频繁接触，厮杀激战。

史籍《东江遗事》和《旅大文献征存》中，对 1621 年 8 月以后旅顺激战的大致经过有所记述。1621 年 3 月，努尔哈赤率军攻陷沈阳，数日后又再下辽阳、海城、盖州，战事逼近金州、旅顺。此时，金旅一线的军民在明东江镇总兵毛文龙的指挥下，与后金军队展开旷日持久的拉锯战。毛文龙，浙江杭州人，自幼家境贫寒，长年被寄养在舅舅家中度日，不善钻研儒学，却喜好兵法。青年时曾豪言“不封侯，不罢休”。30 岁时，闻边疆吃紧，潜入燕北，寻求机会。后得到辽东巡抚王化贞的赏识，认为其“奇才也，慷慨多大略，且究心时事久矣，试与之一旅，必能为国效力，成功名”。毛文龙当时异常激动，感泣叩头，力断身上的革带，发誓道：“所不矢死以报国者，有如此带。”1621 年，毛文龙退守旅顺后亲率军丁 197 人，涉海 3000 里，攻克后金占领下的镇江城（今丹东），擒获明朝叛将佟养真父子，一举收复辽东半岛数百里，从而使镇江与登津之间的海上交通连成一线。1624 年春，后金军队再次进攻旅顺。守将张盘率部丁奋力抵抗，使旅顺岿然不动。后金军队于无奈之中派出使者，欲施计招降，张盘见后怒斩使者。后金军队围城不退，张盘则巧设妙计，率部在旅顺设伏于两山之间，重创后金之军，使“建州兵大败而去”。

1625 年，努尔哈赤闻知明廷遣兵甚众，由海上至旅顺“葺城驻兵”，感到这已对辽东战局构成严重的军事威胁，乃于正月十四日命三贝勒（努尔哈赤第五子莽古尔泰）领兵 6000 人，猛攻旅顺。这次后金的八旗之兵对旅顺的攻击来势凶猛，经过激烈的战斗，终因力量悬殊，“城陷，尽歼明兵”。后金八旗之兵占领旅顺后，因慑于毛文龙据守皮岛，随时可以向其发起侧翼的攻击，故未敢久留，只是掠夺财物，摧毁城垣，引兵而退。毛文龙虽在牵制后金的征战中功不可没，但随着他的官职晋升，权力加大，逐渐骄横起来，从而卷入明廷内部的派系纷争中。据传后金皇太极巧设借刀杀人之计，终于酿成明蓟辽总督袁崇焕枉杀毛文龙事件。

1629 年 6 月 5 日，明辽总兵袁崇焕以谈军饷、阅兵为名，邀毛文龙到旅顺双岛湾一古庙中，当众宣布毛文龙十二条当斩之罪，随后取尚方宝剑交给旗牌官张国炳，将毛文龙杀于帐前。

毛文龙被杀，迅速导致皮岛守将的内讧叛乱。在紧要关头，兵部尚书梁廷栋、登莱巡抚孙元化力推袁崇焕旧部黄龙代任总兵官，从而使皮岛一线军心趋于稳定。

黄龙墓

黄龙，江西南昌（一说为辽东）人，身材魁梧，武勇多智，青年时与友人结伴投军，在袁崇焕麾下充任小校。1627年时，后金皇太极亲率大军攻打辽西，揭开了辽西拉锯之战。在锦州战役中，黄龙奋勇作战，立下赫赫战功，被擢升为参将，1630年迁升为副总兵。就任驻皮岛总兵后，一面坚决地抗击后金的骚扰，一面果敢地铲除内部的叛将乱军，其表现十分忠勇。

1632年春，明军将领孔有德、耿仲明在山东叛乱，攻陷登州，祸及旅顺及黄海、渤海诸岛。此刻，黄龙沉着应变，团结属下尚可喜等，共同诛杀叛贼，抚定诸岛。叛将高成友占据旅顺，黄龙派遣游击李惟鸾等击败高成友，随后黄龙本人率众移驻旅顺，整肃军纪，加强防守，打通了一度被叛军切断的旅顺与天津之间的联系。黄龙对朝廷的一片忠心，对叛将的严厉打击，招来叛贼的啖血之恨。1632年，孔有德、耿仲明的叛军乱党在山东登州抓捕到黄龙的老母和幼子，逼迫其老母交出簪笄来威胁黄龙，令其就范。黄龙面见老母的发簪，强忍悲愤，“拜簪而不从”，慷慨言“大丈夫忠孝不能两全，无国焉有家为”。一计不成，叛军之将又另生一计，摆设酒席对其老母和幼子进行威胁诱降。不承想，幼子虽年仅12岁，却“即席大骂，被杀，头落几上”，黄龙老母也惨遭杀戮。

1633年春，叛将孔有德、耿仲明在明军围追堵截的打击下，被迫率众乘船离开山东境地，企图北上，投靠后金。黄龙探得消息后，知其必经旅顺，便严阵以待，遣水师于海上截击叛军，获全胜报捷，生擒叛军骨干分子16人，杀敌逾千人。孔有德、耿仲明被黄龙击败后，改走鸭绿江，投降皇太极。

同年夏季，黄龙探知，孔、耿叛逆的“舟师”频频活动于鸭绿江口，即刻派出副总兵沈世魁率兵直奔鸭绿江口，烧毁叛军的船只。孔、耿两人屡屡受挫于黄龙，实为不快，当得知此时“旅顺兵尽出”，城内空虚时，便献计与皇太极，引领贝勒岳托（努尔哈赤之孙，代善之子）、德格类及马步兵万余人杀向旅顺。一时间，黄金山下炮声隆隆，双方鏖战，血溅山涧。面对强敌，黄龙镇定自若，亲披战袍，身先士卒，与将士们一道浴血奋战。然而终因敌众我寡，“火药矢石俱尽”，难以支撑。在危难之中，他清醒地知道旅顺失守已成定局，便派部将谭应华携总兵官印跨海去登州。他叮嘱说：“敌众我寡，今夕城必破，若速持吾印送登州，不能赴，即投诸海可也。”并亲书“生前不爱七尺躯，死后唯有三尺剑”赠予谭应华。一代英杰壮士，表现出“临大节而不可夺”的凌云壮志。这里既有“弓弦抱汉月，马足践胡尘。不求生入塞，唯当死报君”的情怀，还有“投笔怀班业，临戎想顾勋。还应雪汉耻，持此报明君”的忠心。在生与死的最后关头，他率部将李惟鸾、项祚临、樊化龙、张大禄、尚可义等做最后一拼。与敌厮杀中，众部将皆壮烈殉国，黄龙也伏剑自刎身亡。史籍载，“七月丙申（初六日），建州陷旅顺，杀总兵黄龙”。

黄龙等人保卫旅顺口忠勇献身的消息后来传入京城，崇祯皇帝谕旨，赐赠黄龙为左都督，子孙后代世袭承荫，赐厚葬，建祠，名曰“显忠祠”。与其共喋血旅顺的五将领一并附祀。

清朝入主北京后，乾隆皇帝为了巩固和加强对统一的多民族国家的统治，大力倡导忠君爱国。1776 年，乾隆亲颁谕旨，赐谥在 1633 年清军攻取旅顺而战殁于黄金山麓的明朝故将，并为之建祠于旅顺黄金山麓。然岁月流逝，年久祠湮，黄龙等人的墓茔也渐削平。1887 年，清兵备道员刘含芳驻守旅顺，督办海防期间，在金州绅士知县乔有年的帮助下，寻找到黄龙等人的墓所。翌年，于三官庙西建祠。1894 年，再为黄龙等人勒石立碑。碑额阴刻楷书，铭曰“显忠祠碑记”。碑文如下：

前明崇祯六年癸酉七月十四日，我朝以兵取旅顺，明故岛帅黄公龙，部将李公惟鸾、尚公可义、项公祚临、张公大禄、樊公化龙均战殁于黄金山麓。乾隆四十一年，特诏予谥黄公忠烈、李公烈愍，建祠旅顺，尚、项、张、樊诸公咸附祀焉，旌其祠曰显忠。光绪八年壬午，含芳奉钦差大臣督办北洋海军、太子太傅、文华殿大学士、直隶总督部堂、一等肃毅伯李，委驻旅顺，办理海防，寻其故迹，而岁久祠湮。丁亥年春，金州绅士知县乔君有年，指寻诸忠墓所，因合同人，封土勒碑。每岁清明日，以牲牢祭于墓道，而祠宇缺然。戊子仲夏，含芳捐廉于三官庙西建祠一楹。每岁七月十四日，同人虔备牲牢，为之祠祭，以彰忠荩，而永皇仁，是为记。

光绪十九年岁次癸巳仲夏月穀旦 钦命二品衔调任山东登莱青兵备道、军功随带加二级、纪录二次、贵池刘含芳敬识桐城张诒书丹

因后人一直未见“显忠祠”真面目，故史学界认为是甲午战争后，日本侵略者在占领旅顺期间，为泯灭中华民族的爱国情操而将其毁弃。然，虽历经劫难，《显忠祠碑记》终得以入藏旅顺博物馆。此说逐渐已为众人所接受。然近来笔者又从《清稗类钞》中寻出蛛丝马迹，产生疑义。在此不妨给予揭示，以期引起众家学者关注，求证“显忠祠”的渊源由来。

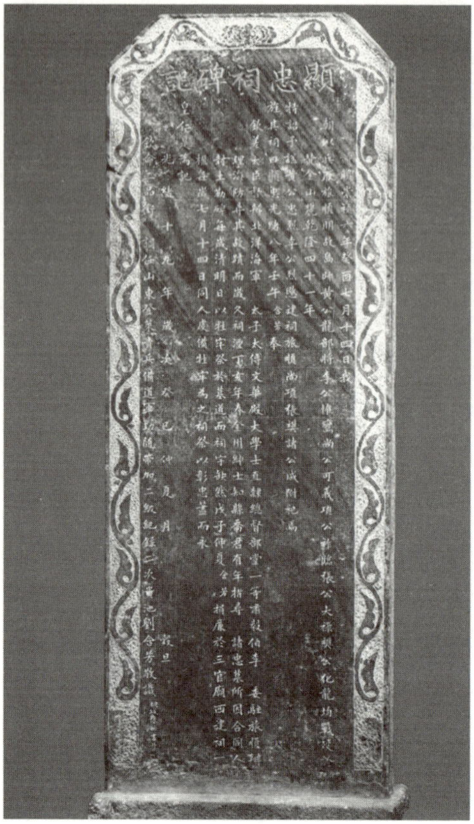

显忠祠碑

《清稗类钞》是清末民初之人徐珂编撰，汇集民间野史和当时新闻报刊中关于有清一代的朝野遗闻，以及社会经济、学术文化的事迹。时间上起顺治，下到宣统。本书分门别类，按事情的性质、年代先后，以事类从，共设 92 类，含 1.3 万余条史实内容。记载相当完备，既有稗史遗闻，也可资为谈助，对研究清代历史有着重要的参考价值。在该书中，对“显忠祠碑”的记述是这样的：

盛京金州旅顺岛，有显忠祠焉。乾隆中，诏建以祀明季死事诸臣黄龙、李惟鸾等者也。越百余年，为光绪乙酉，吴武壮公长庆之部将提督黄仕林（江西人）、总兵张光前（字仲明，安徽庐江人），分统庆军六营，戍守其地。庚寅六月，聿新祠宇，以崇祀事。朱曼君孝廉时为张军记室，为撰显忠祠碑文，遒壮凄婉，措辞得体。兹节录之。

碑文云：“迨夫‘飞龙战野，其血玄黄’‘月灵在东，厥魄生死’，一则土

崩瓦解，一则东征西怨。亦有歘歘介士，斤斤将军，雍丘轨于李由，巨鹿陨于苏角。田横之客，尽于海岛之中；栾氏之臣，歼于短垣之下。直节动天地，英声激河海，故以勒感孝之颂。上以追扬忠孝，下以显融臣轨。何有吠尧之犬，与刑天同诛；逐日之父，与后羿共殛；京观十仞，不别于贞波；燎火一原，莫区于兰艾者哉！显忠祠者，祀皇赠左都督故明登州镇总兵官辽东黄龙及游击李惟鸾，部将项祚临、樊化龙、张大禄、尚可义（乃平南王尚可喜同族昆弟），在今盛京金州旅顺之岛。天聪七年六月己卯，命贝勒岳托、德格类率右翼洽格里、左翼伊尔登、昂阿喇及石廷柱、孔有德、耿仲明等甲卒万人，取明旅顺，遂以翼月甲辰攻下其地，实明崇祯六年七月也。龙既伏剑，鸾亦陨首，一军如墨，阖门同尽，皇情载轸，庙恤有加。都督之官，仍沿明号。乾隆四十三年其月庚戌，有诏谕大学士九卿等，明代殉难诸臣三千六百余人，专谥通谥，及应列入忠义祠之议。于是龙谥忠烈，惟鸾谥烈愍，其余四人并从祠祀，颁勒祠额，题曰‘显忠’。故夫君子闻磬，则思死封疆之臣；王者式蛙，所以厉勇士之节。虽复刻木为信，遗像微茫，入庙瞻逵，精灵绵邈，要使鲁人结慕于展惠，秦士凝痛于子车”云云。

读罢上述两篇碑文，我们产生了许多疑问：其一，究竟是1776年（乾隆四十一年）还是1778年（乾隆四十三年）赐诏谥“显忠”？其二，1885年（光绪乙酉年）间，黄仕林、张光前是否真的建有新祠，其位置为何处？其三，黄、张二人是否真的为黄龙等人勒石立碑，为何直至今日不见其碑？其四，为何刘含芳所记述的文字中一字不提此前曾有“显忠祠”及“显忠祠碑”？这些疑问，就留待我们这些兴致共同者一同去探究吧！

回首黄金山，战地黄花分外香。今日的旅顺早已是花卉满园，桃李芬芳，人民富庶、幸福、安康地生活在这片土地上。然而，黄龙等将士誓死保卫社稷的事迹并不会，更不应该，因历史往事的消逝而被人们淡忘。“昔时人已没，今日水犹寒。”壮士拂剑仰天啸，一腔热血荐轩辕，慷慨多气，萦回激荡。“其人虽已没，千载有余情”，大连地区著名人士王永江曾作《黄龙墓》一首，或许正是后人凭吊英雄、以彰显其忠的真实写照：

孔耿尚王今安在？一般茅土成荒秽！

争及将军有遗芳，姓名并恃黄龙塞。

李鸿章及其僚属与旅顺海防建设

韩行方

旅顺口，是北洋海军重要基地之一。在19世纪后期，李鸿章作为“久领北洋，任重责专”的北洋大臣，与其僚属袁保龄、周馥、刘含芳等一道，苦心经营旅顺口，对旅顺的海防建设倾注了极大的热情与精力。本文无意对李鸿章这一颇有争议的历史人物做全面评价，只是对他及其僚属在旅顺海防建设过程中，特别是开创阶段的一些言论与活动略加整理，以为大连近代史研究与爱好者参考。

自1840年鸦片战争以来，“强敌外患”接踵而至：1856年第二次鸦片战争爆发，1860年英法联军攻占北京，火烧圆明园；1871年7月，俄军占据伊犁；1874年5月，日本借口台湾杀死琉球船民事，企图侵占台湾；其后，1879年3月，日本侵占琉球，废琉球国王，改琉球为冲绳县……在这些外患中，列强多是从海上寻衅突袭而来。李鸿章作为清廷的股肱之臣，为维护大清帝国的统治，他审时度势，及时提出了加强海防建设的主张。在1874年12月10日的一封奏折中，李鸿章写道：“历代备边，多在西北……今则东南海疆万余里，各国通商、传教来往自如，麇集京师及各省腹地，阳托和好之名，阴怀吞噬之计，一国生事，诸国构煽，实为数千年来未有之变局。轮船、电报之速瞬息千里，军器、机事之精工力百倍，炮弹所到无坚不摧，水陆关隘不足限制，又为数千年来未有之强敌。外患之乘变幻如此，而我犹欲以成法制之，譬如医者疗疾不问何症，概投之以古方，诚未见其效也……总之居今日而欲整顿海防，舍变法与用人别无下手之方……”[1]

在这通《筹议海防折》中，李鸿章鉴于“强敌外患之乘”的形势，力排众议，较早提出了“整顿海防”的初步蓝图：即以京畿为“最要”，长江为“次要”，“但能守此最要、次要地方，其余各省海口边境略为布置，即有挫失，于大局尚无甚碍”。并具体提出：“北、东、南三洋须各有铁甲大船二号，北洋宜分驻烟台、旅顺口一带……专为洋面游击之师……”[2]后来，重点选择旅顺口、威海卫作为北洋海军基地并大力建设，是他海防建设思想的进一步发展与实施。

清廷在认识到“海防关系紧要，既为目前当务之急，又属国家久远之图……

亟宜未雨绸缪，以为自强之计”之后，于 1875 年 5 月 30 日颁布《著李鸿章、沈葆桢分别督办南北洋海防谕》“著派李鸿章督办北洋海防事宜”[3]。李鸿章受命之后，坐镇天津，积极筹办北洋海防。他认为：“北洋为畿辅门户，由津沽以达山海关及奉天之旅顺口、山东之威海卫，袤延千数百里，口岸林立，节节空虚，不得不竭力设法筹防，以顾紧要门户。且添练水雷鱼雷各营，增置大小轮船雷艇，购买大批军火炮械，建筑台垒营房，皆刻不可缓，是以用款繁巨。”[4]

经费来源不足是李鸿章筹办北洋海防所面临的第一难题。“李鸿章的财政资源不像许多人想象的那样多。在 1875 年清帝许诺的每年四百万两‘海防经费’中，到 1877 年后期李鸿章只收到总数不足二百万两，因为各省受到另外更大的压力，要它们给左宗棠远征新疆之役提供经费……李鸿章在 1880—1881 年奉旨向德国定造两艘斯特汀式铁甲舰和一艘钢甲巡洋舰。它们的财政来源有下列几个方面：‘海防经费’项下的各种拨款；轮船招商局为偿付政府过去债款转来的一百万两；皖南盐商捐赠的六十万两；以及向专用于外交用途的海关收入所借的‘借款’。”[5]

为保证北洋海防经费，李鸿章曾多次具折奏请，光绪帝也曾下令责成各省由海关厘税银中提出一部分。1880 年的上谕中规定为“赶紧拨解，大批济急，厘金必解足八成，关税必照章提前”。到了 1882 年（光绪八年），又提出“由粤海等关征收四成洋税，招商局税项下除额拨军饷外，尽数分解南北洋，专作海防经费，必须按结解清，不准挪移短欠”，并授予李鸿章“严参”的特权：“倘再延欠，即著李鸿章严参，照延误京饷例议处。”尽管如此，但粤海关监督崇厚等仍不加理睬，连年积欠“应解之款总在二十余万两”，以至于李鸿章不得不“先后函牍频催，几于唇焦笔秃。该监督一味延宕，置若罔闻，尚复成何事体”[6]！

李鸿章还受到烦琐的财政制度的限制。海防经费的报销，就受到总理衙门及户、兵、工等部烦琐苛刻“制度”的刁难。以翁同龢为首的朝廷内外的部分官吏也多有掣肘之举。

为筹措海防经费，清廷于 1884 年以后新设“海防捐”。这种公开卖官鬻爵的所谓“捐输”办法，在清代实行已久。“海防捐”是为筹措海防经费而实行的捐官措施。“海防捐”实行一年后又展限一年。李鸿章在 1887 年春上奏：“惟此次展限捐输，系专备海军衙门支款，并拨作北洋三铁舰及续购四快船用费暨东三省练军月饷之需，在在均关紧要。即旅顺船坞工款，直隶所收展限捐项，仅及得半之数。”[7] 实际上，“海防捐”款并未真正用在“海防”上。梁启超曾指斥：“当海军初兴，未及两年，而颐和园之工程大起，举所筹之款，尽数以充土木之用。此后名为海军捐者，实则皆颐和园工程捐也……括全国之膏血以修国防，而其实乃消磨于园林土木之用而莫之或知，卒令一蹶不振……”[8] 因此，海军衙门不得不提出“停购船械”。而此时的日本正在倾全国之力，抓紧装备其准备侵略扩张的海军舰队。

旅顺港旧貌

李鸿章对旅顺海防建设之重视程度，从其亲自来旅顺视察的次数即可见一斑。笔者细览其奏折与函稿，查知自 1881 年 12 月至 1894 年中日开战前夕，李鸿章先后 8 次来旅顺，其中大型的“巡阅”活动就有 5 次（其后 3 次亦去大连湾。详见拙著《大连近百年史文献》）。1886 年 5 月，李鸿章曾陪同总理海军事务的醇亲王来旅顺视察三天，在校场“阅操”，在黄金山上观看洋面八舰“演阵打靶”及“试演鱼雷艇”。1894 年 5 月，李鸿章来旅顺、大连湾“校阅”，“英、法、俄、日本各国均以兵船来观”，岂料两个多月后，中日甲午战争爆发！

李鸿章及其僚属在旅顺口海防建设中的建树主要有如下几个方面：

一、选定港址

1875 年分南北洋筹备海军后，在北方选择何地做军港成为朝野关注的目标。李鸿章开始时瞩目于大连湾：“大连湾距奉天金州三十里，系属海汊，并非海口，实扼北洋形胜，最宜湾泊多船。”[9]1880 年（光绪六年）春，李鸿章“迭派英弁葛雷孙（森）、哥嘉带蚊船四只前往相度。以大连湾口门过宽，非有大枝（支）水陆军相为依护不易立足……只可先择著名险要之旅顺口屯扎，以扼北洋门户”[10]。这一年的冬季，李鸿章派知县陆尔发随同雇员德国退役工兵少校汉纳根、英国海军大校柯克等，前往旅顺勘查修建炮台与船坞事宜。

1881 年 4 月 26 日，北洋水师营务处道员马建忠陪同汉纳根，乘船来旅顺口。他登上黄金山，观览“口内外之形势，口左右前后之群山毕呈目前，若掌上观也”[11]。他还踏勘了港口周边的老铁山、白玉山等处，并同汉纳根逐一讨论日后港口攻守之势。回到天津后，他即向李鸿章做详细禀报，并撰写著作《勘旅顺记》。

马建忠

马建忠（1845—1900），字眉叔，江苏丹徒（今镇江）人。曾留学法国，并周历英、德、奥、意、瑞、比等国，“讲贯中西各学”，精通多国语言，是清末著名的改良主义思想家，并以《马氏文通》语言学巨著闻名于世，是李鸿章筹办洋务、从事外交活动的重要助手。李鸿章曾多次向光绪帝荐举，称他“志趣端正，心地明敏，颇堪造就”，并委之以“水师营务处道员”，随侍左右。马建忠根据其考察旅顺的切身体验，提出旅顺适于做军港的具体建议，对李鸿章选址旅顺口下最后决心颇有影响。

但李鸿章还是决定亲自到旅顺看一看。在马建忠自旅返津的半年以后，李鸿章于 1881 年 11 月，借验收从英国订购的巡海快船“超勇”“扬威”之机，“展轮试行大洋”，在旅顺口“登岸察勘”。通过实地考察，他确认：“该口形势实居北洋险要，距登州各岛一百八十里，距烟台二百五十里，皆在对岸，洋面至此一束，为奉、直两省海防之关键”[12]。李鸿章首次旅顺之行，使港址问题得以最后确认。

二、建港修坞

旅顺港的建设，分两个阶段：第一阶段，1880 年冬至 1886 年，是在所聘“洋员”的辅助下，中国自主筹备与施工阶段。第二阶段为 1887—1890 年，由中方向外商招标，最后由法国人德威尼承包。1890 年 11 月旅顺港坞工程完成，共耗银300余万两。

建港工程浩繁，开创阶段更是举步维艰，其主要领导者是袁保龄。袁保龄（1841—1889），字子久，河南项城人，是钦差大臣漕运总督袁甲三之子，袁世凯之叔父。李鸿章称赞此人“谙习戎机，博通经济，才具勤敏”“旅顺口工程防务，该员出力最多，其功实未可泯”[13]。1881年李鸿章奏调他到天津办理北洋海防营务；1882年，李鸿章又“派赴奉天旅顺口办理工防”。此前，旅顺水陆营务处及旅顺工程局由道员黄瑞兰主持。不久，黄瑞兰因其“举动任性，办事糊涂，语言狂妄……不堪任用”而被李鸿章撤职。

后排：左一为袁保龄；中为周馥；右为刘含芳

旅顺船坞

1882年11月13日，袁保龄经烟台来到旅顺。建港许多重大基础工程，如建拦潮坝、排水工程、挖掘港口航道、建立小型修理厂、修建碎石码头、修筑马路与小铁路、开挖港地、开挖船坞坞身等，都是在他领导下完成的。“百事创始，极形艰难。该员力任烦劳，迭与提督宋庆、丁汝昌，臬司周馥，道员刘含芳等察看妥筹，次第兴作。其筑拦潮坝一役，于冰雪风雾中昼夜抢修，始获平稳”[14]。由于积劳成疾，袁保龄于1886年10月因“脾泻中风等证”而卧床不起，经医治无效，于1889年8月16日病卒于旅顺任所，终年48岁。袁保龄在旅顺工作生活了 7 年，其中主持建港工作达 4 年之久。

在建港运筹中，周馥是一位关键人物。“北洋新政，称盛一时，馥赞画为多”[15]。周馥（1837—1921），字玉山，安徽建德（今东至）人，初为李鸿章幕下文牍，后晋升为津海关道、按察使、布政使等职。他追随李鸿章一生，李办洋务、行外交，周“无所不与其役”。旅顺建港初期，他即参与筹划全局，来往于天津与旅顺之间。1887 年 4 月，因袁保龄病倒，工程由法人承包，李鸿章又派他“克期前往旅顺，督饬洋员妥办坞工，并联络旅顺、大连湾、威海卫水陆各将领妥筹布置……”[16]从建港二期招标，到“督饬洋员妥办”，周馥都“历练较熟，操守廉洁”。一年之后，海军衙门调他参加编写北洋海军章程，他离旅赴京，继之由刘含芳担任旅顺建港施工的监督任务。

三、修筑炮台

袁保龄在主持建港工程的同时，还兼抓旅顺的“海防布置”，这主要是“分筑炮台，控制洋面”。李鸿章认为“船坞即为水师根本，自不得不设炮台护卫”[17]。所以在建港工程尚未启动时，他就指派德国雇员汉纳根主持，在港口东岸襟山带海的黄金山上修筑第一座海岸炮台，并派兵把守。此后，在东岸又陆续修建了崂嵂嘴炮台、模珠礁炮台和田鸡炮台。崂嵂嘴、模珠礁原本称老驴嘴、母猪礁，是当地人根据其地形与礁石形状而起的地名。袁保龄在早期的禀帖中就是按此俗称称谓的。后来可能是嫌其不雅，就以谐音字代之。田鸡台炮台是因炮台安装田鸡炮而得名。在港口西岸，先后修筑了老虎尾炮台、威远炮台、蛮子营炮台、馒头山炮台、团山炮台、田家屯炮台、城头山炮台等。旅顺口东西两岸这 10 余座海岸炮台，“屹然并峙，声势稍壮”。炮台配有各种口径的新式火炮（以德国克虏伯兵工厂制造的为主）共 70 余门。东

宋　庆

炮台以总兵黄仕林统领的亲庆军的四营驻守，西炮台以总兵张光前统领的亲庆军的四营驻守，四川提督宋庆统毅军九营一哨专防旅顺后路。

自 1889 年始，李鸿章委派宋庆毅军等部队在旅顺东北起伏丘陵间陆续修筑多处炮台，如大坡山炮台、小坡山炮台、东鸡冠山炮台、望台北炮台、二龙山炮台、松树山炮台等；在金旅大道西侧椅子山、大小案子山上也筑有炮台与测望台等。各炮台间由一道道高 2 米、厚 1 米的胸墙连接，形成类似月牙形的陆防炮台群。

宋庆（1820—1902），字祝三，山东蓬莱人。这位出身贫寒的农家子弟少年从戎，早年曾在袁甲三麾下当兵。后因战功于 1874 年调任四川提督，驻兵潼关。1882 年移屯旅顺。直至 1894 年甲午中日战起，奉旨率部赴九连城防守。甲午败绩，三国“干涉还辽”后，日军撤出旅顺，他又于 1895 年冬奉命回防旅顺。1898 年移守山海关。此人前后驻守旅顺 15 年，当地人称他为“宋老帅”。在旅顺建港初期，他与私交颇深的袁保龄密切合作，袁赞他“宋军门忠勇之气至老不衰”。宋庆所部毅军各营，无论是在建港工程中开引水河、筑拦潮坝，还是修筑炮台、担当防守，都发挥了重要的作用。

四、组建旅顺水雷营、鱼雷营

袁保龄在 1884 年 2 月 4 日给李鸿章关于《调员管理水雷营事务禀》中写道：“现值海防吃紧之时，旅顺海口必须布置周密。查水雷旱雷均属设防要需，而水雷起落安放理法更为精细，非专门久习未易穷其窔奥。上年二月间曾经职道等禀请，以在旅之艇勇四十名学习水雷，并另由大沽水雷营借拨头目二名、雷兵十名赴旅教习，刻下库已修成，各雷渐次运往……”由此可知旅顺水雷营于 1883 年春初创时的情形，但这只是起步。“事属经始，规模草创，尤必须精通雷电事理、志力明干者派为管带，以收提纲挈领之效”。由于袁保龄的请求与保举，大沽水雷营帮带、九品顶戴方凤鸣被调来旅顺，暂管水雷事务。方凤鸣“在大沽雷营五年，于雷电事理颇为熟悉，人亦精干，有志向上”[18]。1884 年 3 月，方凤鸣带领在大沽挑选的雷兵 43 名、水勇 13 名乘镇海船由天津来到旅顺。按袁保龄提出的人员编制，水雷营共计 103 人。计有：管带 1 人、帮带 2 人、书记 1 人、管库学生与头目各 1 人、号手 2 人、水雷队长 2 人、水雷头目 10 人、雷兵 50 人、水勇队长 1 人、水勇头目 4 人、水勇 20 人、伙夫 8 人。除去方凤鸣带来的 60 人与原有人员外，又从当地捞海参人中挑选 4 名水勇，以便熟悉海上潮流水性。筹备就绪后，于 1884 年 3 月 27 日正式成营，由袁保龄兼任管带，营址设于黄金山北麓。

旅顺鱼雷营是继水雷营后不久组建的。由威海调拨一营而成，全营官兵共 91 人。鱼雷营由道员刘含芳为总办。刘含芳是李鸿章所倚重的军事工程与军械专家。李鸿章称："该道自北洋办理海防，即派驻奉天旅顺口，综理水陆营务，会办船坞及各炮台工程，创设鱼雷营，操练雷艇，添设水雷学堂，分建水陆师需用枪炮、器械、药雷、子弹各库，均能认真督筹，条理精密……"[19] 刘含芳在建港之初，即以兼领水陆营务处道员身份，来旅顺协助袁保龄"会办船坞及各炮台工程"。旅顺鱼雷营及鱼雷学堂、水雷学堂都是刘含芳一手创办的。由于"鱼雷为海上战守利器，理法精微。该道与英德教习讨论多年，创设鱼雷学堂，艇坞布置井井有条，俾弁兵操演，日臻精进，现已练成鱼雷艇十余号，可备辅翼铁舰之用，为各省所未有"[20]。1891 年清廷任命刘含芳为甘肃安肃道，李鸿章特具折"奏留"，认为"该道经手事件甚多，骤难更易"。次年 5 月，清廷又改任刘含芳为山东登莱青道，李鸿章又奏请让刘含芳"兼管营务，于地方公事之暇，随时就近周历各处，会商各将领，整顿工操，实于海防全局有裨"。可见李对刘信任有加。刘含芳交接完毕，直至 1893 年方赴烟台上任。1895 年冬，日军逼近威海，烟台益危。刘含芳作为"守土官"，镇定自若，临危不惧。甲午之战和议后，他奉派渡海至辽东勘收还地，看到自己"瘁心力营构十余年"的旅顺口及大连湾"尽毁矣，因愤慨流涕"。他此行还在旅顺黄金山麓发现唐代鸿胪井刻石并建"石亭覆之"，对文物保护亦有大功焉。

旅顺鱼雷局

五、建旅顺电报局

为便于通信联络，袁保龄早在1883年11月即禀报李鸿章“请设电报”：“旅顺扼渤海咽喉，西接津沽，北固辽沈，为北洋第一重紧要门户……陆路距津二千余里，即轮舟开驶，亦必须二十三四点钟乃能至大沽。现值海防吃紧之际，军情敌势瞬息万变，设有缓急，无由禀承钧命。” 他与同僚“再四商酌”，建议“由津过山海关、营口一路直达旅顺，速为设立电报，以通消息”。李鸿章也认识到“非赶设电线，无以速调度而赴事机”，即多次奏请。

旅顺电报局

1884年中法战争期间，“法人兵舰声称不日北来，沿海防务吃紧”，引起朝廷惊慌，遂批准“赶办山海关、营口至旅顺口沿海陆路电线，以通军报”。该工程同年7月兴工，11月竣工。翌年3月，自营口展延至省城奉天（今沈阳），共架线1778里，耗资白银10.7万两。此为东北电信史上第一条电报线。

1884年冬，旅顺与天津间接通电报，其业务开始时“由水雷营员弁学生兼管”。后来因“旅顺电局事繁任重，刻值防务戒严，亦难顾此失彼”，1885年春，由旅顺工程局文职官员中选拔黄建藩、李竟成等人，经天津电报总局同意，组建旅顺电报分局。

因当时的藩属国朝鲜经常滋事，清廷需派员调解或派兵弹压，1885年又架设了东北地区最早的国际电报线以便联络，从旅顺通至朝鲜汉城。

六、修建旅顺自来水工程

供水问题在建港的筹备阶段即已提到日程上来。随着工程的进展，建港工人渐多，民工与清军士兵的饮水成为亟待解决的大事。开始时，在“附近一带连年开井数十口，非水味甚咸，即泉脉不旺”[21]。为补充供水不足，曾启用运水船。这从1883年9月袁保龄禀文中可知：“所请拨煤运水之船六只，丁提督原议四船运煤，两船运水，旅顺、威海各分一半，其船之大小均以容煤水二十五吨为度……现既禀请煤船容装二十五吨，水船容装五十吨……将水船设法放大，以济军需。”

后来，“因勘得旅顺口北十里地名八里庄，有泉数眼，汇成方塘，土人呼为龙眼泉，其水甚旺，历旱不涸，但分其半，足供口岸水陆营局食用要需……”于是“远引山泉十余里，束以铁管，埋入地中，穿溪越陇，屈曲而达于澳坞之西旁，使水陆将士、机厂工匠便于朝夕取用……”[22]由旅顺北十里龙引泉引管向旅顺港供水的工程，是整个建港工程的一个组成部分。

旅顺自来水工程到底始建于何时，历来有多种说法。一种比较流行的说法是1879年（光绪五年）。如1987年版的《中国大百科全书》（土木工程卷）“土木工程大事年表”写道：“公元1879年，中国旅顺龙引泉，开始用铸铁管引水供水。”1936年日本人出版的《关东局施政三十年史》一书中关于“旅顺水道”部分记载：“光绪五年（1879年），于旅顺北十里，布设内径6寸（152.4毫米）铁管6080米，至港岸。一日供水量为1700吨。”而这一说法，最早见于日本殖民当局关东都督府土木课于1917年出版的《大连及旅顺水道》一书。20世纪30年代以来，我国出版的有关自来水工程的著作多沿用此说。但“光绪五年”之说至今未见确切的文献依据。近年论者还有始建于1881年、竣工于1888年之说。

笔者根据现存资料考证，得出一个比较保守的看法，认为旅顺兴建比较严格意义的“自来水工程”应从1888年算起。其最直接的物证即现存之“龙引泉碑”。此碑立于1888年（光绪十四年）5月。这通碑并非一些人所谓“纪念自来水工程竣工”的纪念碑，而是晓谕军民共用泉水之凭记。立碑的缘起是：“前月据该处旗民联名禀称，所分之水日久无凭，恐全为军中所用，该处所有居民无水食用，恳请立碑存记……” 由此可见，此碑之立，实际上是针对当地居民的担心而发出的“安民告示”。在此之前，“因勘得旅顺口北十里地名八里庄，有泉数眼”，之后便提出规划“应于其上建屋数楹，雇本地土人看守，以免牲畜作践。池外暗埋铁管，穴山穿陇，迤逦以达澳坞四周及临海码头，至黄金山下水雷营等处；另分一管，添做池塘，专供该处旗民食用灌溉”。上述碑文中“应于其上”的“应”

龙引泉碑

字，就表明“暗埋铁管”尚属预期中之事，龙引泉当时还只是一处无人经管的自然涌出之泉。

关于旅顺自来水工程早期的历史文献，现在所能见到的就是李鸿章的几通奏稿。最早明确提及的是他第六次来旅后写于1888年5月的《奏察勘各口海防折》。这是李鸿章刚从旅顺“察勘”回到天津向朝廷的报告，报告中谈到旅顺建港工程的进度，提及“洋匠承办石船坞工程已成十之九……其接引涧泉之十里长铁管……指日可成”。李此次赴旅顺的时间，正是同年所立龙引泉碑碑文中所说的“前月”；并且“勒碑晓谕”的动议，也是经“详请钦差大臣督办北洋海军直隶爵阁督部堂李立案”的。可见正是此时发现并认定龙引泉这一水源地，此后不久即实施“十里长铁管”工程。李鸿章奏折中所谓“指日可成”是“不久就可以成功”之意，说明由“洋匠承办”之自来水工程即将启动并有望克期完成。论者经常引用的李鸿章1881年首次来旅后写的奏折《订购快船来华折》中有“凿石引泉工程已得大半”之语。笔者认为，当时建港尚未起步，开始兴工的只有“德弁汉纳根经营修筑”之黄金山炮台。所谓“凿石引泉”是指汉纳根在修炮台时劈石修路与打井引泉两件事。这从马建忠《勘旅顺记》以及李鸿章奏折《旅顺筹防费难预估片》有关叙述中可以得到印证。如果当时那么容易就找到了龙引泉，还何谈“附近一带连年开井数十口，非水味甚咸，即泉脉不旺”呢？更何况，浩大之自来水工程岂能一蹴而就！据实而论，当时的技术、物资与施工条件都不具备。

关于旅顺自来水工程竣工时的情况，李鸿章在1890年《验收旅顺各要工折》及1891年《洋人代建旅顺坞澳各工折》中均有详述。现藏于国家图书馆的一张《旅顺石船坞船澳厂库工程全图》，是关于旅顺建港工程最为直观形象的第一手资料。此图明确标有自来水泉源水库之所在，并绘有引水管道途经之处，注明“洋人包做引水管长一千七百八十丈八尺”，折合5936米，近12华里，正合了“十里长铁管”之说。另外，还绘有船坞内储水库、分水管、取水机器厂等位置。此图很可能就是建港工程验收时呈送“御览”所绘之图。这些都说明旅顺自来水作为与整个建港工程配套的给水工程，1890年才完成。

一个值得深思的现象是，袁保龄自1882年（光绪八年）来旅上任直至1887年（光绪十三年）他本人病笃、工程已交由法国人承包的五年间，他留下的230通禀帖和78件函稿中，都未见有关龙引泉引水工程的任何文字记载。这是一个有力的旁证，说明直至1887年（光绪十三年）底，龙引泉尚未出现在主持工程者的视线之内。

综上所述，笔者的结论是：旅顺自来水工程作为旅顺建港总体工程的一个组成部分，是在建港工程的第二阶段即由法人承包阶段之初，自1888年（光绪十四年）始定龙引泉作为泉源水库，之后陆续铺设供水管道及配备给水设施，最终于1890年（光绪十六年）全面完成的近代供水工程。较之英商在上海建杨树浦水厂供水（1881年8月始建，1883年1月建成）尚晚一些，可称之为“东北地区最早的自来水事业”。

旅顺口的海防建设催化了该地由一个小渔村向新兴城市的演进。为了建设军港，陆续从山东、直隶（今河北）、河南、安徽等地招募民工，最多时达6000多人；还有从天津等地调来的技术与管理人员以及从英、德、法等国聘来的雇员；再加上不断添防的陆海军官兵以及不断扩大的船坞（俗称“大坞”）产业工人队伍，这一切，使这个明代始名“旅顺口”的渔村人丁兴旺，迅速发展起来。于是，港口码头一带，商店、酒馆、旅社、茶楼、戏院等，随之雨后春笋般兴起。到后来，街区逐步由港口向北扩展延伸，形成五条大街：东新街、中新街、西新街、城子东街、城子西街。一些老地名，如“菜市街”等，一直沿用至今。国内早期的新闻媒体如《京报》《申报》等，也在当地官绅与知识阶层开始传播。到中日甲午战争前夕，旅顺口发展成为市井繁华、交通便利、常住人口达两万多的近代化小城。

李鸿章及其僚属“经营凡十有六年，糜巨金数千万，船坞、炮台、军储冠北洋”的旅顺口，在甲午之役中毁于一旦，这是腐朽的封建王朝全面崩溃的前兆。尽管旅顺海防建设的结局是悲惨的，但李鸿章及其僚属当初的开创之功还是应该肯定的。旅顺海防建设在当时不仅带动了旅顺，也影响了整个大连地区的近代化进程。大连于 1899 年建市，而旅顺作为近代城市雏形的出现，比大连起码要早 10 年。

注　释：

[1]《李文忠公全书》奏稿卷二十四，金陵原刊本，商务印书馆，1905 年版。

[2]《李文忠公全书》奏稿卷二十四，金陵原刊本，商务印书馆，1905 年版。

[3] 张侠等编:《清末海军史料》，海洋出版社，1982 年版，第 12 页。

[4]《李文忠公全集·奏稿》卷六十一，金陵原刊本，商务印书馆，1905 年版。

[5]〔美〕费正清、刘广京编:《剑桥中国晚清史》下卷，中国社会科学出版社，1993 年版，第 291 页。

[6]《李文忠公全书》奏稿卷四十四，金陵原刊本，商务印书馆，1905 年版。

[7]《李文忠公全书》奏稿卷六十，金陵原刊本，商务印书馆，1905 年版。

[8] 张侠等编:《清末海军史料》，海洋出版社，1982 年版，第 686 页。

[9]《李文忠公全书》译署函稿卷十，金陵原刊本，商务印书馆，1905 年版。

[10]《李文忠公全书》译署函稿卷十一，金陵原刊本，商务印书馆，1905 年版。

[11] 马建忠:《适可斋记行》卷一，文瑞楼石印本，1897 年版。

[12]《李文忠公全书》奏稿卷四十二，金陵原刊本，商务印书馆，1905 年版。

[13]《项城袁氏家集·阁学公集》卷首，清芬阁编刊本，1911 年版。

[14]《项城袁氏家集·阁学公集》卷首，清芬阁编刊本，1911 年版。

[15] 赵尔巽等:《清史稿》第 41 册，中华书局，1977 年版，第 12535 页。

[16]《李文忠公全书》奏稿卷五十九，金陵原刊本，商务印书馆，1905 年版。

[17]《李文忠公全书》海军函稿卷一，金陵原刊本，商务印书馆，1905 年版。

[18]《项城袁氏家集·阁学公集》公牍卷三，清芬阁编刊本，1911 年版。

[19]《李文忠公全书》奏稿卷七十七，金陵原刊本，商务印书馆，1905 年版。

[20]《李文忠公全书》奏稿卷七十一，金陵原刊本，商务印书馆，1905 年版。

[21] 王希智、韩行方主编:《大连近百年史文献》，辽宁人民出版社，1999 年版，第 387 页。

[22]《李文忠公全书》奏稿卷六十九，金陵原刊本，商务印书馆，1905 年版。

献身中国近代海防建设的袁保龄

王珍仁　李华家

一

1840 年爆发的鸦片战争使古老的中华民族遭到了有史以来第一次来自海上的大规模外敌的入侵。第二次鸦片战争后，中国的海防建设开始引起朝野上下的重视，进而引发了一场旷日持久的“海防”与“塞防”的争论。

1874 年 11 月 5 日，总理衙门递上《海防亟宜切筹武备必求实际疏》，强调筹办海防的必要性和紧迫性，提出“练兵”“简器”“造船”“筹饷”“用人”“持久”等六项措施，请求饬令有关大臣讨论，并能够予以实施。在这场大讨论中，身居要职的官员们纷纷上奏，提出自己的看法。素来执笔奏章以精练简短为特点的李鸿章在这次争论当中一反常态，破例写出了洋洋万言的《筹议海防折》呈于廷上。李鸿章在奏折中系统地阐述了自己对海防问题的认识以及当下所应采取的对策。指出“居今日而欲整顿海防，舍变法与用人，别无下手之方”。李鸿章这时所言的“变法”，主要是指变革军事制度，建立近代海军；“用人”则主要是指改革科举制度，培养新式人才[1]。经过疆吏们的讨论，1875 年 5 月 30 日，清廷发布上谕，决定采取海防、塞防并重的方针，并且分别责成李鸿章与沈葆桢亲自督办北、南两洋的海防事宜。此上谕的颁发标志着晚清海防战略的初步形成。

海防的准备，是近代化海军建设不可小视的非常重要的内容。这里主要包括兵力驻屯体系、防御体系、后勤保障体系和作战指挥体系等方面的建设。中国近代海防战场的准备也正是围绕海军基地的建设而展开的。[2] 就北洋海防的建设而言，在李鸿章的亲自过问主持下，迅速地确立起以大沽、旅顺、威海为重点的防御体系。在一段时间里，清廷曾为新组建的北洋海军的基地设置地点进行过讨论，并先后提出过数个可供选择的地点。但经过数次人员实地详细勘察，最终由李鸿章拍板定夺，选定旅顺和威海两处为北洋海军的基地。李鸿章之所以做出如此决断，是认为“综览北洋海岸，水师扼要之所，惟旅顺口、威海卫两处，进可以战，退可以守”[3]。但在后来的具体实施过程中，因为威海卫的基地建设需要经费庞大，一时难以凑手，故决定先期全力经营旅顺口，以作为战舰收缩之地，兼以屏蔽奉天，控制大沽。

二

李鸿章将北洋海防建设的首选地定在旅顺口的根本原因是出自他的海防战略思想，他之所以极力倡导筹办近代海军的目的也绝不是要走向蔚蓝色的海洋。这在其与朋友的信函中就有过清晰阐述：“我之造船本无驰骋域外之意，不过以守疆土、保和局而已。”[4] 这就是李鸿章的具有中国传统军事特色的海防战略思想的基调，由此亦导致其在海防建设上形成了一种近海水师与沿海炮台互为表里的建设思路。李鸿章对于海防建设的根本目的有着一番透彻的解析。他说：“今议防海，则必鉴前辙，揣敌情……大要分为两端：一为守定不动之法……一为挪移泛应之法。”[5] 李鸿章所言之守定不动，就是依傍水陆炮台进行防守；挪移之法则是用兵船配合陆军“随时游击”“防敌兵沿海登岸”。

旅顺口乃是辽东半岛南端的天然良港，东、南、西三面环海，群山环抱，仅在东南方向有一狭窄的出入口，港内腹地宽阔，不淤不冻，实为渤海之门户、北洋之要冲。

在李鸿章的主导下，旅顺海防工程建设大致可以分为两个阶段。1880 年至 1885 年为第一阶段。这一阶段的工程项目主要是修筑旅顺口两侧的海岸炮台，同时进行疏浚口门、挑挖船澳土方、筑船澳石坝和防波堤等、添建库房工程。

1886 年至 1890 年间则为第二期工程。这一时期最主要的工程便是船池与船坞的修建以及沿旅顺北部与西部建设陆路炮台。这里需要说明的是，对于旅顺口海防建设工期的划分，从事史学的研究者并无分歧，然在具体的时间划分上却略有不同。目前最有代表性的可见姜鸣先生所著的《龙旗飘扬的舰队——中国近代海军兴衰史》，以及王家俭先生所著的《李鸿章与北洋舰队》和旅顺大坞史编委会编著的《旅顺大坞史》。

三

旅顺口海防建设工程最基础、最艰难的时期是在建设初期。这里除了工程技术方面不得不借助于若干英、德、法等国家的外籍专家之外，其余的全部计划均是由中国人自己主持设计完成的。

李鸿章对旅顺口海防建设自始至终给予了极大的关注，仅对派赴旅顺主持工程进展的总办人员就前后更换了三次。

第一次是在1880年的秋冬交际之时，责命此时具有清军游击官衔（清代武官官阶，为从三品，职位次于参将）的陆尔发偕德员汉纳根前来旅顺，主事旅顺海防建设。陆尔发虽身为北洋专理洋务，然于工程殊为外行，在先期的海岸炮台设计管理上，一切皆任由汉纳根等人操纵，对港坞建设难有规划。就在工程难以推进的时候，李鸿章于翌年（1881年）十月借检校“超勇”“扬威”二船的性能之际，从大沽来旅顺，一并勘验旅顺工程。见到工程进展速度如此缓慢，李鸿章面有愠色，致使同行的北洋海防营务处道员马建忠不得不谏言道：“开办旅顺，工程繁多，似宜改派深明外洋水师工程之员，饬令通盘筹算，画一全图，估计需款若干，复派一公明正直之大员以督理之。”[6]

李鸿章在遍览了工程形势之后，全面吸纳了马建忠的建议，将陆尔发调回，改派北洋海防营务处道员黄瑞兰前来旅顺，设立北洋海防营务处旅顺工程局，由黄瑞兰任总办，全面主事工程。怎料黄瑞兰贪鄙无能，对海防建设工程根本不解，在履职期间，凭借官势，任用朋党；与洋员之间难以沟通协调，肆意乱耗帑银；至于工程方面，更是疏于管理，尤为马虎。花了近一年的时间，耗银三万余两，表面上拦海大堤看似合龙，但是，由于堤下淤泥清除未尽，导致大堤基础不牢，屡屡发生坍塌事故，以致遗患无穷。

1882年，边疆形势吃紧，海防建设的进度使李鸿章愈发不安。其无奈之中授命北洋海防营务处道员袁保龄亲赴北洋各海口进行实地勘验调查，寻求症结所在。袁保龄经过一番细致入微的调查后，将所发现的问题及解决的办法、建议向总理北洋沿海前敌营务处的周馥做了详尽的报告。而此时的李鸿章虽因丁忧之事请假回老家，但已动了心思，要将黄瑞兰撤回天津，拟派徐建寅继任。周馥在阅袁保龄的函稿后，专门与袁保龄做了推心置腹的交谈，感到易员的对象非袁保龄不可，遂向暂代直隶总督一职的张树声保荐。因周馥与李鸿章系安徽同乡，且周馥行事又颇得李鸿章的信任，张树声便采纳了周馥的建议，令北洋海防营务处道员袁保龄出任北洋海防营务处旅顺工程局总办。

四

袁保龄自1882年11月赴任旅顺，至1889年8月16日病殁，在旅顺履职的7年时间里，勤恳任劳，事必躬亲，忠心耿耿，给旅顺海防建设带来了全新的变化。此时旅顺海防建设中的诸多重大工程，皆出其手中先后完成。可以非常肯定地说，近代旅顺海防建设倾注了袁保龄的全部热情与心血。

袁保龄对于旅顺海防建设尽职尽责，忠心一片。袁保龄对海防建设所倾注的一切，根本的原因在于他能够熟读经史，视野通达，胸怀伟略。他不仅对新兴的洋务颇具认识，而且对于海防事业也有着真知灼见。至于旅顺口在中国近代海防上的重要性，袁保龄的认识尤为深刻，他曾对友人谈道："旅顺为北洋第一险隘，可战可守。前有老铁山，与南北城隍岛最近，然亦有四十余里之海面。若水师得力，此两山炮台水雷足以助势，敌舟无敢轻过。"[7]1883年（光绪九年），他在给友人的书信中再次阐明了这个观点："去年孟冬，始来旅顺，周览形胜，实为渤海第一要隘。若经营有成，得精强水师巨舰屯泊于此，西策津沽，北顾辽沈，可令环海群邦不敢以片帆相窥伺。"[8]

袁保龄赴任旅顺，主持北洋海防营务处旅顺工程局事宜，其间整个旅顺海防工程工大事繁。"不论在人事、经费与工程技术等方面，均曾遭遇到无数的困难，卒赖其赤忱、定见与魄力，始得一一克服"[9]。

众人皆知，在袁保龄到任前，陆尔发和黄瑞兰均留下一些旧部冗员。在这些旧人之中，更不乏敷衍贪鄙的小人。袁保龄在肩负海防建设的重任面前，深知如果容忍这些善于敷衍钻营之人参与到工程建设当中，一旦失察就会引发无法预测的祸事，这不仅要败坏旅顺工程局的风气，而且会给海防建设工程带来无法估量的损失。因此，在袁保龄到任后，经过摸底考察，大胆地整治风气，将旧有不悛治的官员悉数调离或辞退，擢升任用守正清廉的官员。"这种以绩取人的做法，在当时人浮于事、官僚成习的社会风气中尤其难能可贵。"[10]

在旅顺海防建设的一线上，有来自各地的上千名工匠、民工。这些人的生活冷暖也时刻让袁保龄牵挂心上。也正是袁保龄真心实意地关心照顾，积极地为这些工匠、民工排忧解难，赢得了工匠及民工们的尊敬和拥戴，才激发了他们的劳动积极性。

有书记载，在1883年夏，气候反常，闷热少雨，致使塘澳中淤泥秽恶不堪，施工环境十分恶劣。对于这种状况，袁保龄早有准备，先期就从天津广办药材，煎熬成汤，及时送到工地中，并招募有经验的医师往返工地，对工匠、民工给予巡诊治疗[11]。而当工程出现险情时，袁保龄亦总是及时莅临现场亲自指挥，与工匠、民工们"上下一心，群情固结，挖山取土，来回数百丈。于风回雪舞之时，踊跃争先，欢呼用命，竟能抢护无虞，真非始愿所及"[12]。袁保龄每每在抢险时气愤地感叹："不知这般人前世欠黄佩老（黄瑞兰）何等帐（账）目，今日替他了此冤孽公案。"[13]

袁保龄来到旅顺，不可避免地要与一批工作在海防建设中的洋员们打交道。对于洋员们的作风，袁保龄深感难缠。他在致周馥的一封公函中就直言其中之苦："今旅顺船坞各工，殆亦非常之举也。工程机器用物，在在参用洋法，绝无例案可循。洋员动以西国往事为言，若曲徇所请，则财力实有未能，体制又多不协。若专守常经，则巨工终无成效，转更贻笑远人。斟酌其间，颇难裁定。"[14]然而，在极其纷杂的困境中，袁保龄还是在实践当中摸索出了一套管理洋员的办法。这大致可归结为"大处坚持原则，小事退让将就"。这其中最为典型的事例要数在建设船坞中的用料选择之争了。当时，来自德国的工程师善威力主在船坞的建设中采用烧砖工艺，舍弃价廉且坚固的石料。在经过反复征询意见和实际对比试验后，袁保龄坚决地否定善威的主张，坚持采用以石料为基本材质筑坞。经过百余年历史沧桑的检验，最终证明袁保龄这一决策是非常正确的。

而在经费的管理上，更是让袁保龄耗尽心血。旅顺口海防建设工程浩大，计划用钱之处比比皆是，常常让袁保龄陷入捉襟见肘的窘境。在困难面前，袁保龄出自公心，做到对工程费用精打细算。规定部属人等不论大小用款，均需随案登账，限期报销，不得借故延误。他曾引曾国藩的格言"生平于财利避之若浼"以砥砺自己。他也曾说："我辈在此一日，终是抱定迂拙作法。举朝廷之帑项、百姓之脂膏，以填此辈难盈之溪壑，而博悠悠之浮誉，义之所不敢出也。"[15]由此可见，其在工程建设中所秉持的廉洁慎独的道德情怀。

袁保龄在任所五年的时候，工程进展颇为迅速，然而工程费用却没有超出预定计划，仅用工银20余万两。更令人们感动的是，袁保龄虽经手巨额银两，但自己毫无贪墨之想，真正地做到了两袖清风，平日所着身的官服竟是打着补丁。其病殁后，下属从其住所中竟无法找到可以用于发丧的资材。无奈之下，是下属们筹资为其购得一棺梓，使其得以入殓。

五

袁保龄自到旅顺赴任，仅在五年时间里，就主持完成了引河工程、海门工程、库房工程、拦水坝工程、船澳及泊岸石坝工程。建起了小型机器厂、碎石马路与小铁道、碎石码头、旅顺电报局、旅顺水雷营、旅顺鱼雷营、旅顺北洋海军医院以及沿旅顺港口东西两侧的海岸炮台工程。

旅顺口近代海防建设，乃是近代中国海军与国防建设方面的一桩大事。早在工程进行之中，就引起一些中外人士的强烈关注。有亲自来到旅顺做探访考察者，有执笔撰文在媒体报章中加以评论者，更有自命不凡之人于私人和公开场合发表议论。但纵观所论，持赞成意见者明显居多，也有人对海防建设工程选址于旅顺极尽贬损之言。但有一点是大家无法否认的，那就是整体工程布局合理，质量很高，舆论普遍认为这里的炮台建造得非常出色，“绝对不致为海上来的力量所攫取”[16]。

袁保龄在旅顺工程局主事期间，不仅履职督办海防建设，而且还极尽所能地为旅顺当地的民众生活着想，大力为百姓多做实事，多办好事。他秉持一份热心公正、公开地处理了前工程局官员在征用土地中遗留下的与民众所产生的争议纠纷，做到公平合理地返还民众的征地款以及设计工程中的秸草款。他还在旅顺大力推广种植桑树，教习民众参与养蚕纺织。他在任期里，于旅顺大兴调查，鼓励在乡村中兴办义学，以促进地区的经济发展和民众民风的进步变化。

五年的光阴，旅顺海防建设初具规模，进展的速度和工程体量让袁保龄心绪荡漾，他挥笔写下了“大海澜回，忆从前唐战辽征，往昔英雄垂信史；高山天作，愿此后镐京丰水，中兴日月丽神州”“创四千年未有之规，愿成渤海屏藩、留都堂奥；环九万里无远弗届，漫谈昆明池水、汉武旌旗”的长幅楹联。可谓一字一血，一句一情，撼天地，泣鬼神，气壮山河。在这五年中，袁保龄每夜“非交丑不能熟睡，幸筋力顽壮，每日奔走看工，尚不知疲”[17]。即便如此，在其闲暇之时，心中亦不免泛起些许的辛酸与苦楚，他在致友人的信函中就坦言：“既受人知，必思所报，遂置室家于不顾，乘风破浪，冒不测之沧海，毅然远行。此邦山僻海隅，大似东坡惠州风味，而又无其闲适。所历艰苦，实为四十年所未有，亦聊足忏除少年逸乐罪过。方来之始，万事瓦裂，今则公帑节省数万金，海防军容渐如荼火，差可自慰。而面黑肤瘦，形容憔悴，须发已渐渐白矣。”[18] 袁保龄自述的这些话语，“既含凄凉，又有矢志，今日读来，让人感动至深，肃然起敬”[19]。

1889年8月16日，袁保龄因积劳成疾，病殁于任所旅顺，终年48岁。不可否认的是，袁保龄的英年早逝是与他每日都把全部的精力贡献给海防建设工程，而无暇顾及身体有着密切的关系。北洋大臣李鸿章对于袁保龄的病逝颇为惋惜，在为袁保龄请恤时深情地写道：“该员历任烦劳，迭与提督宋庆、丁汝昌，臬司周馥，道员刘含芳等察看妥筹，次第兴作。其筑拦潮坝一役，于冰雪风雾中昼夜抢修，始获平稳。九年，法粤开衅，海防戒严，旅顺口仅成黄金山炮台一座，该员跋山涉海，勘地督工，不数月而东西两岸大小七台屹然并峙，声势稍壮，敌舰竟未敢北窥。十年冬，又值朝鲜之变，其时电报未通，津沽封冻，消息间阻，凡驻朝淮军饷械及派往水师各船，赖该员筹助接济，俾得迅赴事机。十二年间，醇亲王亲临阅视，曾以旅防布置合宜、该员等尤为得力，奏奉懿旨，从优议叙在案。惟该口远处海滨，瘴湿甚重，寒苦异常。该员经营数年，遂成脾泻中风等证。……臣查袁保龄世受国恩，竭忠图报，学问具有根柢，识力亦甚坚卓，洵足干济时艰，不期积劳过久，受病过深，年未五旬，赍志以殁。旅顺口工程防务，该员出力为多，其功实未可泯。”[20] 光绪皇帝在御赐祭文中则写道：“鞠躬尽瘁，臣子之芳踪；赐恤报勤，国家之盛典。尔原任直隶候补道袁保龄，行性纯良，才能称职。方冀遐龄，忽闻长逝。朕用悼焉，特颁祭葬，以慰幽魂。”[21]

百年以来，对于袁保龄在中国近代海防建设中所做出的贡献，史学界有着一致的认识，均给予极高的评价。说到底，就因为他是献身中国近代海防建设的功勋第一人。他虽然在旅顺任所只有短短的七年时间，但给后人留下了一笔丰厚的精神财富，那就是一种不屈的民族精神，彰显出一种民族的力量。

注　释：

[1] 雷颐：《李鸿章与晚清四十年》，山西人民出版社，2008 年版，第 287 页。

[2] 张炜、方堃主编：《中国海疆通史》，中州古籍出版社，2003 年版，第 409 页。

[3]《李文忠公全书》海军函稿卷一，金陵原刊本，商务印书馆，1905 年版。

[4]《李文忠公全书》奏稿卷十九，金陵原刊本，商务印书馆，1905 年版。

[5]《李文忠公全书》奏稿卷二十四，金陵原刊本，商务印书馆，1905 年版。

[6] 中国史学会编：《洋务运动》第一册，上海人民出版社，1961 年版，第 445 页。

[7]《项城袁氏家集·阁学公集》书札卷一，清芬阁编刊本，1911 年版。

[8]《项城袁氏家集·阁学公集》书札卷二，清芬阁编刊本，1911 年版。

[9] 王家俭:《李鸿章与北洋舰队》,生活·读书·新知三联书店,2008 年版,第 238 页。

[10] 马骏杰：《重读北洋海军》，山东画报出版社，2017 年版，第 173 页。

[11] 马骏杰：《重读北洋海军》，山东画报出版社，2017 年版，第 173 页。

[12]《项城袁氏家集·阁学公集》书札卷一，清芬阁编刊本，1911 年版。

[13]《项城袁氏家集·阁学公集》书札卷一，清芬阁编刊本，1911 年版。

[14]《项城袁氏家集·阁学公集》公牍卷八，清芬阁编刊本，1911 年版。

[15]《项城袁氏家集·阁学公集》书札卷一，清芬阁编刊本，1911 年版。

[16] 王家俭：《李鸿章与北洋舰队》，生活·读书·新知三联书店，2008 年版，第 267 页。

[17]《项城袁氏家集·阁学公集》书札卷一，清芬阁编刊本，1911 年版。

[18]《项城袁氏家集·阁学公集》书札卷四，清芬阁编刊本，1911 年版。

[19] 马骏杰：《重读北洋海军》，山东画报出版社，2017 年版，第 172 页。

[20]《项城袁氏家集·阁学公集》卷首，清芬阁编刊本，1911 年版。

[21]《项城袁氏家集·阁学公集》卷首，清芬阁编刊本，1911 年版。

旅顺自来水设施的建设

孙桂翠

旅顺自来水供水管线设施始于清朝末年。北洋大臣李鸿章受命在旅顺筹办北洋海防筑港工程，于 1879 年 11 月 9 日，在旅顺北十里，地名八里庄（今水师营街道三八里村）辟“龙眼泉”水源，引水至旅顺港口，为驻军和修筑炮台、建港筑坞匠人饮用 。此项工程即“龙引泉”，为清政府投资修建的最早的自来水工程，并揭开旅顺建港的序幕。

一、旅顺龙引泉的开发

史料记载，1602 年（明万历三十年），朝廷批准辽东巡抚赵楫的奏请，决定在旅顺设置水军。1715 年（康熙五十四年），清廷再次于旅顺建成水师营，并开始出海巡逻。清廷建立的旅顺水师营驻地，南面有龙河可直通海口；在其东南大约 1 千米处有一个龙眼泉。此泉水质甘甜，四季涌水，水势甚旺。泉水既可供当地村民、兵营将士饮用，又可灌溉田地、给水师战船上水[1]。

1879 年末，为了解决兴建中的北洋海军基地的用水问题，李鸿章以北洋大臣的身份先后上书慈禧太后要“凿石引泉”的奏折有 4 份。旅顺建港工程竣工后，李鸿章在《验收旅顺各要工折》中写道：“虑近海咸水之不便食用也，远引山泉十余里，束以铁管，埋入地中，穿溪越陇，屈曲而达于澳坞之四旁，使水陆将士、机厂工匠便于朝夕取用，不致因饮水不洁易生疫病。”1888 年（光绪十四年）所刊立的龙引泉碑就真实地记载了这一段历史。

龙引泉引水管线的铺设施工工程经过两个阶段。前期是 1879 年（光绪五年）始“凿石引泉”，由清朝自行设计施工，德国工兵少校汉纳根协助修建。后期工程是在 1888—1890 年（光绪十四年至十六年），由法国人德威尼承包。在龙引泉上“汇成方塘……于其上建屋数楹”。史料记载，此期工程砌筑有长 727.72 米、宽 0.76 米、高 2.13 米的拱形集中暗渠 1 条[2]；但经笔者实际从龙引泉池东侧始测量，发现拱形集中暗渠长约只有 442.3 米，渠宽 0.76 米，高为 1.56 米。在实际考察中，笔者发现与拱形集中暗渠相衔接的是长约 350 米、宽 0.5 米、高 0.8 米的浅暗渠，该暗渠是用石块垛起的，由于暗渠太浅，人无法进去测量其长度，只能根据浅暗渠的走势在地面上测量并推断。由此可知，史料所记尚有不够准确之处。

在龙引泉池旁，铺设有直径为 165 毫米、总长 6120 米的铸铁管道，管道走向是根据地势的落差，穴山穿陇，沿龙河以自然流下的方式，分别到达旅顺港、船坞至黄金山储水池。在旅顺港内建有淡水库、储水库各一座，“周澳三里余”范围内铺设“自来水分水管”，总长“二千四百二十九丈六尺”，约合 8098 米，增设取水大小机器 18 具。[3]“现藏于国家图书馆的一张《旅顺石船坞船澳厂库工程全图》，是关于旅顺建港工程最为直观形象的第一手资料。此图明确标有自来水泉源水库之所在，并绘有引水管道途经之处，注明‘洋人包做引水管长一千七百八十丈八尺’，折合 5936 米，近 12 华里，正合了‘十里长铁管’之说。另外，还绘有船坞内储水库、分水管、吸水机器厂等位置。此图很可能就是建港工程验收时呈送‘御览’所绘之图”[4]。淡水库是设在黄金山下水雷营附近的山坡上，其所经线路是由输水管到储水库，然后绕过坞澳，将泉水输送到港内最远的储水点。正如龙引泉碑文所记载：“池外暗埋铁管，穴山穿陇，迤逦以达澳坞四周及临海码头至黄金山下水雷营等处”。现今淡水库的地下部分虽仍然坚固完好，但地上建筑已成残垣断壁。这些似乎都能够说明，旅顺自来水给水工程是整个建港工程的配套工程，是一个完备的供水体系。龙引泉水在当时日最大供

龙引泉碑址

水量已超1500立方米，用水人口可达2万余人。仅这项工程就耗费近3.7万两白银。

二、俄国、日本殖民统治时期对自来水设施的改造

1. 对水源地设施的改造

1897年，俄国侵占旅顺后，开始扩建旅顺要塞，在修建港口、船厂、道路等基础设施的同时，于1900年增建寺沟水源地工程，以及孙家沟净水厂、配水池、泵站等供水设施。日俄战争爆发，工程未完，被迫停工。

日俄战争结束后，旅顺给水工程被日本殖民当局交给日本陆军水道班管理，并继续进行俄国未完成的给水工程。同时，对原有给水管线进行改造，以保证军营及官衙供水。1907年4月给水工程被正式移交给关东都督府管理。由于城市用水量不断增大，又扩建增设配水管线，续建寺沟水源地，并对龙引泉水源地加以改造。此时用于改修扩建等支出的经费已经达到41.1万余日元。

在日本殖民统治期间，当局还加大了对水源地环境的整治。在清朝末年，龙引泉水源地树木茂盛，而日俄战争中却被大量砍伐。为了储留雨水，1906年日本当局新植30多万棵树木，其中有榉树900棵、落叶松2400棵、槲树3780棵等多种树木。1926年5月至1927年6月，又增建取水设施，汇水面积达1.65万平方米。改建龙引泉池于地下4米处，用石块砌筑成长方形泉池。经笔者测量，泉池长2.8米、宽2.4米、深3.6米，两侧砌筑拱形暗渠，暗渠长442.3米、宽0.76米、高1.6米。为便于汇集水源，还预留了进水口，并在暗渠两端及一定部位设有检井。经笔者实地考察，检井设在龙引泉池东约50米处，由北向南排列，间距四五十米不等；检井的构造为长0.76米、宽0.70米的方口井或

龙引泉地下集水池及隧道

直径为1米的圆口井，深度一般在6米至8米；井口至井壁6.5米处设有暗渠通口，暗渠口高1.56米、宽0.76米。检井内设有暗渠通口数量不等。在检井的井壁设有直径20毫米、长250毫米、宽130毫米的铁梯。此类检井共有8眼。

上述检井都是用天然青石砌筑的，整齐规范，水泥抹缝，暗渠口是青石砌筑拱形顶，顶部为拱券形混凝土结构，风格是一样的。

在龙引泉池东北方向约600米的树林中，有一直径为5米、深22米的双层特大的集水井，上层层高4.8米，下层层高17.2米，下层中现蓄水水深为8米。井为青石砌筑，隔层及集水井的顶盖都是用混凝土制作的预制板，以工字钢做横梁。隔层上有4个方孔。集水井口至集水井壁北侧有10阶直径30毫米的铁梯，长300毫米、宽180毫米。根据地形及水流向分析，该集水井的水，是由大孤山及暗渠的水汇集到此。

在龙引泉方圆229公顷内，另有不同规格的井10眼，加之上述的检井共计18眼。这18眼井构成一个环形，1—8号为检井，与拱形暗渠相连。其功能作用是既存水，又为工人清除暗渠内的污物及渗入井壁树须提供方便，以保障流水畅通。9—18号井，由水泥管道相连，其功能是将水汇集到8号井，再经直径250毫米铸铁管线，把水输送到孙家沟净水厂。

寺沟水源地，位于距旅顺5.9千米的椅子山河边。地质条件上层为沙砾，下层为岩石。占地有1.52万平方米，汇水面积3800平方米。取水设施与龙引泉相似。集水暗渠长1481米、宽0.75米、高1.51米，为石砌拱顶，距地表深0.91米至2.12米，预留有3个入孔。集水池为正方形，边长6.3米、深4.8米。

1910年，殖民当局又兴建了大孤山水源地，于翌年八月宣告竣工。大孤山水源地，位于距离市区2千米处的大孤山麓的大河南岸，占地3560平方米，汇水面积7700平方米，因为其是凿井式的，所以在这里设置了一个内径3.6米、深度为4.8米的集水井，通过直径150毫米的铸铁管，用水泵将水送至大孤山贮水池。

大孤山泵站建在集水井65米处，上部为砖瓦结构，长18.2米、宽5.5米。贮水池内径7.57米、深4.8米，圆形混凝土结构，屋顶为木结构。泵房、贮水池顶盖现今都不存在了。

为满足城市需求，增加供水能力，日本殖民当局1920—1924年在龙塘镇官房子村又建成龙王塘水源地，龙王塘水库完全是由日本人设计并组织施工，工程费用达190万日元。水库流域面积253.60万平方米，设计的库容量为1578.30万立方米，有效库容量1556万立方米。坝体结构为钢筋混凝土，坝面用石条铺设，坝长326.2米、高37.9米。机房内设305马力机泵3台，可分别向旅顺和大连供水，日供水能力为3.36万立方米。

孙家沟净水厂

小孤山水库

1935—1938年间，小孤山水源地和大龙山贮水池建成。到1945年旅顺解放，城市供水管道总长已有85.29千米（其中输水管道41.99千米、配水管道43.30千米），安装水表4200块，日供水量5340立方米。

2. 旅顺孙家沟净水厂的建设

孙家沟净水厂是在俄国殖民统治时期修建的，位于今天的旅顺五一路。笔者从现场考察中认定，当时建有集水池和泵站各一座。日本殖民统治时期，龙引泉、寺沟、大孤山水源地的水经过管线，全部流入孙家沟净水厂的集水池。该集水池长36米、宽10.6米，蓄水量为600多吨，由混凝土筑造。1925年，日本殖民当局投资约10万日元的经费新设置了两个过滤池。过滤池体为钢筋混凝土结构。过滤池长35米、宽19米、深3.87米，面积665平方米，日常水深为2.12米。过滤池内设有置砂场，外壁为砖结构，长19.4米、宽15.3米、高1.2米。附属洗砂场，长 10.9 米、宽 7.2 米、高 1.2 米，主要用于清洗滤池内的沙砾，一昼夜能够过滤 4000 吨的水。净水厂泵站，在集水池旁边，泵站外围长 33 米、宽 12.4 米、高 21.2 米，为砖瓦结构。内设两台水泵，过滤后的水，通过水泵由直径为 250 毫米的配水管，输往牛角山上的配水池。配水池位于净水厂泵站南侧牛角山顶，共有两座。配水池长 21.4 米、宽 10.9 米、深 3.1 米，容积可达 600 立方米。给水管线从牛角山配水池引出，沿牛角山两侧输送到新市区，还有一条可从泵站引出，经解放桥至旧市区，管线直径为 200 毫米，在供水线路中，还根据实际需要引出多条 200 毫米至 50 毫米配水支线。孙家沟净水厂给水管线的总长度为 53686 米[5]。

以上的集水池、过滤池及配水池均为暗池，主要作用是做到以防污物侵入，保证水的质量。

三、结语

旅顺自来水工程管线设施，是李鸿章当初为旅顺建港军事用水而铺设的，但事实上从龙引泉水源工程竣工那天开始，就为军民共用，龙引泉碑文的后半部分可以印证：“另分一管，添做池塘，专供该处旗民食用灌溉。前月据该处旗民联名禀称，所分之水日久无凭，恐全为军中所用，该处所有居民无水食用，恳请立碑存记……”1905—1945 年，日本殖民当局在原龙引泉水源地的基础上，又扩建了更大的水道设施。在新中国成立后，龙引泉水源仍在为城市供水。由于 20 世纪 40 年代乱砍滥伐树木，龙引泉周边地表植被遭到破坏，再加上 70 年代在其周边打井取水，造成水位下降，到 1979 年水源枯竭停用。龙引泉从 1879 年开发建设到 1979 年停用，整整经历了 100 年的沧桑岁月，为中国早期的海防建设和旅顺城市的发展做出了巨大的贡献，并被载入中国城市发展的史册。“饮水思源”，龙引泉完成了历史使命，作为全国城市供水事业的发祥地，它具有很高的历史研究价值。

注 释:

[1]《龙引泉考》。《中国市政工程设计通志》，中国建筑工业出版社，1996 年版，第 1317 页。

[2] 旅顺口区史志办公室：《旅顺口区志》，大连出版社，1999 年版，第 387 页。

[3]《洋人代建旅顺坞澳各工折》。《李鸿章全集》（14），安徽教育出版社，2008 年版，第 198-199 页。

[4]《李鸿章及其僚属与旅顺海防建设》。《大连近代史研究》第 1 卷，2004 年版，第 96 页。

[5] 刘长德主编：《大连城市规划 100 年》，大连海事大学出版社，1999 年版，第 202-203 页。

旅顺船坞修理改装北洋海军舰船述略

尹玉兰　孙桂翠

旅顺船坞工程，自1880年开始，历经10年的艰苦创建，于1890年终于全部竣工。之后，北洋大臣李鸿章遴派直隶候补道龚照玙赴旅顺，会同原会办道员刘含芳，选派了一批委员、提调、司事，招募了数百名匠役人员，组成旅顺船坞局。旅顺船坞经过多方面的努力逐具规模，已具备生产能力。进入旅顺船坞修理的第一艘舰，是中国福建马尾船厂制造的第一艘钢甲舰——“平远”舰。随后北洋海军外购的“济远”“镇远”等舰都进入船坞修理或改装。至此，旅顺船坞已成为中国最完善的海军修船厂，堪称“东方第一大坞”。

一、旅顺船坞修理的第一艘战舰 ——“平远”舰

1.“平远”舰建造的历史背景

第二次鸦片战争后，近代中国在海防虚弱、国门不断被西方列强用坚船利炮打开的惨痛现实面前，开始了创建新式海军的筹备工作。围绕如何获取新式舰船武器装备，建设强大的海军这一核心问题，当时清廷洋务官僚中出现了“购舰”与“造舰”两派。以李鸿章为主的“购舰”派，主张直接向西方国家购买舰船装备海军，认为这样既省时又省力。以左宗棠为主的福建船政“造舰”派，坚持自行建厂造舰，认为初创阶段尽管会耗资巨大，较为艰难，但从中国长远发展的大局来看，借此向西方国家学习先进的造船知识，掌握科学的造船技术，积累丰富的造船经验，培养优秀的造船人才，可为将来造出中国自己的军舰打下坚实的基础。为了平衡“购舰”派北洋大臣李鸿章与“造舰”派福建船政左宗棠之间的关系，清政府批准了李鸿章关于购买西方新式穹甲巡洋舰的申请，但将最初购买6艘舰的计划调整为4艘。同样，清政府也同意福建船政仿造近海防御铁甲舰的方案，将原申请建造3艘舰的计划缩减到建造1艘，而且说明鉴于闽浙局势渐趋缓和，新军舰建造完成后，将归属创建中的北洋舰队。

1886年的春天，福建船政前学堂学生魏瀚[1]受命前往法国，购买造船所

需的大批钢材。经过在欧洲的认真采办，至当年秋天，魏瀚将舰材购买回国。12月7日，由船政大臣裴荫森亲自主持，为新军舰安放龙骨，配套的各种肋骨开始拗制。船体的监造由船政科班出身的工程专家魏瀚、郑清濂、吴德章等人负责，同时轮机部件也开模铸造。轮机是由船政前学堂科班出身的陈兆翱、李寿田、杨廉臣等人监督建造。就此，建造舰船工作全面铺开。12月23日，这座在中国海军造船史上具有里程碑意义的船厂正式拉开序幕。

2. “平远”舰

“平远”舰，原名“龙威”舰。1886年12月7日开工建造，1888年1月29日建成，命名为“龙威”号，造价52.4万两白银。1889年5月15日和9月28日分别由林承谟和杨永年驾驶出海试航，合格后于当年加入福建水师。10月20日在赴天津校验途中停泊上海，对抽气机进行维修。12月12日，丁汝昌南下经过上海，勘验了“龙威”舰，决定次年将其调入北洋。1890年5月8日，丁汝昌率舰队抵马尾办理交接“龙威”舰事务。1890年5月16日，“龙威”加入北洋水师，改名为“平远”，编制200人，管带李和。

“平远”舰柱间长59.99米，宽12.19米，舰艏吃水4.19米，舰艉吃水4.40米。主匡面积76.88平方米，满载排水量2640吨，正常排水量2150吨，设置两台康邦省煤卧式双汽缸蒸汽机、4台圆式燃煤锅炉，双轴推进，功率2400匹马力，航速10.5节，装甲甲板厚2寸，水线带装甲厚8寸，炮座及司令塔装甲厚5寸，炮盾厚1.5寸。主要武器为克虏伯260毫米前主炮1门、克虏伯150毫米副炮2门、57毫米诺典费尔德炮2门、47毫米单管哈乞开斯速射炮2门、37毫米5管哈乞开斯机关炮4门，另配9挺机关枪，18寸鱼雷发射管4具。其中，军舰的艏、艉各装备1具固定式的鱼雷发射管，另在

“平远”舰

军舰两舷甲板下各装备1具，这两具鱼雷发射管的射角均为45度。

3. "平远"舰进旅顺船坞修理

旅顺船坞竣工后，原准备首先修理"济远"舰。但因1890年10月4日，"平远"舰奉命调入北洋舰队，北航去天津的途中，发现尾轴漏水，就近在上海江南制造局（江南船厂）进行修理，可是舰出坞后，发现尾轴漏水故障仍未被排除。此时旅顺船坞刚好竣工，为了检验一下船坞的修船能力，李鸿章电令让该舰带病赴旅顺修理。至此，"平远"舰就成为旅顺船坞修理的第一艘中国人自己建造的钢甲巡洋舰。

1890年秋，"平远"舰进入旅顺船坞时，正是验收旅顺船坞工程之际。中方代表丁汝昌、周馥、刘汝冀等官员下到坞底，详细观看了"平远"舰下坞的整个过程。由刘含芳安排提调牛昶昞总负责，并调霍良顺专门负责此事。霍良顺组织技术人员，对"平远"舰尾轴进行全面的检查。船坞工人拆除填料，反复检查，仔细测量填料函，认真研究，最终找到漏水的原因。由于建造"平远"舰的原材料都是外购的，所以增加了更换材料的难度。经过船坞技术人员及工人的共同努力，尾轴填料更换完毕。"平远"舰尾轴经过测试，不再漏水，合格出坞，并参与北洋舰队的常规训练。

1894年9月17日，"平远"舰以北洋海军第二梯队参加了黄海大战。其后，又参加了威海卫保卫战。1895年2月17日，"平远"舰在威海卫与北洋海军其他军舰一同被日本联合舰队俘虏。3月16日，日军将其编入日本联合舰队，仍称"平远"号。1898年3月21日，改为一等炮舰。日本联合舰队曾将"平远"副炮改为英制152毫米炮，并作为训练舰使用。1904年，日俄战争爆发，"平远"舰隶属日本海军第三舰队第七战队。1904年9月18日，在炮击金州湾的战斗中，于鸠湾海域触雷沉没。1905年5月21日除籍。

二、旅顺船坞改装的第一艘外购的巡洋舰——"济远"舰

"济远"舰是旅顺船坞局建厂后改装的第一艘战舰，也是旅顺船坞修理的第二艘战舰。

1880年，清廷在德国伏尔铿厂订购"济远"舰，至1885年（光绪十一年）到中国。该舰舰身长72.06米、宽10.37米，吃水4.78米、排水量2355吨，

“济远”舰（被日军俘获后拍摄）

时速15海里，舱内设康邦主机两台，双机2800匹马力，系仿照“赫士本”船式制造。两门210毫米克虏伯主炮，1门50毫米克虏伯副炮，9挺机枪，4个鱼雷发射管，1887年服役，定员180人[2]，管带、副将方伯谦。

“济远”舰到中国后，经测试存在诸多问题。英国阿摩士庄厂工匠槐特认为，“济远”舰至少存在如下弊端：（1）穹甲舱面安装于水面之下，影响浮力和平稳度；（2）锅炉舱长占船身约三分之一，船底铁板太薄，影响安全；（3）机舱长13.4米，狭窄无隙，只身侧行，尚虑误触；（4）水管纡折，远达锅炉，历次损修，甚为不便；（5）炮房无通风孔，药气闷人；（6）发令台布置不密，无妥当瞭望台；（7）舵舱无保护罩；（8）煤舱小，装煤少，影响续航力，等等。[3] 该舰在试制时就“本未尽善”“诸弊丛生”。在来中国的路上，就因为出了故障不得不在马耳他抛锚修理，不能与“定远”“镇远”舰同航行驶，因此，该舰到中国后就准备修理改装。“济远”舰的改装，是要改变原有的结构和布局，按中国的作战要求设计实施，难度可想而知。

旅顺船坞未建成之前，北洋海军提督丁汝昌、工程局总办刘含芳就提出修理、改装“济远”舰的计划。旅顺船坞建成后，由刘含芳责成牛昶昞、霍良顺专门负责这项工作。他们组织技术、绘事、船械、材料等人员对“济远”舰进行了勘验。他们亲临舰上，向“济远”舰管带方伯谦详细了解巡洋舰的使用情况，询问该舰目前存在的问题及机械的运转情况，同时，还向“济远”舰上的士兵征求意见，得到了全舰官兵的积极配合。经过船坞技术人员及“济远”舰上的官兵的共同献言献策，最后确定“济远”舰需要修理、改装的大项目共有70余项。之后，进行绘图，制订了修理改装方案，报请北洋大臣李鸿章审批。

“济远”舰的修理改装工程于1890年年末开工。“济远”舰进船坞，是在提调牛昶昞的指挥下，乘潮水大涨时将舰揽进船坞。当时，北洋海军提督丁汝昌，旅顺驻军首领宋庆，船坞局负责人刘含芳、龚照玙等官员站在大船坞旁观看，“济远”舰则由管带方伯谦指挥行驶。该舰进坞后，抽水机加大马力排水，随着坞内水位的降低，工人和官兵们齐心合力架木方，将木方横支在船体与坞壁间，经过艰难的努力工作，该舰稳稳地坐在坞排上。

“济远”舰的修理改装主要包括拆修两台康邦主机和辅机、船底换板等，改装驾驶台和瞭望口，改装布局不合理的煤舱和管路等70多项。在改装的过程中，需要用的备件一小部分来自外购，其余大部分是本厂机械工人制造的。经过3个多月的奋战，“济远”舰修理改装工程完成。修理改装后的“济远”舰，恢复了该舰的工作性能，弥补了该舰最初设计建造中遗留下来的欠缺和不足，增加了该舰的战斗力，同时也显示了旅顺船坞工人的生产能力和技术水平。对于旅顺船坞工人取得的成绩，时任北洋海军总监的英国人琅威理给予高度评价。

三、“镇远”舰进旅顺船坞修理

“镇远”舰是北洋海军的主力舰之一。1880年，由清驻德国公使李凤苞奉命向德国伏尔铿厂订购。该舰于1882年下水，1885年10月来到中国。

该舰系大型铁甲巡洋舰，总长99.5米，宽21.3米，吃水6.5米，标准排水量7335吨，双机双桨，6000匹马力，航速14节，4门305毫米克虏伯炮，两门150毫米克虏伯炮。8挺重机枪，两门登陆炮，定员330人[4]，管带为左翼总兵林泰曾。

“镇远”舰来到中国后，因中国无修此舰之坞，导致该舰长年失修，锈蚀严重。李鸿章认为“‘定远’‘镇远’等船行驶有年，船身机器应修之处甚多，不特将来大修，必须另行请款”[5]。因为经费困难，大修之款难以筹

“镇远”舰

集，只能进行小规模的修理。1891 年 5 月，“镇远”舰进旅顺船坞修理。北洋海军提督丁汝昌、旅顺驻军首领宋庆、旅顺船坞局总办龚照玙及其他官员亲临船坞现场。

“镇远”舰进坞修理，由霍良顺为总指挥和工厂生产调度。在舰上指挥的是北洋海军管带、左翼总兵林泰曾。“镇远”舰进坞后，霍良顺调动两台蒸汽涡轮机，用了 9 个小时将坞内水抽干，动用 300 多名工人参加了除锈、刷油漆工作。工人们还对通海阀进行了拆捞、研磨、磅压，对两个大螺旋桨进行了清洁。左桨因剐损面积大，经研究决定拆下来进行修补。然而，厂内又无修桨的技术工人，船坞局只好报请李鸿章，从大沽船坞请来了师傅修理左螺旋桨。工人们还对尾轴、舵轴填料进行了换新，对主机、锅炉、辅机及一些机电设备进行了修理。到 6 月初，“镇远”舰在旅顺船坞修理完工。

四、甲午海战后，旅顺船坞工人积极参战，抢修战舰

早在中日甲午战争之前，旅顺船坞工人就以惊人的速度抢修了为前线担负运输任务的“普济”号等船[6]，在这期间，东港泊岸船坞厂区，已成为从上海、天津、烟台运往朝鲜的军械物资的中转站和为前线服务的根据地。旅顺船坞局的工人、长夫及清军兵勇昼夜抢卸物资，转装到民船外运。当驻朝鲜的清军受到日军围攻，急需枪支弹药、粮食等物资而军舰又不便于在海上运输的情况下，旅顺人民用民船前往前线运送物资。随着战争的升级，旅顺船坞工人筹备工具，备好材料，做好抢修战舰的准备。与此同时，还将专为船、舰、艇刮锈、涂漆、搬运粮械的 300 名长夫改编为工程一营，全民皆兵，为他们配备枪支弹药，分哨、分棚，保卫旅顺船坞。

黄海海战后，北洋海军保存下来的军舰有“镇远”“定远”“来远”“靖远”“济远”“平远”“广丙”共 7 艘，但大都受到了严重的创伤，必须进坞修理方可再战。损伤的战舰一驶回旅顺，李鸿章就电令“各船被击伤损处赶紧入坞修理，并防倭船深入”[7]。船坞局总办龚照玙组织有关人员，查看了各舰的受伤情况，仅“镇远”“定远”两舰就受伤 1000 余处，“定远”舰桅楼被毁；“来远”舰中弹 200 余处，又遭大火焚烧；“靖远”舰受重伤，中弹数十处；其余各舰也损毁严重。所有各舰要同时修理，工程量极大。中日战争期间，李鸿章曾派

英国报纸对旅顺船坞抢修军舰的报道所用插图

德籍官员汉纳根赴北洋海军，并参加了这次海战，他随船到旅顺后，将战舰的损失与海战情况电报李鸿章，并认为各舰的抢修最快也需要35日，方可再战[8]。

为了尽快将各舰修好，旅顺船坞工人夜以继日，奋力抢修。当时旅顺船坞工匠明显不足，龚照玙急电告北洋："事机在急，必得添匠，齐同赶修。"大沽船坞高仲衡决定，由大沽船坞负责，从唐山矿务、铁路两局200余名广东工匠中挑选技术人员，其中包括曾在大沽船坞修理过"定远""镇远"军舰的10余名钳工工匠，还有大沽船坞的十几名铆工工匠，都到旅顺船坞支援修理舰船[9]。

"来远"舰甲板严重受损

旅顺船坞首先抢修了排水量7430吨的"定远"舰[10]，其余不能进坞的战舰就在码头上修理。此时海上防备十分吃紧，日军知道中国战舰在旅顺船坞修理，时常派舰在旅顺口外挑衅。清政府对受伤战舰修理的情况特别关注，并电令丁汝昌、龚照玙："威、旅及内海各口防务十分紧急，海军修补之船须赶紧准备，护口迎敌。"[11]鉴于形势紧迫，各舰都是"择要赶修"。通过船坞工人与海军官兵的日夜抢修，至1894年10月16日，较原计划提前5天，将战舰修理完工。李鸿章在旅顺形势日益危急的情况下，下令将旅顺舰船驶向威海。10月18日，丁汝昌率领各舰船由旅顺口驶向威海卫。

旅顺船坞是清政府为解决当时"有船无坞"，历经10年，几经坎坷，共耗资139.35万两白银修筑的一座船坞。船坞建好后，船坞局还不断进行船坞改造，扩建厂房，增添设备，使其成为当时中国规模较大、修船设施最完善、修船能力最强的近代海军修造船基地，被称为“中国坞澳之冠”。旅顺船坞，不仅对北洋海军舰船进行正常维修，而且还对外购的舰船进行改装，尤其是对黄海海战受伤的战舰进行抢修，为北洋海军舰队做出了巨大的贡献。

旅顺船坞中正在抢修的“镇远”舰

注　释：

[1] 魏瀚，字季渚，福建侯关（今福州）人，16岁进入福建船政前学堂，为第一届学生，学习船舶建造，一度被派赴欧洲留学，后来成长为中国近代杰出的船舶工程技术专家。

[2] 王家胜、华文贵、关捷总主编：《甲午甲辰战争史料选编》（上卷），辽宁民族出版社，2012年版，第24页。

[3] 御史朱一新奏折。

[4] 王家胜、华文贵、关捷总主编：《甲午甲辰战争史料选编》（上卷），辽宁民族出版社，2012年版，第24页。

[5]《酌定旅顺船坞薪费片》。《李鸿章全集》（14），安徽教育出版社，2008年版，第476页。

[6] 故宫博物院编：《清光绪朝中日交涉史料》卷二十，1932年版，第6页。

[7]《寄译署》。《李鸿章全集》（24），安徽教育出版社，2008年版，第344页。

[8]《寄译署》。《李鸿章全集》（24），安徽教育出版社，2008年版，第345页。

[9]《致伍廷芳、张翼函》。盛宣怀档案资料选辑之三：《甲午中日战争》，上海人民出版社，1982年版，第277页。

[10]《寄旅顺龚道》。《李鸿章全集》（24），安徽教育出版社，2008年版，第186页。

[11]《寄旅顺丁军门龚道九连城交刘镇等电》。《李鸿章全集》（25），安徽教育出版社，2008年版，第6页。

旅顺鱼雷水雷制造所和三所军事学堂

李华家

中日甲午战争爆发前，北洋海军于1891年和1894年举行了两次声势浩大的北洋合操，李鸿章等大臣会同校阅。两次会校都校阅了鱼雷打靶等科目，第二次会校时，李鸿章曾派记名海关道罗丰禄、潘志俊，存记道张士珩等，分考旅顺鱼雷驾驶学堂、旅顺水雷营附设水雷学堂和旅顺管轮学堂。其评价是“发策考问，条对详明，面试技艺，并臻精密，足备水陆将弁之选”。上报后，清廷认为此三所军事学堂办得有成效。

当年李鸿章认为要建立近代化海军，舰船、基地等物资条件固然重要，但“有器尤须有人”。“水师为海防急务，人才为水师根本，而学生又为人才所自出”。北洋舰队初创时期的海军人才，大都来自福州船政学堂。北洋舰队不仅“借才”，而且“育人”。1880年8月，李鸿章奏准于天津设水师学堂，后又在威海卫创办了水师武备、鱼雷等学堂。1890年始，清政府开办了旅顺鱼雷驾驶学堂、旅顺水雷营附设水雷学堂、旅顺管轮学堂。这是大连地区最早的由清政府正式列入编制的军事学堂。

旅顺鱼雷驾驶学堂（又名“北洋旅顺口鱼雷学堂”），旧址在黄金山下东港鱼雷营内。鱼雷营总办刘含芳兼管学堂事务。这所学堂挑选“各省良家子弟”，调取“各营中颖异少年”入学，聘请鱼雷专家德国人福来舍任教习。开设课程以

鱼雷营

鱼雷为主，兼习德文、算学、航海等科目。学员结业经考试合格后发给文凭，派到练习舰上演放鱼雷诸法，达到能言能行。

到甲午战争爆发时，鱼雷驾驶学堂共毕业鱼雷班学生三届23名，均派充到北洋舰队服役，任鱼雷副、鱼雷弁等职务。

旅顺水雷营附设水雷学堂（又名“旅顺水雷炮兵学堂”），旧址在旅顺港口西侧老虎尾。这所学堂聘请美国人满宣士任教习。选拔身家清白、身无残疾、耳聪目明、口齿清爽、文字清顺，年龄在14岁以上17岁以下者。入学后，先学3个月英语。第一年秋考不中者即剔退；第二年秋考不中者准许展限6个月；次春再试，仍不中者剔退。学制四年。课程设英文、算数、几何、代数、化学、天文、地理、绘图、驾驶等10余种。

鱼雷营栈桥

鱼雷营学员与教官合影

学生首先在课内学习水雷技艺，考试成绩合格后派到练习舰上实际操作。理论和实践全部合格者，均派充到北洋舰队服役。

旅顺管轮学堂，学堂旧址设在旅顺口东港内。学堂开设算学、几何、三角、代数、重力学、物力、汽理、行船、汽机、天文、海图、机器实艺、修理鱼雷等课程。这所学堂除学习基础理论外，重视实际操作。学员课程结业，便派至练习舰学习船艺和“周览山海形势、沙礁风涛，更番巡历，以练胆识”等近代海军技术。

旅顺鱼雷驾驶学堂和旅顺管轮学堂，在中日甲午战争中，随着北洋舰队的全军覆灭，于1895年遣散、停办。

鱼雷营机械所

鱼雷营机械所

1897年，俄国侵占旅顺口，翌年3月27日，清政府要求俄国允许继续办旅顺水雷炮兵学堂。1900年，八国联军侵犯京津，俄国借口水雷炮兵学堂有武器弹药，继续存在对他们构成威胁，于同年6月4日至5日夜，将水雷炮兵学堂师生和职工全部押往海参崴，学堂被俄国当局充作军用。

如今，在原鱼雷营所在地尚有一座保存完好的老建筑，但具体涉及旅顺鱼雷水雷制造所的相关记载却少之又少。

笔者先后两次深入港区和军营中寻找历史遗迹，同时查阅资料、请教专家、走访老人，仍然收获甚微。

清军水兵俱乐部，是目前尚存与清军鱼雷制造所有关的唯一一座老建筑，在黄金山下东港内。这座老房子始建于1897年，建筑面积772平方米。整体建筑结构主要使用楠木、红松木，采用清末典型的框架式建筑结构，固定螺栓由法国引进。建筑主要用于清军水兵集会、娱乐等。1945—1953年，苏军进驻旅顺时曾将此房作为鱼雷检修车间，现在室内还有一段当年铺设的轨道。

走访调查中发现，这方面文字材料的奇缺与1905—1955年旅顺海军基地半个世纪的沧桑历史有关。中日甲午战争后，旅顺港内的挖泥船与拖轮都被拖往日本。工厂的化铁炉、化铜炉均被破坏，吊车的线路和绞车被拆除，各种设备100多台被运往日本。鱼雷厂的机器、艇棚及各库房门窗、地板全部被拆去。旅顺日俄监狱旧址博物馆研究馆员周爱民，从日文资料中曾查到一幅相关照片，文字说明是日俄战争中俄军放火烧毁水雷仓库。

笔者还采访了1945年就在旅顺大坞工作的张同仁老人，他曾目睹了1947年苏军用大轮船将火车头和其他物资运走的整个过程。1955年4月，中苏双方举行工厂移交协定的签字仪式之前，苏方把一麻袋一麻袋的文件资料投入锅炉烧毁。烧毁的是修理潜艇和驱逐舰的工艺档案、苏方的各种管理制度，还有日本人管理工厂时的一些图纸档案等。这样看来，鱼雷和水雷制造所由于建厂时间不长，加之日俄破坏和后来苏方烧毁档案，找不到相关资料就不足为奇了。

洪涛纵目望无涯

——醇亲王巡阅北洋海军的历史回顾

姜 鸣

1885 年 10 月 12 日，清政府成立总理海军事务衙门，任命醇亲王奕譞为总理海军事务大臣，所有沿海水师悉归节制调遣。任命庆郡王奕劻、大学士直隶总督李鸿章为会办大臣，正红旗汉军都统善庆、兵部右侍郎曾纪泽为帮办大臣。

早在中法战争之前，李鸿章就一直与张佩纶筹划设立全国性的海军管理机构，当时的操作路线，是通过恭亲王奕訢、军机大臣李鸿藻进行，这种渠道，随着甲申易枢的变局已不复存在。此后主持朝政的，是醇亲王奕譞。

李鸿章此前同醇亲王交往不深，所以一开始对于北京政坛的新格局怀有疑虑。然而朝局变化之后，李鸿章仍然要同中枢打交道，所以他就迫切需要同醇亲王建立联系，发展交情。

1885年9、10月间，李鸿章奉诏入京，觐见慈禧太后，还同醇亲王等多次接触，讨论了海军建设的有关事项。主管海军事务人选发布时，他正在北京。

半年之后，1886 年 3 月 18 日，李鸿章再次进京，筹备慈禧太后、光绪帝赴西陵扫墓事宜。在此期间，也确定了醇亲王巡阅北洋海军的安排。4 月 16 日，李鸿章在给张佩纶的信中提到了这个计划："陵差甫毕，又办王差，醇邸四月十一（5 月 14 日）来津，约同赴旅顺、烟台观水陆操。"[1] 此次醇亲王巡阅北洋海军，为李鸿章与醇亲王的沟通创造了一个很好的机会。

醇亲王 4 月 20 日与李鸿章的海字第九号通信说："此次赴津，善（庆）都护、恩（佑）总办暨随带司事各员均于四月初十日由京前往，王拟于十一日由京启行，抵津后再面商定如何分日阅看各项。至水陆操图，事关呈览，务希饬早备齐为妥。"[2]

醇亲王巡阅北洋海军是当时官场上的一件大事。当然，历史上大事情从来不断，但往往记录不全，使得后人所知不多。而这次巡阅，却保存下一批珍贵的照片、绘画等视觉图像，当事人的日记、书信、诗歌等文字记录，配合奏折等官方文件，就使得这场136年前的活动，在今天看来，依然栩栩如生。

影像：衣冠共是军中侣

这次巡阅的最神奇之处，是李鸿章安排了两个专业摄影师，这在当年的官方活动中开了一个先河。

19世纪80年代，照相馆在香港、上海、天津开始流行。作为新派人物，李鸿章是清末大员中较早接触摄影者，也是留下个人照片最多的官员。他平日都请广东人梁时泰拍照。同治、光绪年间，梁时泰先后在香港、上海、天津开设照相馆，他擅长人物肖像摄影，作品近年来陆续被发掘，包括1878年为李鸿章拍摄的全身坐像、1879年李鸿章与访华的美国前总统格兰特的合影等。这次，李鸿章就聘请梁时泰随行。

醇亲王乘坐长龙座船从大运河抵达天津

另一位摄影师是德国人来兴克，也在天津开设照相馆，但关于此人的具体情况及作品，今人了解不多，尚待进一步发掘。

1886年5月14日，天气晴好，醇亲王出京。他从通州换乘长龙座船，沿着大运河前往天津，途中在马头和杨村过了两夜。慈禧太后的总管太监李莲英也随同前往。

此前，早在5月5日，李鸿章已命天津机器局总办潘俊德、水师营官郑崇义、总哨黄春源带舢板船23只、长龙座船3只，从天津北上通州迎候。那时，京津之间尚无铁路相连，所以，相比骑马或乘轿，水师木船显然更为舒适。这也暴露了中国近代化新旧嬗递时代的尴尬之处。醇亲王此行的重要内容，是视察新从德国购买的“定远”“镇远”铁甲舰和“济远”巡洋舰，这三艘军舰标志着中国海军的现代化已经走在日本之前。然而出京检阅，却仍要乘坐旧式师船。1880—1881年，李鸿章曾经向朝廷奏议建造铁路，遭到保守势力的强烈抵制，醇亲王就私下建议李鸿章放弃观点。相比之下，东邻日本，东京与横滨间的第一条铁路于1872年10月就投入商业运行。1870—1885年，日本工部省“兴业费”（即官营企业投资）总额中，铁路投资占到了49%。

16日，醇亲王乘坐悬挂“帅”字旗的长龙座船抵达天津，李鸿章乘小轮船出迎。醇亲王住宿城南海光寺行辕。17日上午，醇亲王在海光寺接见各国驻天津领事，旋又视察武备学堂。在此期间，与李鸿章及随行的帮办海军事务大臣善庆拍摄了一张合影。中午，他在海河畔乘“快马”小轮船赴大沽，文武官肃立岸上恭送，上万百姓扶老携幼围观如堵，武备学堂洋教习以洋乐相送。醇亲王命来兴克将这一盛况拍摄下来（该照片迄今亦未见传世）。而后下驶60里，换“保大”轮船前往大沽，再换“海晏”轮，夜泊大沽口炮台下。

18日凌晨2时，月明潮足，浪静风平，“海晏”轮启航，在南北洋14艘军舰护卫下，出海前往旅顺口，傍晚到达。19日，醇亲王在旅顺口校阅驻防辽东的淮军各部操练。

20日上午，醇亲王接见英国驻烟台领事官宝士德（Henry Barnes Bristow）和前来观摩北洋水师阅兵的英国海军提督哈密敦（Vice Adm. Richard Vesey Hamilton）及各军舰舰长。会见结束后，李鸿章提议照相留念，“英提督甚喜，遂聚立照焉”[3]。

醇亲王（中）、李鸿章（右）、善庆（左）摄于天津海光寺行辕

醇亲王与哈密敦会晤谈了什么，醇亲王在诗歌《晤英国水师提督哈密敦》中有所记录：

由来玉帛贵堂堂，莫漫兵车诩擅长。劳尔迢迢衔国命，为余娓娓话蛮荒。

推诚可必诚能格，作意偏教意转茫。且补当年王会本，从它不胫走重洋。

诗旁有补记：彼统兵舰十艘来会，告以中英须各加精练，永敦和睦，始足保亚欧全局，彼唯唯。会毕留照一相，余与相国、都统中立，置水师统领丁汝昌于左，哈密敦于右，其余各大员、官弁、兵丁、洋人以次分立[4]。

最初承网友张黎源提供线索，笔者从拍卖网站上购得当时国外画报上刊载的这批合影的铜版画，后来又收集到两张合影照片。这两张照片中，李鸿章身旁站立的人物略有不同，一张是丁汝昌，一张是洋人，其中一张正是铜版画刻制的底本。

客人离去后，醇亲王传谕："在事文武，上至提镇道府，下讫护卫队长，人各照一相。"醇亲王还为此另赋一诗：

照相得句

粤人梁时泰、洋人来兴克

衣冠共是军中侣，形貌遥联海上缘。

朂尔同人须自勉，汉家麟阁冀他年。[5]

诗旁补记为：自王大臣至亲兵，凡在事者人照一相。

这批照片，后来选择了54帧，收入《大臣官弁亲兵照相》影册，送入宫中供慈禧御览。照片旁边，还标注了每个人的官职、姓名。近几年，故宫陆续刊布了大部分内容，2015年5月，在纪念故宫博物院九十华诞的特展中，又展出了部分原照，使得后人对于海军巡阅活动，有了如临其境的感受[6]。

照片中最引人注目的是一张大合影，笔者称其为"八道一知府"，里面包括李鸿章麾下主要洋务干将：直隶候补道盛宣怀，时任轮船招商局督办；津海关道周馥，曾协助李鸿章设立天津电报局、开平煤矿，制定《北洋海军章程》，后来官至两江总督；分省补用道罗丰禄，毕业于福建船政学堂，曾与严复同至英国留学，回国后担任李鸿章英文秘书和北洋水师营务处道员，1896年出任中国驻英、意、比国公使；直隶候补道袁保龄，是漕运总督袁甲三的儿子，袁世凯的叔叔，1882年起主持旅顺军港建设；直隶候补道刘含芳，是袁保龄的助手和旅顺港坞工程主管的继任者，此时在为北洋水师训练鱼雷艇，后来担任山东登莱青道；直隶候补道潘骏德，天津机器局总办；分省候补道黄建笎，曾主持天津轮船招商局，后来官至津海关道和江宁布政使；江苏补用道张翼，曾是醇亲王侍从，

醇亲王与众人合影照片，为铜版刻蚀的底本

当时报纸无法印刷照片，需铜版刻蚀后才能刊印

“八道一知府” 前排左起：盛宣怀、潘骏德、黄建筦
中排左起：汪守正、张　翼、罗丰禄
后排左起：袁保龄、周　馥、刘含芳

后任直隶全省及热河矿务督办、帮办路矿大臣；天津知府汪守正，既是天津地方官，亦是著名医生，曾在1880年参与为慈禧太后治病，据说安排在天津任职，也是为了慈禧太后召唤方便。这样九位为中国近代化事业做出突出贡献的重要人物同框齐聚，可谓壮观。而照中多数人物，以往学术界从未见到过他们的真容。

除了这张合影，还有许多重要人物也是首次曝光，或者以往虽然见过照片，但质量不高，且图源就是来自这次活动的，比如海军衙门总办章京、镶红旗副都统恩佑，海军衙门章京色楞额、全顺、荫斌，海军衙门委员博端、景亨、佟泽沛、希林布，海军衙门书手伯连，管理天津水师学堂直隶候补道吕耀斗，李鸿章派遣前往通州迎接醇亲王的水师军官郑崇义、黄春源。此外还有镇守北洋的陆军将领、后来在中日甲午战争中被频频提及的四川提督宋庆，奉军提督左宝贵，正定镇总兵叶志超，铭军提督刘盛休，楚军提督徐邦道，通永镇总兵吴育仁，以及醇亲王所带的亲兵护卫。特别要提请读者关注的是，这次合影的武官（包括醇亲王本人）全部穿着马褂，带着佩刀，显示出他们是在出席一场庄重正式的军事活动。

现在不清楚当日参与照相的总人数。醇亲王在他诗作《照相得句》的自注中说“自王大臣至亲兵，凡在事者人照一相”，则似乎还有照片没有被发布。以大人物论，倘若醇亲王、恩佑均拍摄了单幅照片的话，李鸿章、善庆难道就没有单独留影吗？不仅如此，还有一位神秘而重要的人物——此次随同醇亲王出巡的大内太监李莲英，似乎也应留下影像。

20 日这天，北洋还接到总理衙门来电：

此次醇亲王阅看旅顺、烟台、天津水陆各操防务及三处地形、炮台、船只式样，均用洋法照图进呈。遵懿旨电达。霰。转呈醇亲王。[7]

说明慈禧太后不仅关注巡阅，还特别要求用洋法拍照片上呈御览。这道懿旨，也是中国近代摄影史上重要的史料。

此后，两位摄影师随醇亲王前往威海、烟台，视察舰艇操练和基地建设，期间拍摄的照片尚未见到公布。周馥日记记载，5 月 28 日，醇亲王结束巡阅返京之前，在天津向相关服务人员分发赏金，“赏照相粤人梁时泰等四百两”[8]。梁时泰拍摄的照片冲洗后很得醇亲王欢喜，尤其是他与李鸿章、善庆在天津海光寺的合影。他写信嘱咐李鸿章，请他找“能画者按照相摹绘，即交寺僧，俾传佳话”[9]。此后，梁时泰深得醇亲王信任，还为他、他的家人和他家的园林拍过很多照片。

绘画：绝顶开颜还太息

同样有趣的是，醇亲王出京，随行带了两个宫廷画家：庆宽和金如鉴。

庆宽，本名赵小山，字筱珊，号松月居士，晚号尘外野叟。辽宁铁岭人，后入旗籍，隶正黄旗。庆宽精于水墨设色，曾在醇亲王府供职绘事，又进内务府，奉旨创作宫廷历史绘画。他画的陵寝典礼、崇陵山势全图，受到清帝嘉奖。后来，他还绘制过光绪《大婚典礼全图册》和颐和园设计全景图。

金如鉴，字子良，直隶人，也是清末画家，以善画马著称。

在此次出行中，醇亲王给他俩各安了“海军衙门章京”的头衔，并加入前述旅顺口的拍照者队伍之中，使得我们也能一睹他们的容颜。从照片所附他们的职务来看，庆宽的本职是内务府候补员外郎，金如鉴是东珠市口汛守备，后者属于绿营的正五品官职。

海军衙门总办章京恩佑

目前发现，此行留下的美术作品有两种：一是彩色画集《渤海阅操图册》，一是大型绘画《巡阅北洋海防图》。

《渤海阅操图册》，可能就是醇亲王信中提到的“水陆操图”，现存于北京故宫博物院。这套图册为设色绢本，10 开。每开纵 40.5 厘米，横 57.6 厘米。保存完好，未标明作者。从其中几张地图来看，显然出于专业人士之手。巡阅开始前的 5 月 10 日，丁汝昌在给周馥和罗丰禄的信中，谈到了旅顺布防图和鱼雷阵图的绘制和裱装，以备呈送给醇亲王[10]，醇亲王在巡阅途中所作《出旅顺口赴威海卫甫行四十余里海市现于庙岛，诗以志异》一诗的注释中，则提到“命随员庆宽、金如鉴绘得二十式”[11]，由此推测，图册是由海军绘图员和宫廷画家各司其职、合作完成的。

《渤海阅操图册》之《阅师纪程》，介绍了醇亲王从大沽口出发到旅顺口（170 海里），再到威海卫（91 海里）、烟台（44 海里），最后返回大沽口（191 海里）的行程和距离。此图实际为一幅渤海湾地图，绘制精准而专业。

《海军布阵》，描绘了醇亲王 5 月 18 日乘“海晏”轮，随员乘“保大”轮，在左翼“定远”“开济”“扬威”“南琛”，右翼“镇远”“南瑞”“济远”“超勇”八舰和后卫“镇西”“镇东”“镇南”“镇北”“镇中”“镇边”六炮艇拱卫下，前往旅顺口的壮观场景。画家对南北洋军舰的绘制十分精准细腻，并用黄色标签逐一标注舰船名字，粘在图上，以便太后能够一目了然。

20 日上午，醇亲王一行登黄金山炮台，调“定远”“镇远”“济远”“超勇”

海军衙门章京全顺、荫斌

统领北洋水师天津镇总兵丁汝昌

四川提督宋庆

管理天津水师学堂候补道吕耀斗（右）、办理天津机器制造局候补道潘骏德

“扬威”“南琛”“南瑞”“开济”八舰演阵打靶，又观刘含芳督五艘鱼雷艇做发射鱼雷的演习。午后，命沿海各炮台轮流打靶，又观看水雷表演。晚间，醇亲

水师营官黄春源（右）、郑崇义

王视察旅顺船坞工程。从《渤海阅操图册》之《旅顺水操》中，可以看到“定远”等八舰在鱼贯行进，远处，鱼雷艇对着靶船发起攻击。画面右侧山顶，就是黄金山，而更远的白玉山巅，是一根旗杆，那时还没有日本人日俄战争后建的“表忠塔”（今称白玉山塔）。

21日下午，醇亲王一行乘“海晏”“保大”轮前往威海卫。船过庙岛，远处海面上忽然呈现出极为难得遇见的海市蜃楼。当时的场面是：“楼台隐见，林树扶疏，树外若有数僧翘首立迎，逾时始散。”随行画家画下了这一难得的景象。

当晚，舰队驶抵威海卫。

22日上午，醇亲王检阅“镇东”“镇西”“镇南”“镇北”“镇中”“镇边”六炮艇，观其打靶。随后，醇亲王、善庆分别验收“定远”“镇远”铁甲舰，恩佑验收“济远”舰。

从《威海水道》看，这是一幅威海湾和刘公岛的专业海图，标注出各处海域的水深。而《兵船悬彩》，则展现了新近从德国驶回的“定远”铁甲舰悬挂满旗在波涛中行驶的雄姿。北洋水师军舰当年采用英国海军流行的维多利亚涂装，舰底红色，舰体黑色，上层

左起：记名提督左宝贵、刘盛休、徐邦道

左起：正定镇总兵叶志超、署天津镇总兵郑国魁、通永镇总兵吴育仁、署正定镇总兵潘万才

建筑为白色，烟囱为明黄色。这张彩图，弥补了黑白照片的缺憾，将海军舰队风采看得分外清晰。

22日中午，醇亲王一行离威海卫前往烟台，下午4时到达。英国海军舰队司令哈密敦将军率10艘军舰、法国舰队司令理尧年将军（Adm. Rieunier）率5艘军舰排泊在烟台山之外迎候。理尧年旋赴“海晏”拜会醇亲王。当夜，李鸿章、善庆代表醇亲王前往英法旗舰回拜并致谢。

从《烟台大会》中可以看到，醇亲王乘坐的“海晏”轮由6艘炮艇卫护，搭乘随员的“保大”轮船尾随其后。右侧为南北洋军舰，此时“康济”练船加入了编队，故中方右侧军舰达到9艘。画面上方，为英法舰队，包括10艘英舰和5艘法舰。此时烟台海面上云集30艘中外军舰，是整个巡阅过程中最为壮观的时刻。

宫廷画家庆宽（左）和金如鉴

23日凌晨，醇亲王一行轮船开行，下午6时（酉正）进大沽口。途中海上微风，有人呕吐，醇亲王谈笑如常，还说：“闻此风在海上尚不为大，具见水师将士终年辛苦也。”[12]《登州振旅》一图，展现的是舰队返航的情形。

24日，醇亲王巡阅大沽炮台，观看打靶、演放水雷。下午至海神庙拈香，并巡阅大沽船坞。次日，醇亲王返回天津。

在津期间，醇亲王仍住海光寺。他参观了淮军行营制造局，观看子弹生产流程。盛宣怀在厂中布置电灯和织布机器，请醇亲王试观。又检阅驻津淮军操演，视察天津机器制造局和水师学堂，并对学生进行考核。一切都安排得妥妥帖帖。28日中午，李鸿章设宴为醇亲王饯行。席间，醇亲王命随从卫士做拳刀之舞以助兴。餐后在李鸿章陪同下，醇亲王从辕门外登舟返京。舟过三叉河，进北运河，过西沽。醇亲王阅军火库，见军械堆积如山，曰："可以释吾忧矣。"醇亲王的巡阅圆满完成，他愉快地看到了一个强大的渤海防御体系，可以向慈禧太后复命了。

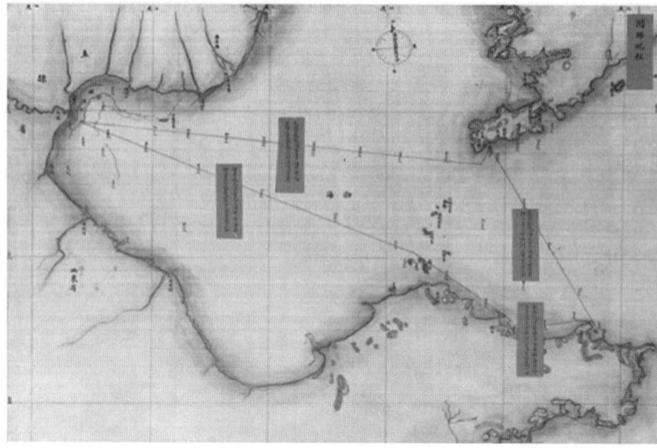

《渤海阅操图册》之《阅师纪程》

《渤海阅操图册》之《海军布阵》

《渤海阅操图册》之《海军布阵》（局部）

《巡阅北洋海防图》是记录醇亲王巡阅海防的另一件巨幅画作，展现醇亲王座船"海晏"轮在大海中破浪行进的场景。该画纵316厘米，横251厘米，画幅面积达到7.93平方米。绢本彩绘，现藏于台北故宫博物院。就中国绘画史而论，这样的画幅和题材，都是前所未有的。

“海晏”是轮船招商局客轮，本次巡阅活动临时借用，作为醇亲王的座船。该船1873年由英国格拉斯哥船厂建造，原属美商旗昌轮船公司。1877年随招商局购并旗昌公司而归入中国。船长74.7米，宽10米，注册吨位1033吨，毛吨位1344吨，净吨位837吨，功率880匹马力，航速11.5—12节[13]，舒适性较好。中法战争时，曾秘密搭载刘铭传前往台湾。中日甲午战争爆发后，招商局形式上将轮船出售给德商信义洋行，“海晏”一度改名“公义”，马关议和时，李鸿章就乘此船前往日本谈判。后来李经方奉旨向日本交割台湾，也是乘坐“公义”。可以说，“海晏”见证了中国近代史上的许多重要事件。

《渤海阅操图册》之《旅顺水操》

《渤海阅操图册》之《旅顺水操》（局部）

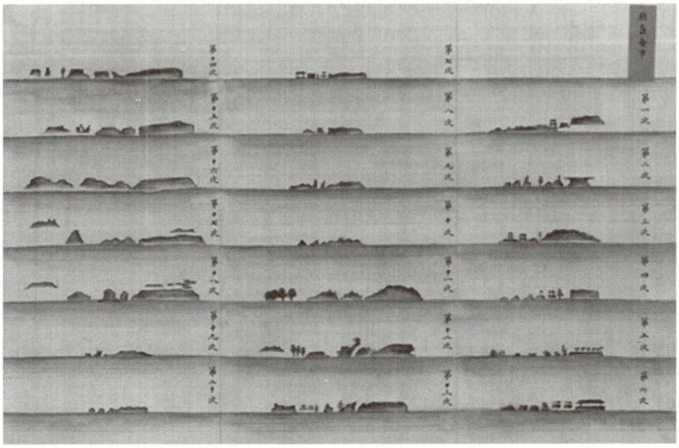

《渤海阅操图册》之《庙岛蜃市》

民国文史作家徐凌霄、徐一士合作的《凌霄一士随笔》记录，李鸿章此次登“海晏”入舱门时，因个子较高，不慎将官帽上的顶珠碰落。船甫开行，前桅上的帅旗又被风吹海中。这两事都属不祥之兆，只是当时海疆晏然，大家缄口不提，到中日甲午战争失败之后，故事才流传起来。该书作者称，他的消息来自友人某君，某君又闻之于“海晏”买办潘二江[14]。这属二手传闻，聊作花絮，以备参考。

《巡阅北洋海防图》刻画了“海晏”巡阅时的场景。轮船是写实的，船上人物和场景却像一幅有趣的风俗画。画中共有28个人物，站立在驾驶台上的醇亲王、李鸿章、善庆都穿黄马褂，主甲板上的官员则穿紫色马褂和绿色长袍，前桅上飘扬着白底红边红

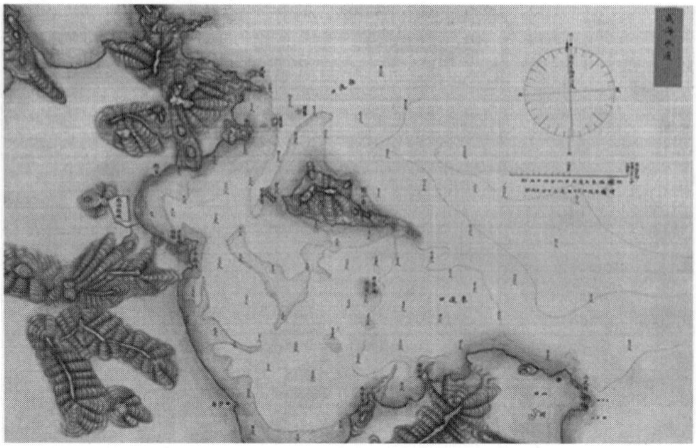

《渤海阅操图册》之《威海水道》

《渤海阅操图册》之《威海船操》

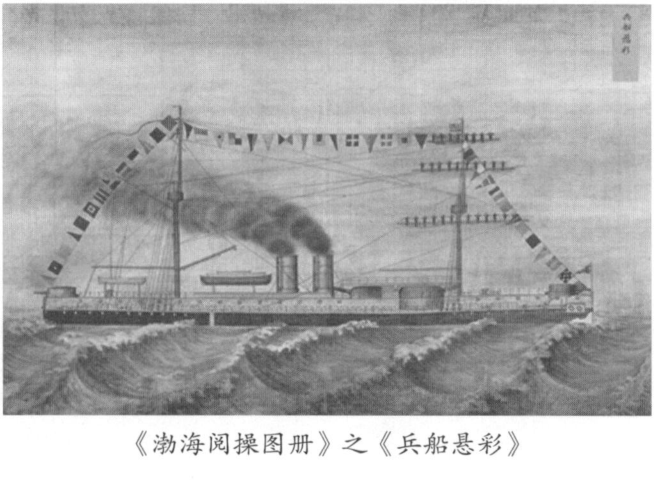

《渤海阅操图册》之《兵船悬彩》

帅字旗，这样就给后人留下丰富的色彩感受。就人物动态来说，7位外籍船员各司其职，驾驶台和船艉的两人在操作舵轮。船艏有三人，分别在整理杂物、抛下系绳水桶取水和用拖把清洁甲板。船舯的一位，头戴礼帽，手执雪茄，正在巡视。船艉还有一名洋员在检查轮机舱风斗。主甲板上，醇亲王的三位随员在布置中西式样座椅，另有三人在检查王爷的官轿。楼梯口有四位官员，似乎在讨论工作，其中一人在低头翻阅公文。在下一甲板，有人在用望远镜瞭望，有一人手持烟斗，据猜测，他可能是慈禧太后派遣一路照顾醇亲王的太监李莲英。总之，这些人物动静结合，疏密有致，栩栩如生。

还应当补充一句，此画的海浪和云彩也画得相当不错。作为19世

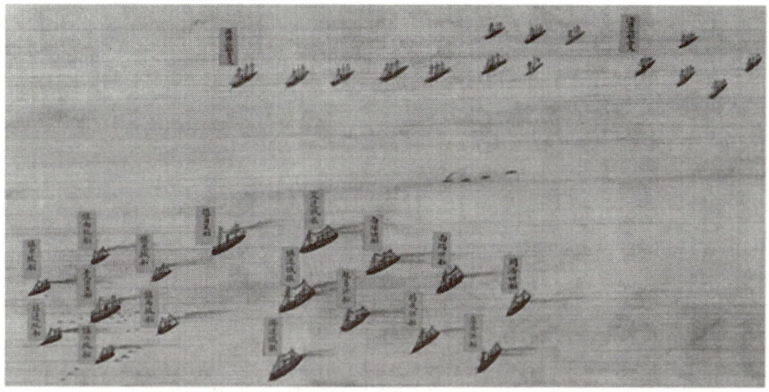

《渤海阅操图册》之《烟台大会》（局部）

《渤海阅操图册》之《登州振旅》（局部）

《巡阅北洋海防图》

纪的中国画，已经吸收了西画技法，写实功力非常强大。

“海晏”甲板和驾驶台的人物场景

醇亲王把《巡阅北洋海防图》称作《渤澥乘风图》，他后来特地刻了个印章，印文就是“皇七子和硕醇亲王渤澥乘风”[15]。

诗歌：平生壮气此间舒

笔者一直认为，醇亲王在晚清政坛上是个“一流半”的政治家，他的识见、能力都不如六兄恭亲王。但他并不愚蠢，也不贪腐，还想为朝廷办些事，这点上他比后来的礼亲王、庆亲王要强些。

醇亲王（左二）、李鸿章（左三）、善庆在驾驶台，洋员在操舵

读者可能忽略的是醇亲王和恭亲王都是勤奋的诗人。恭亲王不直接写诗，只是集唐人诗句，出过一本《萃锦吟》，将万首唐诗的诗句信手拈来、重组拼合，成为一首首新诗，表达自己的思索和情怀，也显示他极好的文学素养。

醇亲王则直接写诗。他的诗，不是单纯文人的风花雪月，还记录经历的各种事件和人物交往。他的诗不算好，他也上不了《光宣诗坛点将录》，作品却很有史料价值，至少在笔者眼里，就比同时代大多数的文人诗更有趣味和意义。

1885 年，醇亲王奉懿旨总理海军事务后，他就写过诗歌，表述自己的心情和规划：

轮船前桅上飘扬的帅字旗

船舷上的船名标记

九月初五日钦奉懿旨命总理海军事宜并节制沿海水师敬纪

皇天尽阙华夷界，圣母宏施豁达谟。

岂是观兵勤远略，为廑固国建鸿图。

贤王元老分猷藉，名将通侯众望孚。

独愧谬膺三锡命，射潮有志奈才芜。[16]

诗中第六句后补记：庆郡王、李相国鸿章会办，善都统庆、曾袭侯纪泽帮办。

诗中第七句后补记：同治四年，命节制旗绿各营京兵；同治七年，命节制剿办捻逆诸军，及此凡三次。

他还邀请李鸿章到家中做客，谈妥明年共同出海，巡阅海军：

退省斋与李伯相小酌成什

干戈影外话烟霞，略比开轩就菊花。

一个臣持心似水，两间象蕴事如麻。

天山漫诩捎云箭，渤海先乘犯斗楂。

此际西屠邛笮族，翘瞻王气焕中华。[17]

诗中第六句后补记：议查沿海各军新式枪炮，“定远”等铁甲船陆续来华，李相拟先乘往东海各口操练，明春成军，余亦赴海口校阅。

这些内容，包括他和李鸿章在家中的宴饮，其他史料中均未涉及。在李鸿章所存书信中，倒可发现李鸿章邀请醇亲王 1885 年 10 月 24 日（九月初八）中午来京中居所便饭[18]，从频繁的上层互动里，透露出彼此都在用心进行私下沟通。

醇亲王这次巡阅海防，大开眼界，对于什么是新式海军、什么是坚船利炮，有了直观的感受，进而也推动他改变观念，支持铁路等洋务建设。在此行中，醇亲王一路作诗，将一桩金戈铁马的武事，弄成文人风月的雅趣。他的吟哦，也将巡阅中的许多细节保留下来。

尚未出行前，醇亲王就作了四首关于“海晏”轮的诗，将自己的行程予以介绍。下面录其二首 ：

近人某诗草有乘“海晏”轮船截句四首，即余此次泛海之船也。率次其韵以志神驰，时距启程七日

畅涤牢牢宦海埃，艨艟队里一襟开。 吟诗先寄天吴去，也似遥传驿使梅。

诗中第二句后补记：计调南北洋会巡铁舰轮船凡十七只。

待寻洋屿伟明庵，坐对扶桑酒半酣。 为问之罘渔岛上，石芝可饷子瞻篮。

诗后补记：拟先巡旅顺口，次及威海卫、烟台。[19]

行前有大量送别的饮宴和唱和，他给宝鋆留诗：“暂辞北阙云中凤，远驾东瀛岛外鳌。”又为十弟写道：“将乘海上风千里，且醉花前酒一回。”[20]

船到大沽，他作诗云：

南岸弯环北岸斜，洪涛纵目望无涯， 五台旧迹传千古，四海他年或一家。
帆影随风轻似鸟，波光映月荡成花。 楼船振旅吾何敢，聊说张骞犯斗槎。

并作注：炮台凡五，以威镇海门高为号，咸丰间僧忠亲王筑，议和后久成废址，少荃相国督直，复因其旧而新之，更添营垒为辅。[21]

18日，“海晏”出海，醇亲王作《**航海放歌**》

我曾游徐无，绝顶峰上头。
登峰更宿峰之楼，下视众山皆培塿，
疑是银涛千里翻清秋。
今复跻天桥，危坐入东海，
飘飘心迹真仙宰。
沧波万叠涌艨艟，
又疑云烟出没笼崴嵬。

西送月无痕，东瞻日初浴，

除却升沈赤白丸，

惟有混瀁一色连天绿。

仰寥泬，俯幽宫，

神不可召，蠡不可穷。

但学谢安石，悠然云海中，

不学郭璞狂。浪说蹄涔同。

我心先为坡仙得，走笔大书示二客。

兹游奇绝冠平生，一言能抵千行墨。

涯涘渺不见，仙药安可期？

放怀且迈洪流外，看作桑田未变时。[22]

诗中“跻天桥”后自注：轮船凡五层，最高者称天桥；“涌艨艟”后自注：南北洋八战舰分两翼，余偕李、善两公乘商船居中，随员乘商船随之，六炮船殿后，轮机互激，浪翻十里外；“连天绿”后自注：海水作深碧色，汲而视之仍与常水色同；“神不可召”后自注：用《吕氏春秋》语意；“示二客”后自注：时李相、善都统同坐；“冠平生”后自注：苏句一。

这是醇亲王最为豪迈之作，他将《航海放歌》抄录在《巡阅北洋海防图》右侧，还钤上“会观熔日”和“大阅会师”的印章。

此外，在他诗作的随文小注里，还提到旅顺口诸将领“宋提督庆，雷提督正绾，统领黄仕林、吴兆有皆黄马褂”[23]。

旅顺口北洋水师营务处“壁上有各国旗式及海潮消长时日尺丈图，架列外洋诸书”，并“置西洋德律风（电话）一架，可传语十四处，时宋提督已回营盘，试呼与语，如在目前。闻引而申之，能及三百里云”[24]。

“鱼雷重六百斤，百丈外放出，自行水中，试以十余丈旧广艇，一触立碎，波为之浊。各台洋炮自数千斤至三万斤”[25]。

旅顺口崂嵂嘴炮台为“汉纳根承修炮台，此地最所得意，昨固请纡道临此，故及之”[26]。

在与英法海军提督交往中，“李相国历次接见洋员，先告以亲王体制，不让座，不答拜。而自与酬酢，并偕善都统至彼船答礼。推崇余者，正所以尊国礼也”[27]。

关于外事接待礼节，和周馥记录的“馥先期告各领事云，如愿谒见，须著礼服，以一国领事为一班，分次入，不坐，王不送，不答拜。领事从命”[28]是完全一致的。

醇亲王的诗注，还记录了行程中李鸿章为他精心安排的生活雅趣，比如在前往旅顺口的“海晏”轮上，洋人弹奏钢琴并歌唱。在驶往威海的航程中，李鸿章奉以无锡惠山泉水。醇亲王记得，“时船头洋花盛开，煮茗敲诗，若忘身在风涛中”[29]。醇亲王的长龙座船上，也时时“瓶中芍药正盛”[30]。

终于到了分手时刻。28日，醇亲王结束了北洋之行，午宴后，李鸿章陪送至北运河桃花口。“桃潭只有汪伦典，高诵青莲往日诗”[31]，醇亲王口诵李白名篇《赠汪伦》，俩人揖手作别。

6月3日，李鸿章写信向已经平安回京的醇亲王致候，并呈两首律诗：

雕弓玉节出天阊，士女如山拥绣裳。照海旌旗摇电影，切云戈槊耀荣光。

佽飞禁旅严千帐，罗拜夷酋列几行。德协谦尊齐赞颂，力辞黄屋福威扬。

万千气象蜃楼高，忽地齐烟涌六鳌。慈佛护持看献瑞，仙舟共济敢辞劳。

自怜坚壁心偏苦，却愧屯田诏屡褒。无限临歧依恋意，漫吟潭水答云璈。[32]

11日，醇亲王复信：“赋诗书箑，欣感奚如。勉步二章，聊酬厚谊。”[33]

他的和诗曰：

岂学烟波稳放阊，直如仙路咏鳞裳。从滋舟楫期同济，自昔邦家藉有光。

立雪情联瞻雅度，投醪才绌愧戎行。后生崛起知谁健，勉继勋酋我武扬。

放怀碧海接天高，知是骖鸾抑驾鳌。最喜貔貅皆赳赳，漫疑鹅鲽各劳劳。

藩篱势固神京拱，节钺功深圣母褒。自问清人独何幸，蜃楼看罢听仙璈。[34]

醇亲王却不知道，也在同日，李鸿章另有一信寄给流戍在张家口军台的张佩纶，谈及此次巡阅和对他的观感：

月前随同往旅顺、威海、烟台，仍循旧辙。曾与邸谈及往事。……（醇亲王）惟于外事实多隔膜，人才贤否不甚分明。自谓赶办海军，俟亲政后当逍遥避世，亦明知枢辅不甚得力，然无进退之力也。[35]

醇亲王回京后，将此次出行所写50首诗，刊刻成《航海吟草》，赠送亲贵和朋友，并与宝鋆、孙毓汶等人继续唱和。

外国人绘制的醇亲王会见外宾后散场的情景，未见照片

日记：治军终日从容急

这次巡阅，保留的史料十分丰富，除了诗、画、照片之外，还留下一部精彩的日记，将醇亲王的整个行程和接待工作记录得十分完整清晰。

《醇亲王巡阅北洋海防日记》（简称《日记》），作者周馥，字玉山，从淮军时代起，就追随李鸿章，是李鸿章的亲信幕僚。周馥官至两广总督，是清末重要的方面大员，时任津海关道。醇亲王巡阅时，就是由周馥统筹各项接待。北京大学图书馆藏有这部《日记》的抄本。1982 年，张侠等主编的《清末海军史料》将其公开发布。

《日记》详细保留了接待工作的细节，也记录了醇亲王对出京随员的严格管束和接待费用。醇亲王出京，随行人员包括海军衙门、神机营的文武官员 30 多人，还包括戈什哈（满语，高级官员的侍从护卫）、兵弁、夫役、王府太监人等，共 230 余人。醇亲王考虑随从人员众多，对地方或有骚扰，遂在府内倍发粮饷，凡车价、饭食及马匹喂养，皆嘱各人自备。李鸿章认为，历来钦差过津，随行者都由地方接待，哪有让醇亲王的属员买薪炊爨之理？所以专派道员张翼（他本人曾是醇亲王府的侍从）进京解释。醇亲王才允许随从各员酌量领受，不准稍有索求，并严禁擅收银物、请托等事。

近年来，醇亲王府的谕令也被发掘出来，其原文如下：

管事处传奉爷谕交管事处：

此次赴天津查看海军，事属创始，本府随往人众，必当恪守历次诫谕，谨慎体面，除本分差使外，不准干预他事。着派怀他布、瑚图哩、明顺、吉成实力稽察，无论事之大小，务须一一禀知，不准少有赡徇及私出主见等情弊。果能遵守传谕，回京后优加奖励，倘稍不遵循，无论事之值与不值，何时发觉，即由该四员交地方官递解回京，从重惩办。此谕着管事处于随往之官员人等及首领太监每人各放一张，特谕。

船只炮台所有随带章京等员、随同总办由陆路行走，车辆马匹务当严加约束，

航海吟草
和碩醇親王著
杭州鍾寅壽
肇慶呂駿聲 恭校
汀州伊立勳 恭錄
佩蘅相國賦詩為餞次韻奉答
太息奇鋒未易韜長鯨掀浪接天高暂辭
北闕雲中鳳追駕東瀛島外鼇赤縣終期洪化
布碧宵思視衆生勞撫時似闢蠶叢路且置
餘皋覓係皋
雨中十弟來邸送行留飲退省齋得句 初四七月

《航海吟草》

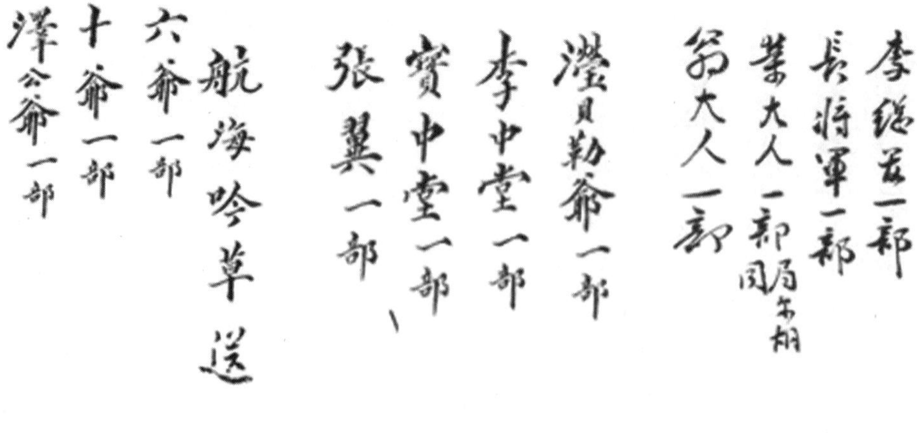

李總兵一部
長將軍一部
葉大人一部
翁大人一部
瀅貝勒爺一部
李中堂一部
寳中堂一部
張翼一部
航海吟草送
六爺一部
十爺一部
澤公爺一部

醇亲王手写《航海吟草》赠送名单

免滋弊端。且沿途经过地方，正值麦初秀穗、大田播种之时，务循大路行走，不得任意驰骤，致有践踏田畴情事。其本爵堂随带之护卫、戈什哈、弁兵、人役，及总办章京各员随带之戈什哈、跟役、车夫人等，虽分前后两起，着统归总办管辖查访，倘有前项情事，一经查出，或被农民告发，即行从严惩办，决不姑宽，切切，特示。[36]

又谕：

此次赴津，原传除赴旅顺口等处，系中堂饬备厨房外，其往返途中及在津数日，均由口分自买食物，马匹草料亦均自备。兹闻中堂已饬全行备办一切，概不由地方官供应，皆系中堂出资，似难过拂盛情。除本爵府中随从人众已饬酌领外，合通谕随往各员弁兵役，着勿庸过事拘泥，酌量领受，惟不准稍有需索，致干惩处。着总办、帮总办于起程之先，通行晓谕，俾归划一。至马匹草料及外雇车辆应需草料，仍遵前谕，自行备办。

再，抵津后，地方文武各员及各营统领、各局官员等，现经总办恩禀商，令赴营务处报到，投递职名，已经允准。傥此内生有弊端，擅收银物及请托私情等事，惟将翼长祥普、明惠立即发折严参，并将总办、帮总办附参，决不姑息徇纵。至

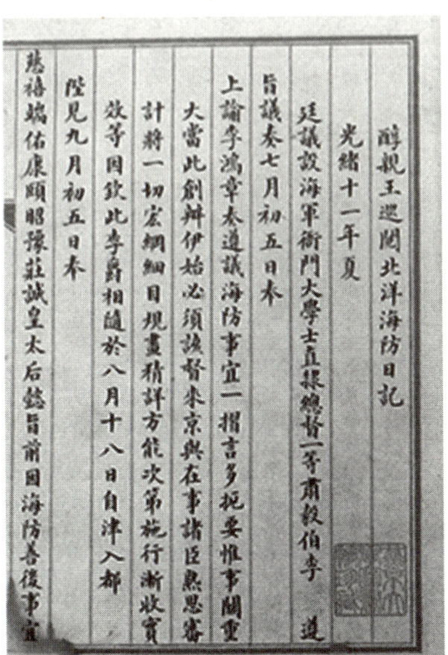
醇親王巡閱北洋海防日記
光緒十一年夏
廷議設海軍衙門大學士直隸總督一等肅毅伯李 遵
旨議奏七月初五日奉
上諭李鴻章奏遵議海防事宜一摺言多扼要惟事關重
大當此創辦伊始必須該督來京與在事諸臣熟思審
計將一切宏綱細目規畫精詳方能次第施行漸收實
效等因欽此李爵相隨於八月十八日自津入都
陛見九月初五日奉
慈禧端佑康頤昭豫莊誠皇太后懿旨前因海防善後事宜

《醇亲王巡阅北洋海防日记》抄本

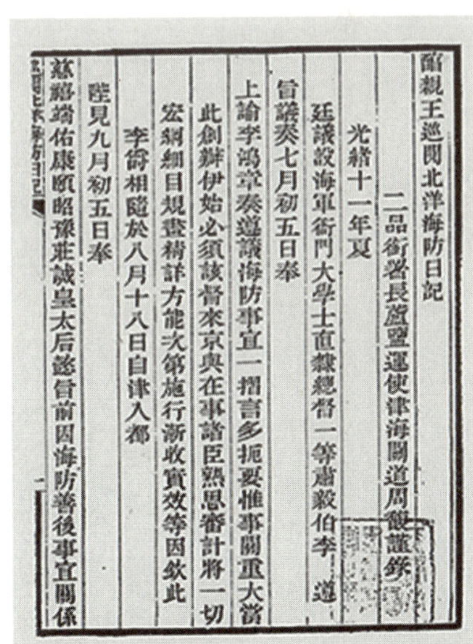
醇親王巡閱北洋海防日記
二品銜署長蘆鹽運使津海關道周馥 謹錄
光緒十一年夏
廷議設海軍衙門大學士直隸總督一等肅毅伯李 遵
旨議奏七月初五日奉
上諭李鴻章奏遵議海防事宜一摺言多扼要惟事關重大當
此創辦伊始必須該督來京與在事諸臣熟思審計將一切
宏綱細目規畫精詳方能次第施行漸收實效等因欽此
李爵相隨於八月十八日自津入都
陛見九月初五日奉
慈禧端佑康頤昭豫莊誠皇太后懿旨前因海防善後事宜關係

《醇亲王巡阅北洋海防日记》刻本

本爵堂府宅护卫家人等，已自行严加钤束，如仍有倚势招摇，或假借名目，肆行欺骗，总办、帮总办及营务翼长务刻即禀知，勿稍瞻徇，特谕。[37]

此外，慈禧太后赐赏醇亲王出京乘坐杏黄轿，醇亲王连上两疏，坚辞不坐。

周馥还记录，根据醇亲王要求，到津后择南城外海光寺为行辕。略加垩饰。院落空旷不严密处，以板隔开。所有陈设器具，皆取朴素简便。一切秾丽及黄赤诸色概置不用，环寺墙外，为淮军行营制造局，有屋八十楹，借给善庆、恩佑诸人做寓所。考虑到屋不敷用，添建瓦房灰房五十二间。寺前临时搭布帐为文武官厅。环寺置巡更兵棚，并起席棚，以停车马。醇亲王到津前一日，先遣人员在海光寺外找地方买饼饵干粮充饥，接待人员向他们供饭，坚辞不受。李鸿章获悉后亲自告诉他们，此处无从买食，明日王爷到，将亲替说明，不算违背规定，来弁始敢领受。

作为事实上秉政的首席皇亲国戚，醇亲王到天津是件高规格的事情。随从们住宿餐饮可以节俭，迎接王爷的礼仪却不能含糊。按照规制，各部队由统领带队，在二十里内外举枪跪迎，天津镇标兵在十里外跪迎；统领营官挂刀请安，有黄马褂者一律穿着。司道以次在红桥码头站班请安，文武官员到海光寺上手本，请安时附呈履历。醇亲王上轮船时，文武官员至码头送行，由津至大沽沿途所有各营官兵，俱列队河边跪送如前仪。回津亦如之。凡陆营、水师迎送，鸣礼炮三响。

阅操时的仪节是：醇亲王偕李鸿章、善庆至统演武厅外下轿，文武官员分两班迎接、请安。设公案三，醇亲王中，李鸿章东，善庆西，升座。在任提督、总兵及司道官员穿补服参堂三躬，统领送阵图给醇亲王观看时，参堂三叩首，营官随统领三叩首。统领请令开操。阅操毕，统领、营官谢操三叩首，文武分两班送行，不请安，不揖。其他迎送鸣炮、奏乐如仪。

从这些仪式看，中国文武官员相见礼仪尚处在中世纪。全体军人身穿戎装，手持洋枪，沿着海河齐齐下跪迎接亲王，是很可笑的场景。当然，这种礼仪，涉及国家体制，非醇亲王或李鸿章能够改变。直到推翻清王朝之后，中国军人才不用叩首和下跪。

周馥在《日记》中感慨，醇亲王此行，确实严格做到低调、守纪、不扰民。醇亲王初到天津，上下各用酒席一次，以后只备寻常菜饭。北洋厨役不谙醇亲王的饮食习惯，私求王府厨夫指点，酬以数十金，厨夫上缴醇亲王，即饬退还。醇

奕譞在梁时泰所摄另一张照片上钤印“皇七子和硕醇亲王渤澥乘风”

亲王出巡期间，只准随从人等领受两餐及马匹喂养饲料，无人敢有丝毫需索，地方官员亦无敢以一物馈赠。北洋办此差使前后一个月，除“海晏”“保大”轮船水脚银9400余两由支应局正项支付，海光寺修建房屋、添置器具另行开销外，其余通州至津沽车船夫马等费，并通州、天津、旅顺等处往来伙食，连带醇亲王随从及周馥与办差上下人等食用，只费银17850余两，均由李鸿章另在闲款项下开支。既不扰累于民，亦毋庸地方官赔垫，“诚体恤之至也”！同时醇亲王放赏，为他在京津间运河中提供驾船服务的郑崇义、黄春源舢板水师，每兵赏银4两，每官赏银20两；史宏祖所带马队，每兵赏银4两；天津镇负责街道保卫的士兵共赏银128两；各哨官赏加衣料、刀镰；又赏摄影师粤人梁时泰等400两；赏办差厨役、家人、轿夫等600两；赏“海晏”船银1000两，“保大”船银800两，各小轮船银240两；北洋通商大臣衙署内号房戈什哈等均赏银有差；办差委员六人，亦蒙赏袍料、马褂料等。[38] 整个接待工作，大处是纪律严明，小处有香茗鲜花，拿捏恰到好处，宾主皆大欢喜。

由于安排得体，此行中一个最为特殊的人物——大太监李莲英——也被处理得十分低调，这和十七年前另一位总管太监安德海的嚣张出京形成鲜明对照。及至醇亲王返京之后数月，京中方有传闻，御史朱一新据此上奏，称“宗藩至戚阅军大典，而令刑余之辈厕乎其间，将何以诘戎兵而崇体制”，又说“道路哗传，士庶骇愕。意深宫或别有不得已之苦衷，匪外廷所能喻”。慈禧太后立即反击，要朱一新讲出真凭实据。朱一新自然支吾其词，说不清楚，最后被革职降级。慈禧以雷霆辣手，平息了坊间流传的窃窃私语。

醇亲王回京后，向慈禧和光绪上呈了参用华洋各法绘制的水陆各操、鱼雷图样及旅顺、大沽炮台图册外，还上奏报告：

目下财力极绌，师船甚单，尤赖炮台、陆军以自固。北洋为京师拱卫，李鸿章所部各队分布各隘，力量并不见厚。臣遍加校阅，将领多经战阵，枪炮皆系新式，操法一律，变化整齐，尚为可恃。[39]

总体而言，醇亲王对北洋海防的评判是低调和审慎的，这和李鸿章一贯强调组建新式海军最缺“有贝之财”和“无贝之才”的观点相吻合。李鸿章是醇亲王北洋之行的最大受益者，通过这次活动，大大加深了彼此间的沟通。其直接成果，是醇亲王上奏，将原来为福建台湾海防购置的 “致远”“靖远”“经远”“来远”巡洋舰调拨北洋使用，以加速北洋成军。

此时，距中法战争结束刚刚一年，距甲午战争爆发，尚有八年。

注　释：

[1]《致张佩纶》。《李鸿章全集》（34），安徽教育出版社，2008 年版，第 20 页。

[2]《醇亲王来信》。《海军衙门函稿》第一册，抄本影印件，第 33 页。

[3]《醇亲王（奕譞）巡阅北洋海防日记》。《清末海军史料》，海洋出版社，1982 年版，第 240－241 页。

[4]《九思堂诗稿续编》卷九，清光绪间刻本，第 53-54 页。

[5]《九思堂诗稿续编》卷九，清光绪间刻本，第 53 页。

[6] 故宫出版社最早在《西洋镜里的皇朝晚景·清末官员》明信片首次发表（2014 年版），此后在《光影百年：故宫博物院九十周年华诞典藏老照片特集》（2015 年版）、《故宫藏影：西洋镜里的宫廷人物》（2018 年版）中陆续有公布。

[7]《译署来电》。《李鸿章全集》（22），安徽教育出版社，2008 年版，第 52 页。

[8]《醇亲王（奕譞）巡阅北洋海防日记》。《清末海军史料》，海洋出版社，1982 年版，第 245－246 页。

[9]《致李鸿章》。《海军衙门函稿》第一册，抄本影印件，第 37 页。

[10]《致周郁山》《致罗稷臣》。《丁汝昌集》，山东大学出版社，1997 年版，第 52－53 页。

[11]《航海吟草》，上海同文书局石印本，1887 年版，第 12 页。

[12]《醇亲王（奕譞）巡阅北洋海防日记》。《清末海军史料》，海洋出版社，1982 年版，第 243 页。

[13]《招商局船谱》，社会科学文献出版社，2015 年版，第 27 页。
[14] 徐凌霄、徐一士：《凌霄一士随笔》第 4 册，山西古籍出版社，1997 年版，第 1262 页。
[15]《巡阅北洋海防图》相关图像和文字资料，可参见周维强《渤澥乘风：醇亲王海军大阅与巡阅北洋海防图》、高宜君《巡阅北洋海防图修护纪实》，载《故宫文物月刊》，2013 年第 365 期，第 68－80、82－91 页。
[16]《九思堂诗稿续编》卷八，清光绪间刻本，第 53－54 页。
[17]《九思堂诗稿续编》卷八，清光绪间刻本，第 54－55 页。
[18]《致醇邸》。《李鸿章全集》（33），安徽教育出版社，2008 年版，第 550 页。
[19]《九思堂诗稿续编》卷九，清光绪间刻本，第 41 页。
[20]《雨中十弟来邸送行，留饮退省斋得句》。《航海吟草》，上海同文书局石印本，1887 年版，第 1 页。
[21]《海口夜泊月下望海口占》。《航海吟草》，上海同文书局石印本，1887 年版，第 7－8 页。
[22]《航海放歌》。《航海吟草》，上海同文书局石印本，1887 年版，第 8－9 页。
[23]《进旅顺口各军迎谒，岸畔舟中接见诸统领得句》。《航海吟草》，上海同文书局石印本，1887 年版，第 9 页。
[24]《馆寓夜坐即事》。《航海吟草》，上海同文书局石印本，1887 年版，第 10 页。
[25]《黄金山顶炮台阅南北洋战舰合操鱼雷艇轰船及试放电线水雷八处炮台合演打靶》。《航海吟草》，上海同文书局石印本，1887 年版，第 11 页。
[26]《崂嵂嘴炮台试放四万斤克虏卜钢炮打靶》。《航海吟草》，上海同文书局石印本，1887 年版，第 11 页。
[27]《船抵烟台，山东陈巡抚士杰、广西张巡抚曜因公至台候晤，法国提督理邀年奉其国命，率兵头等四十一人来会，接谈至夕，遂饬停泊》。《航海吟草》，上海同文书局石印本，1887 年版，第 13 页。
[28]《醇亲王（奕譞）巡阅北洋海防日记》。《清末海军史料》，海洋出版社，1982 年版，第 239 页。
[29]《听洋人柯士打尾林按洋琴作歌》《风中泛海一律》。《航海吟草》，上海同文书局石印本，1887 年版，第 9、12 页。
[30]《晏起甫盥栉善都统乘钢板轮船驶至舟中闲话得句》。《航海吟草》，上海同文书局石印本，1887 年版，第 17－18 页。
[31]《少荃相国饯于督院复送至桃花口始别》。《航海吟草》，上海同文书局石印本，1887 年版，第 17－18 页。
[32]《随醇邸巡海呈教》。《李鸿章全集》（37），安徽教育出版社，2008 年版，第 83 页。

[33]《致李鸿章》。《海军衙门函稿》第一册，抄本影印件，第 36 页。
[34]《自津濒回以画箑浼少荃相国题诗承书同巡海口七律二章次韵致谢》。《航海吟草》，上海同文书局石印本，1887 年版，第 18–19 页。
[35]《致张佩纶》。《张佩纶家藏信札》第 2 册，上海人民出版社，2017 年版，第 999 页。
[36]《醇王出都巡阅严饬随从人等各谕》。《近代史所藏清代名人稿本抄本》第一辑，大象出版社，2011 年版，第 88 册，第 581–582 页。
[37]《又谕》。《近代史所藏清代名人稿本抄本》第一辑，第 88 册，大象出版社，2011 年版，第 583–584 页。
[38]《醇亲王（奕譞）巡阅北洋海防日记》。《清末海军史料》，海洋出版社，1982 年版，第 245–246 页。
[39]《奕譞奏查北洋炮台、水陆操防、机器、武备、水师学堂情形折》。《清末海军史料》，海洋出版社，1982 年版，第 252 页。

日本记者笔下的清代旅大海防设施

——兼评《日清战争从军写真帖》

刘俊勇

《日清战争从军写真帖——伯爵亀井兹明の日记》是一部甲午战争期间的战地日记和摄影集。亀井兹明（1861—1896）曾留学德国，专攻美学和摄影。甲午战争前回国，经向日军大本营申请，遂以第二军第一师团随军记者的身份，于庄河花园口登陆。此后，作为甲午战争的亲历者，亀井兹明写下了几十万字的日记，拍摄了大量的照片，记录了自 1894 年 9 月 25 日至 1895 年 5 月 28 日日军第二军第一师团在甲午战争中的战况等。虽然该书后来经过了整理和润色，但仍然保留了许多资料，对于研究甲午战争史具有重要的价值。1997 年，高永学等将该书译成中文[1]（以下所引之日记，均出自该书，恕不再一一注明）。

亀井兹明在 1894 年 11 月 7 日的日记中，详细地记录了大连湾的海防设施。“炮台全部都是欧洲最新式的筑城法。周围是极厚的花岗岩石用混凝土固定，其炮台为和尚岛 3 个、老龙山 4 个、徐家山 2 个（但其中一个尚在建筑中），共计 9 个，而且每一炮台（除建筑中的）都装置欧洲最新式的大炮。在和尚岛，中炮台配备有 21 厘米炮两门，15 厘米炮两门，其中有海岸炮、旋条炮各种，故对海上袭

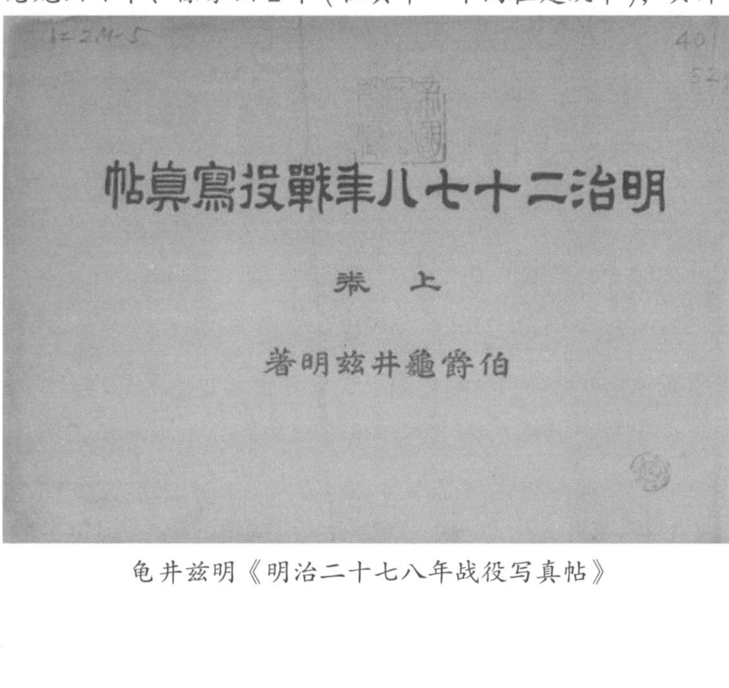

亀井兹明《明治二十七八年战役写真帖》

击之敌可开海岸炮防御之。由陆上攻来之敌可用旋条炮击之，实为清国第一最新式坚守精致之炮台。”西炮台“系削和尚岛之高处填低处而建造，用砂浆或黏土垒石块，上面又抹了一层混凝土。据高处筑造的有三四层台阶，从低处建造的有10层台阶，胸墙高约3丈4尺，断崖落海面，周围数百米，后边有一大门，门高1丈8尺，门扇用熟铁做成，总体为石造，门上题为‘和尚岛西台’，其两侧雕刻的文字为‘海疆锁钥’‘辽左屏藩’。记有光绪十六年四月吉日统领铭字右军副左后等营记名提督马春发监造的字样。……可知此炮台仅在4年前建成。”亀井兹明见到西炮台“配有炮口为21厘米35口径炮两门，其两侧有15厘米35口径的克虏伯炮两门，其巨炮为能回转368度的机械，就是说有一个人操纵方向盘使之回转，前后左右转动炮可随心所欲。炮口之下有口径七八寸、直径一尺五六寸的炮弹及弹药累累堆积如山，火药有德国制和天津机器局制造的，合计有6万公斤之多”。“处处都设有暂存库、耳零件库、药库，各库内普通榴弹以及钢铁榴弹并排排列，不知有几百。”“交通沟用白灰三合土铺设，其中间铺有铁轨，用来搬运21厘米炮弹到炮前。”亀井兹明慨叹道：“其构造之雄大，到中国之后直到今日，在所有经历过的地方，真正值得看的东西，就是这座炮台。

亀井兹明拍摄的日军占领旅顺船坞的照片

和尚岛中炮台，题有‘永固海疆’‘大清光绪岁次庚寅年三月穀旦铭字右军左营建造’等字样。此炮台为3座炮台中最巨大的，比左右两炮台更为宽阔。……东炮台亦与两炮台无异，这些炮台都是光绪十七年德国人汉纳根设计而制造的，共8个。每一处的建筑费用为200万元，8处合计通共1600万元，而其配备的大炮每尊5万元。……在两炮台之下七八百米处有水雷营，结构颇为宏壮，门高两米，以石垒成。”

至1894年甲午战争前，大连湾炮台已具规模，“我海疆炮台，大连湾式最新，炮亦最利”[2]。但在日军攻打金州之前，李鸿章就提出了自相矛盾的两个方案，特别是在紧急时放弃大连湾的方案，即“宁失湾，断不失旅”，造成了守将赵怀业不战而弃大连湾的恶果。李鸿章苦心经营多年的大连湾非但没有成为抗击日军的前哨，反而成为资敌继续扩大侵略的根据地。日军“在各炮台以及野外分别俘获的（大炮）多达40门，再加上兵营及其他充满仓库的炮弹火药，实际上可达数千万元的巨额”。占领大连湾的日军“进入水雷营，缴获了看来是敌将所保管的最为秘密又极其精密的实测地图一册，在其图中详细地标明了大连湾附近的地势、湾内布设的水雷及其位置基点等”，随后“海军以此弄清水雷的基点，切断其导火线，以断绝爆炸之路。又用几十艘小船搜索海底，得以排除全部水雷”。

龟井兹明拍摄的日军占领海军公所的照片

龟井兹明在1894年11月23日的日记中，详细地记录了他所见到的黄金山炮台、旅顺港坞和城市设施等。“（黄金山）炮台屹立于旅顺口左岸，在黄金山山巅，高400英尺。其筑起的迂回曲折的石墙，厚一尺，高两米，甚为坚固，处处留着约一尺平方的枪眼，可以射击步枪，虽可以观察背面的敌情，但绝不实用。……到半山腰穿过左墙之下有一近道，与牧猪礁炮台可通联络。渐渐上去到一炮台，这是黄金山东副炮台，备有臼炮一门，终于上到了第四道门。此为山巅的正炮台，用石块筑造很是坚固，大体与大连湾炮台相同，然而那是纯新式炮台，这个好像是稍稍旧式的，仅用一个门作为出入口，在其门楣的石头上刻着‘北洋锁钥’，边上有一行小字为‘光绪壬午二月合肥李鸿章题’。因为此炮台刚一建成，李氏以为坚牢如斯，足以可成为北门的锁钥，以为敌军绝对不能窥探渤海湾。岂料如今一败涂地，如此坚固的炮台也不能成为依靠，被我军所占领，以至于炮台上日章旗飘扬。当然这完全是由于守兵的怯弱，绝非炮台之罪。”“火药库最为坚固，都抹了一层泥，大小弹药及火药装在口袋里，堆得满满的，看了一库又到一库，其宽敞程度使人吃惊。转而到安放大炮的地方，有大炮3门，即24厘米一门，12厘米两门，炮身刻着‘一千八百八十一年’，距今13年前所造，弹药是从仓库铺的铁轨运上来的供使用。12厘米两门大炮台的西北角，朝向海面有车轮，可以移到背面的两角，始终向我攻击的就是它。从台上环望四方，近则旅顺市街光景尽在脚下，远则松树山、椅子山的炮台尽在指顾之间。”

关于旅顺船坞，龟井兹明记道：“进入港口左岸高处有黄金山炮台，在同一山脉崂嵂嘴炮台隔几百米相连，控制港口，西岸是威远、馒头山等炮台，防守湾口，各都有100多米高。港内分为两区，西称西岙、东称东岙。东岙为石砌的岸壁，长1300英尺，宽900英尺，深有26英尺以上，便于船舶停泊。有船渠两处，一可容大舰，入口处有桥可开闭，一为鱼雷艇以及小汽船的修理厂，其他还有水雷营、鱼雷营等很多的建筑物、机械厂等。西岙水浅只能容水雷艇与小汽船之类的船只进入。其码头的坚固，实在足以使见者吃惊，由此可知是李鸿章耗尽心血所造，有大栈桥，有起重机，各要处都有电灯，铁轨纵横相连，货物的搬运、装卸相当便利。”“又在船厂有各种器械所数栋，机械加工厂、铸造厂、锯厂、发电厂，测候所等分为各科，设局管理，其他还有煤炭贮藏厂，结构甚齐备。听说这个军港因为是清国重要之地，费了大约6亿万圆（原译文如此——引者注）的巨资，

龟井兹明拍摄的日军在旅顺大屠杀后掩埋尸体的照片

实际上有30余处的炮台，宏大的造船厂，其他诸官衙兵营无所不备。”

龟井兹明拍摄的日军占领黄金山炮台的照片

关于旅顺海军公所，龟井兹明记道：“出造船厂到了我军司令部的宿营地，旧道台衙门的门前，构造甚为宏壮，还有海军公所，公所在门楣上挂一大匾，大书‘海军公所’，旁边署有‘光绪己丑年九月李鸿章’，门扇上描绘着古代英雄的像，影壁墙上画着麒麟的彩色画，门前通道的两旁有东辕门、西辕门两门。通过这里到市街有关帝庙，庙前有‘官员从此下马’的石碑，与之相邻有天后宫，在其门上边挂着船形的画有许多人物的金色装饰，其光彩灿然夺目。”

关于旅顺口的城市设施，龟井兹明记道：“中新街的剧场，入口挂着‘集仙茶园’的匾额。”“旅顺口虽是战后荒凉，但街道、住房、官衙以及军官的住宅，比其他地方都要漂亮一些，沿船渠有电灯局，是西洋式的木造三层楼，烟筒为砖砌成，高耸入云，这可能是旅顺第一等的构造。饮用水有自来水和井水，自来水是从离此地4公里多的八里庄用铁管引来的，到处都有水龙头，分布在市街各处，其工程甚为宏大，水质也清冽，适于饮用。”

龟井兹明在1894年11月24日的日记中，还记录了旅顺医院的情况，“市街北角的高地，门上挂着大匾是出自李鸿章手笔的‘北洋医院’。此医院乃清国半官半民而设立，当时的院长是英国人瓦特博士，所以办公室、药店、病房等，划分得很清楚，十分完备，其仓库贮藏的药品也全是精选的新式好药，只是不干净，与其他住户没有什么区别，然而清扫一下病房，整理一下，足可收容200名患者”。

亀井兹明拍摄的日军占领旅顺船坞的照片

亀井兹明日记所记旅顺口、大连湾的清代海防设施，基本上与李鸿章奏折、电文的有关内容相符，也与姚锡光《东方兵事纪略·金旅篇》中旅顺、大连湾海陆炮台的设置和火炮数量等记载大致相符，无疑是研究甲午战争的重要资料。

亀井兹明的日记也披露了旅顺大屠杀的惨状。在旅顺市街“路上尸骨堆如山，血流成河，两侧的民户外边散乱着破烂、瓦片、纸屑、中国鞋等，甚为狼藉，屋内也有伏尸，鲜血淋漓，无处插足。仔细地看看这些尸体，有的被砍掉了头，脑浆迸裂；有的从腰部腹部砍成两半，肠胃全部露出来，其状惨不忍睹，使人觉得有怨鬼啾啾的哭声”。亀井兹明在北郊看见日军“押着当地居民埋葬横死的敌尸，累累不计其数，有的脑浆迸裂，有的露出了五脏，有的半身烧焦，西风吹来一股血腥味，有如听见怨鬼啾啾之声”。

亀井兹明也不时地披露了一些中国人民反抗日军侵略的史实。如10月26日刘家店当地居民袭击日军而英勇就义；在土城子阻击日军的战斗中，椅子山清军拼死抵抗；即使在日军占领旅顺后，仍有清兵不时地狙击侵略者。我们从中强烈地感受到了爱国官兵和百姓反抗侵略、不屈不挠的民族精神。

清代旅顺口、大连湾海防建设是不同于古代的一种新的海防，即近代海防。近代海防的核心是近代海军，从1875年（光绪元年）至1884年（光绪十年）的筹建，清廷已基本建成北洋、南洋和福建三支海军。1888年（光绪十四年），北洋海军最后成军时，已拥有军舰22艘、鱼雷艇12艘。

旅顺船坞以其规模宏大，机器设备先进，成为“中国坞澳之冠”[3]，堪称东亚第一，旅顺口不仅是北洋海军基地，而且成为世界五大军港之一。旅顺口、大连湾海岸和陆路炮台属于新式炮台，其装备大多是当时先进的德国克虏伯大炮。炮台布局可谓得当，高台与低台，新式炮台与土炮台、远程炮与田鸡炮相配合，构成了严密的火力网。

这一切看似固若金汤，但在甲午战争中却不堪一击，“我旅顺之防经营凡十有六年，糜巨金数千万，船坞、炮台、军储冠北洋，乃不能一日守。门户洞开，竟以资敌”[4]。

应当说，清廷在鸦片战争后的半个多世纪里，也在努力寻找解决海防落后的办法，并把失败的原因归结为武器落后。为改变这种落后状况，保住祖宗留下的江山社稷，清廷也曾不惜血本地购买外国先进的军舰、大炮，也曾高薪聘请像汉纳根那样的外国专家设计和主持筑炮台、建港坞，但并不能挽救其失败。究其原因，清廷的落后乃是经济、政治、文化和国防上的全方位落后，已无挽救失败的灵丹妙药。

甲午战争期间，旅顺口、大连湾大部分海防设施遭到了破坏。1898 年，俄国强占旅顺口后，在原清朝旅顺要塞炮台的基础上，修复和重新构筑了旅顺口海岸和陆路军事工事。俄国修复和重新构筑的海岸和陆路炮台（堡垒），采用了水泥、鹅卵石和沙子制作的混凝土浇筑，因而使得炮台（堡垒）坚硬无比，较之此前以砖、土和条石为基本材料构筑的炮台，更容易保存下来。今天我们所见到的炮台（堡垒）几乎都是俄国修复和重新构筑的，在东鸡冠山堡垒、二龙山堡垒等处，仍可见到清代所筑炮台的痕迹。旅顺口炮台记录了清末以来的历史变迁。

如今保存下来的旅顺口清代海防遗迹还有南子弹库旧址、旅顺船坞、龙引泉遗址、蛮子营练兵场遗址、水兵俱乐部旧址等。

上述旅顺口清代海防建设遗址均有百年以上的历史，如今都存在着不同程度的自然和人为损坏。作为研究清代海防建设的珍贵实物资料，应加强保护。同时，应利用上述遗迹进行爱国主义和国防教育，强化海防意识，建立起强大的海防体系，在未来的反侵略战争中立于不败之地。

注 释:

[1]〔日〕亀井兹明:《血证——甲午战争亲历记》，中央民族大学出版社，1997 年版。

[2]《东方兵事纪略》。中国近代史资料丛刊:《中日战争》(一)，上海人民出版社，1957 年版，第 38 页。

[3] 薛福成 :《出使四国日记》，湖南人民出版社，1981 年版，第 179 页。

[4]《东方兵事纪略》。中国近代史资料丛刊:《中日战争》(一)，上海人民出版社，1957 年版，第 41 页。

李鸿章一道手谕的曲折经历

王 梅

2008 年安徽教育出版社出版的《李鸿章全集》，是晚清以来迄今为止出版的诸多李氏全集、文集中，收罗李鸿章言论著述较为全面的一部长篇巨帙。笔者在逐册翻查浏览时，在其第 37 卷诗文集中，惊喜地发现了李鸿章的一道手谕，是此前未曾寓目的。从底注可知："是稿为单册，首页标有'李傅相手谕旅顺诸将书'。现藏于上海图书馆。"主编《李鸿章全集》的戴逸先生在序言中提及，此次出书时编者从上海图书馆、安徽省图书馆等单位和个人手中辑得部分佚文。由此笔者推测，李鸿章的这道手谕就是 2008 年徽版《李鸿章全集》所增补的佚文。笔者感到，这道"手谕"连同所附跋文都是弥足珍贵的资料，可补史籍之缺，为研究甲午战争史提供了鲜为人知的历史信息，具有重要的史料价值。遂加以探究梳理，以供对此段历史感兴趣的研究爱好者参考。

一、一道未能送达的手谕

李鸿章发给旅顺诸将的手谕，写于公历 1894 年 11 月 19 日（光绪二十年十月二十二日），正是日本侵略军疯狂进逼北洋海军基地旅顺口的危急时刻。李鸿章此时坐镇津门，对旅顺遥控指挥。在旅顺失陷（1894 年 11 月 21 日）前夕，清军驻守旅顺的将领感到形势危急，因"其时电报不通"，就派了一位叫殷贵的下级军官"航海赴津请援"。殷贵漂洋过海，来到李傅相府，呈上旅顺诸将的禀函。李鸿章阅信后，对旅顺战局极为担忧。他深知，旅顺作为"京津门户"，"朝廷视为关系重大"。如旅顺失守，则辽东半岛不保，下一步必将危及山东半岛，进而震动京畿。此时的李鸿章万分焦灼，写下这道"手谕"，督促旅顺诸将，"望其同心御敌"，"坚忍苦守"。跋文写道："二十二日李傅相手书告以援往，谕令同心固守，明示赏罚，并雇金龙小轮船星夜送回。二十四午正抵羊头洼登岸，未知军败，乃循路回营，为伏寇所掳，担水几日，乘隙觅舟逃至烟台，口述情形，并出此书，始知原委。"信使殷贵怀揣李鸿章这道手谕，先是由天津乘小轮船来旅顺羊头洼港靠岸，那天正是旅顺失陷之日。殷贵不知内情，在返回自己原来所在军营的途中，被日军抓住，“因其扮作乡民，此书密藏衣内，故未被搜去”。日本兵强迫他为军营挑水，几天后他寻机会逃脱，设法找到一只渔船，在渤海中不知漂了几天几夜，到了对岸山东半岛的烟台港，找到那里的清军，说明情况，出示李鸿章手谕，才算交了差。

关于这道手谕的曲折经历，我们正是从王宗彝所撰《李傅相手谕旅顺诸将书》跋中，得知其详情。为节省读者翻检之劳，现将此跋移录如下：

光绪甲午年十月甲辰朔，日本兵寇我辽东，于皮岛东花园嘴登岸，初七日寇金州。正定镇总兵徐邦道率楚军马步三千，金州副都统连顺率旗兵会御于老赤山东北徐家山一带，鏖战两昼夜，杀贼甚多，众寡不敌，后无继援，死亡过半，初九日兵败，金州陷。徐、连各率残军退至旅顺。赵怀业以三千人守大连湾炮台，亦弃台溃至旅顺。时守将临元镇总兵姜桂题、提督程允和、黄仕林、张光前、卫汝成五军分守各路，十七至二十一等五日，寇至营城，距旅四十里，姜桂题等迎剿获胜，各有斩获。寇北退二十里，各军亦收队。二十二三两日休息士卒。寇于二十三夜以轻骑快炮潜绕盘龙山，据高俯临程允和所守炮台，二十四日既晓而觉，已驱御不及，而炮子雨至，山下未能立足，始溃败。姜、程、徐三将犹各率队御仗于大校场，张光前率行队御仗于鸭嘴湖。而各路山沟伏寇蜂涌而出，抄截各军后路，街市及姜桂题坐营同时火起，各军惊溃。两岸滨海炮台守台哨弁以炮向北回击，鏖战至申正，见势危急，亦先后遁，全旅皆陷。时朝廷已饬帮办大臣四川提督宋公庆统率毅军、并河北镇总兵刘盛休铭军回攻金州，以蹑寇后。二十四日已攻金州北门，将夺门，风雪太大，兵莫能进。其时电报不通，而旅将未知援兵已在寇后，乃派差弁殷贵航海赴津禀请救援。二十二日李傅相手书告以援往，谕令同心固守，明示赏罚，并雇金龙小轮船星夜送回。二十四午正抵羊头洼登岸，未知军败，乃循路回营，为伏寇所掳，担水几日，乘隙觅舟逃至烟台，口述情形，并出此书，始知原委。因其扮作乡民，此书密藏衣内，故未被搜去。若能再守一二日，诸将得读此书，则旅顺当可保全。伏读一过，不禁掩卷太息。今钩勒上石，以免湮没，而补载籍之阙云尔。信天翁述于峙山僧舍。

附题记：光绪乙未十月二十二日镌成，距合肥相国作书日，岁星恰值一周，殆亦有数与。古平寿王宗彝钩勒并识。

此跋文以大半篇幅，概述自中日甲午战争爆发，日本侵略军从庄河花园口（跋文称“花园嘴”，可能即当时当地人之俗称）登陆，直至金州失陷这一段时间，清军诸将领或“鏖战”或“溃败”的情况，最后说明旅顺诸将派殷贵送信的经过以及李鸿章手谕颇具传奇色彩的遭遇。而这道手谕最终如何落入王宗彝之手？王宗彝究竟何许人也？他何以对甲午战况与清军诸将了如指掌？古平寿与峙山僧舍所指何处，今在何方？当年“钩勒上石”的这道手谕与跋文的碑碣今尚存否？等等，一连串的谜团有待我们深入探索之。笔者臆断，王宗彝极有可能是当年清军某将领之幕僚，甲午战败后隐姓埋名（王宗彝与信天翁都是化名），遁入空门。他有机缘得到李鸿章手谕原件，为将其传之于后世，遂请人将“手谕”“钩勒上石”，并亲撰跋文。而今上海图书馆所藏之手谕册页，笔者无缘亲睹，估计应是此碑的拓本。既然被收入新版全集，必定经过权威专家学者的鉴定，其史料的真实性当可相信。

二、一纸手谕岂能挽救败局

王宗彝在跋中写道，清军“若能再守一二日，诸将得读此书，则旅顺当可保全”。历史不容假设。王宗彝的判断未免幼稚肤浅。即便当年李鸿章的这道手谕能够及时送达，也难以挽救旅顺失陷的败局。

日军攻占旅顺后，在辽东半岛又连克数城，1895 年 1 月在山东半岛荣成登陆，2 月攻陷刘公岛，致使北洋海军全军覆没。4 月 17 日，李鸿章与伊藤博文签订《马关条约》，割地赔款，丧权辱国。朝野哗然，举世震惊。

甲午战败的诸多原因，多年来已有无数专家学者撰文立论，此不一一赘述。论及旅顺失陷，无不谈到“清军守将贪生怕死，互不相属”这一条。我们从《李傅相手谕旅顺诸将书》中即可见其端倪。为引述方便，将其全文移录：

李傅相手谕旅顺诸将书

光绪二十年十月二十二日

光绪二十年十月二十二日谕旅顺诸将 诸位统领如面：连接禀函及探信，悬系之至。“镇东”送去粮弹等项，计匀分接济，足以多支两旬。宋宫保已由复州进队，旨又饬唐仁廉六营、章高元八营由营口继进，不日会合铭军分道进援。倭人前后被我夹击，定行退缩，望诸弟坚忍苦守，相机出奇雕剿。古云：“同舟遇风，胡越一心。”况皆我淮部子弟，亲若同胞耶。传言黄提督与张镇口角对殴，赵镇与卫镇亦有争殴之事，此何时势，尚闹闲气，尚望其同心御敌。赵怀业久驻湾防，既不出队与徐见隆力战，又不能为一日之守，任令营哨官纷纷逃遁，勇丁下乡掳掠，毫无纪律，实属丧尽天良。应将所部怀军全交姜翰卿统领，其不法弁勇，在即擒拿枭示，以防内乱。卫镇闻亦怯懦无能，岂欲蹈汝兄覆辙。姜翰卿骁勇夙著，调度有方，旅防各军，应均归其总统，其不遵号令者，准即撤换惩办。黄松亭素颇自命，今日临敌究竟何如。总之旅为要地，朝廷视为关系重大。如弟能死守勿失，必膺五等之封。若任其失陷，只有蹈海而死。何不拼命持久，为淮人振起声名，兄必督饬刘道、盛道等随时设法运济米粮。枪炮弹勿空放，须省啬用之。各营应悬重赏，俾共效命，如现银不足，即给印票为凭，吾当饬照票给银。此时行文不便，即以此信为凭，祈诸弟共体此意，顺问捷旌。此信各营官传观遵办。鸿章手启。

李鸿章在此手谕中，首先给旅顺诸将打气鼓励，告诉他们援军将至（实际上，只是一纸“空头支票”，章高元部“军未发而旅顺已陷”），鼓励他们“坚忍苦守”。接着，李鸿章对他的“淮部子弟”严厉训导，列举出他们大敌当前仍争殴不已的恶劣表现，训斥“此时何势，尚闹闲气”，要求他们“同心御敌”。他特别点名斥责大连湾分统赵怀业：“久驻湾防，既不出队与徐见隆（徐邦道字见农，又字剑农。见隆，或许是因音近而误写）力战，又不能为一日之守，任令营哨官纷纷逃遁，勇丁下乡掳掠，毫无纪律，实属丧尽天良。”[1]

清廷布置在旅顺的兵力万余人，长期以来以宋庆毅军为主在此驻守。甲午战起，宋庆奉调赴九连城，旅顺防务空虚。李鸿章临时调姜桂题、程允和、卫汝成等从外地来旅接防。原有的清军，只有黄仕林和张光前的旧营老兵。大连湾失守后，号称“赵不打”的赵怀业不战而逃，来到旅顺。“时旅顺六统领不相系属，共推姜桂题为主。桂题庸材，无能为，诸将互观望，莫利前击敌。”旅顺守将的总体情况，正如甲午战后当地流传的一首民谣所描述的：“赵（怀业）不打，姜（桂题）不辣，黄（仕林）宋（庆）各营吹喇叭，鬼子进来好顿杀。”

该手谕提及：“卫镇（汝成）闻亦怯懦无能，岂欲蹈汝兄（卫汝贵，日军占领平壤，他与叶志超不战而退）覆辙。”“黄松亭（仕林）素颇自命，今日临敌究竟何如。”李鸿章做梦也未想到，他这两位老部下，在日军兵临城下之际，闻风丧胆，仓皇出逃。黄仕林从海路逃跑，船翻落水，被人救起。该手谕活画出旅顺诸将的种种丑态与败亡之相，透露出若干鲜为人知的细节。在该手谕中，唯一被表扬并委以重任的，是云南临元镇总兵姜桂题。李鸿章称他“骁勇夙著，调度有方”，实际上是给他戴高帽，并指出：“旅防各军，应均归其总统，其不遵号令者，准即撤换惩办。”宋庆调防离旅后，旅防各军就群龙无首。因为诸将来自四面八方，来旅接防时间仅有数月，他们又都是平级（总兵或提督），故互不服气，甚至于相见时大打出手。金州副都统连顺在给盛京将军的密信中即呼吁：“倭贼渐近，局势紧迫，徐军门（徐邦道）虽有决战之心，而兵力薄弱……将各自主，不奉调遣。望速派主将，统一军令。”李鸿章隔海指挥，情况不明，又犹豫观望，缺乏决断。即就遴选指派主将一事，也一直未有明文指令。迟至大厦将倾，方在该手谕中含糊其词地委任“庸材”为“总统”，可惜为时已晚矣。

李鸿章可谓用心良苦。该手谕最后，他诱之以名位（“必膺五等之封”），戒之以绝境（“只有蹈海而死”），并提出“各营应悬重赏，俾共效命”的招数，真是煞费苦心。然而，一道手谕岂能挽救败局！形成绝妙讽刺的是，就在他写此手谕的两天之后（此时手谕正藏于殷贵之衣中，漂流于大海之上），旅顺口落入日本侵略军之手，日军屠城四天，约两万无辜平民惨遭杀害，此即震惊中外的旅顺大屠杀惨案。他苦口婆心、晓之以理、动之以情、反复开导的旅顺诸将，此时已经逃的逃，撤的撤。清政府“经营凡十有六年、糜巨金数千万，船坞、炮台、军储冠北洋”的旅顺要塞，遽然毁于一旦。李鸿章本人也于其手谕发出四天之后，因旅顺失守而受到朝廷“革职留任，摘去顶戴”的处罚。

在旅顺诸将中，金州失陷后退至旅顺的河北正定镇总兵徐邦道，是唯一一位值得大书特书的爱国将领。他领导的金州石门子阻击战，给入侵日军以重创；他与姜桂题、程允和一起指挥的旅顺土城子阻击战，被称为“旅顺第一转机”。旅顺陷落，他又率残部与日军展开巷战，后突围北上，在金州四十里堡与宋庆部会合，转战于营口、盖平、海城一带。因辽阳告警，他又奉调援助。到防不久，中日议和。“徐邦道犹修垒练兵，不辞劳瘁，日往来暴雨中，以致火逼寒郁”，积劳成疾，终于 1895 年 7 月 5 日（光绪二十一年闰五月十三日），在辽阳田家庄阵前病殁，时年 58 岁。在生命的最后时刻，他仍以国家安危和民族存亡为念，口述遗言，上呈朝廷。在遗言中，他直言甲午战败的原因：“主帅无严明划一之令，将领无忠勇刚果之心，士卒无团结亲上之义。”他认为：“将帅必有爱国之心而后乃有忠勇之气，不贪利则士卒归心，能自勇则众人奋志。”[2]徐邦道临终之言，恰如其分地指出清廷甲午战败的症结所在。

注　释：

[1]《手谕旅顺请将书》。《李鸿章全集》第 36 册，安徽教育出版社 2008 年，第 56 页。

[2]《徐邦道遗折》藏中国第一历史档案馆。

甲午丰岛海战“济远”舰尾炮退敌说辨伪

陈 悦

一、尾炮退敌说的由来及其影响

1894 年 7 月 25 日，日本联合舰队军舰在朝鲜南阳湾外的丰岛附近海域不宣而战，对从该处经过的中国舰船发动突然袭击，揭开了甲午战争海上战斗的序幕，史称丰岛海战。这次海战，中国方面的“广乙”号鱼雷巡洋舰（简称“广乙”舰）遭受重创后自毁，“操江”号运输舰（简称“操江”号）被俘，租用于运兵的英国商船“高升”号被击沉，只余下“济远”号穹甲巡洋舰（简称“济远”舰）返回，可谓损失惨重。但是战后中方的公文中，对于海战失利的详细情形，以及海战中“济远”舰挂白旗、日本海军旗而遁[1]等负面消息，却大都做了回避和低调处理，反而突出提起了一件多少具有些传奇色彩的事情，即“济远”舰在退离战场途中曾用尾炮重创、击退日本军舰的事迹。

舰船上最直接的记事档案是航海日志，有关“济远”舰在丰岛海战中的作战情况如何，最原始的史料也就首推该舰的航海日志。令人诧异的是，甲午一役后北洋海军各舰的航海日志类档案大都无从查找，唯独“济远”舰的航海日志部分保存了下来。更为特殊的是，北洋海军舰船的航海日志都是按月制作成簿册以供记载[2]，而流传的“济远”舰航海日志仅仅存几页，又偏偏刚好是 1894 年 7 月 25 日、26 日丰岛海战事发两天的日志，可谓是巧

“操江”号

之又巧。7 月 25 日海战当天日志的记事部分，使用很大篇幅提及了海战中的一个战斗片段：“十一点，见倭督船又来追赶。十二点，赶到，在我船之左。我船后台开四炮，皆中其要处，击伤倭船，并击死倭提督并官弁数十人。彼知难以抵御，故挂我国龙旗而奔。我船舵楼已坏，故亦不追赶，定向回威。”[3] 从这段内容便得到了这样一个信息：1894 年 7 月 25 日的上午 11 时始，日本军舰追击“济远”舰，12 时追近“济远”舰。“济远”舰尾炮连续 4 次击中日本军舰的要害，并击毙了舰上的提督军官等数十人，致使受伤后的日本军舰挂中国龙旗而逃。由于己舰的操舵装置发生故障，“济远”舰没有进行追赶，而是乘势回航威海。有关“济远”舰用尾炮击退追敌的事迹即由此轮廓初具。

丰岛海战之后，“济远”舰于 7 月 26 日清晨回到威海。由于当天下午海军提督丁汝昌率舰队主力外出巡弋，来不及就丰岛海战情形进行调查汇报，于是“济远”舰管带方伯谦遂直接向北洋大臣李鸿章做出了报告。除简要叙述海战的经过情形外，更着重提起了尾炮退敌一事，称“午时我船整理炮台损处，倭船紧追，我连开后炮，中伤其望台、船头、船腰，彼即转舵逃去”[4]。内容与 7 月 25 日的“济远”舰航海日志所载大同小异。

时隔 4 天之后，7 月 30 日，北洋海军提督丁汝昌正式具文，向北洋大臣李鸿章报告丰岛海战情况。在这份据称是经过查询“济远”舰管带、员弁、水手后做出的官方报告中，同样也突出提及尾炮退敌一事，但较之方伯谦报告和 7 月 25 日的《“济远”航海日志》更显详细：“（‘济远’舰）停炮诈敌，彼驶近拟擒我船，‘济（远）’即猝发后炮，一弹飞其将台，二弹毁其船头，三弹中其船中，黑烟冒起，‘吉野’乃移逃，四弹炮力已不及矣。查却敌保船，全恃此炮，水手李仕茂、王国成为功魁，余帮放送药送弹之人亦称奋勇。”[5] 不仅明确了被击退的日本军舰是日本第一游击队的“吉野”舰，还详述了几次命中“吉野”舰所造成的破坏效果情况。而且丁汝昌还特别提出了两名水兵的名字，认为他们是这次攻击行动的功魁，其他帮助运送弹药、操作火炮的水兵也被丁汝昌称为奋勇，认为有功。不过丁汝昌在报告中却绝口没有提到“济远”舰的管带方伯谦。论功时，竟然略去了海战现场的最高指挥官，于情于理都有不合，丁汝昌似乎是暗示方伯谦与尾炮退敌行动没有直接关系。

对于一场损失惨重的海战而言，具有传奇色彩的尾炮退敌事件无异于是黑暗中的闪光点，给海战画上了圆满的收笔，甚至可以称为是转败为胜。因而尾炮退敌一事便成了丰岛海战中北洋海军的典型英雄事迹。

上述三则有关“济远”舰在丰岛海战中作战情况的官方文件可以认为是确立尾炮退敌说的原始史料。除此以外，当时及此后的一些相关的史料、撰述中也屡有提及尾炮退敌的，基本的情况描述大致相同，但对于事件的细节阐述以及评价却存在着部分明显的差异，基本可以将其分为两类。

其中以时人姚锡光撰写的《东方兵事纪略》为代表的一类。将尾炮退敌诠释为丰岛海战中“济远”舰管带方伯谦胆小怯懦，底层水兵奋起自发抗敌，保全了军舰。“管带方伯谦乃树白旗，继又树日本旗；倭追如故。时有水手王姓者甚怒，而力素弱，问‘何人助我运子！’又有一水手挺身愿助，乃将十五生特尾炮连发四出，第一出中倭船舵楼，第二炮亦中，第三炮走线，第四炮中其要害，船头立时低俯。”[6] 整体来看显然很大程度受到丁汝昌海战报告的影响，四次炮击“吉野”舰的情况与丁汝昌报告略同，水兵王国成、李仕茂自发抗敌的事迹也同，只是增加了有关水兵王国成“力素弱”“问‘何人助我运子！’”等细节，虽别显出一番生动，但是没有实际出处依据，似不足为信。至于被丁汝昌在海战报告中排除在尾炮退敌事件之外的方伯谦，姚锡光在文中将其在海战中树白旗、日本海军旗而遁的事例予以公开，认为是管带方伯谦畏葸败逃，基层水兵挺身而出以尾炮退敌。

由于“济远”舰悬挂白旗、日本海军旗而遁等事被多方史料证明为确有其事，水兵自发抗敌又符合人们对于英雄人物的期待，因而这一类的观点得到普遍认同和接受，影响至为深远。直到现代大多数中国的研究论著中还都依旧在使用着并非原始史料的姚锡光观点。诸如孙克复、关捷编著《甲午中日海

“济远”舰

战史》称“爱国士兵王国成激于民族义愤，奋起自卫还击。他问大家：谁能助我运炮弹？水手李仕茂挺身愿助。二人协力发尾炮攻击敌舰。连发四炮，命中三炮。第一炮击中‘吉野’桅楼。第二炮也命中。第三炮走线未中。第四炮命中‘吉野’要害，船头立即低俯。‘吉野’受创，不敢继续追击，于12时43分，转轮退走”[7]。几乎就是姚锡光文章的翻版。与之类似的还有戚其章著《甲午战争史》，称“在此紧要关头，水手王国成挺身而出，反击敌寇……另一水手李仕茂从旁协助，用15公分口径尾炮对准‘吉野’连发4炮：第一炮中其舵楼；第二炮中其船头；第三炮走线，未中；第四炮中其船身要害处。12点43分，‘吉野’受伤，舰头立时低俯，不敢停留，转头向来路驶逃”[8]。此外，海军司令部《近代中国海军》编辑部编写的《近代中国海军》同样深受姚锡光文章影响，称“‘济远’舰水手王国成和李仕茂用150毫米尾炮瞄准‘吉野’舰，连发4炮：第一炮击中‘吉野’舰桅楼；第二炮击中其舰艏；第三炮未中；第四炮击中要害。‘吉野’舰艏立即低俯，不敢再追”[9]。苏小东著《甲午中日海战》在提及此事时，则更是直接引用了姚锡光原文[10]。

关于尾炮退敌的另外一类观点，主要以《冤海述闻》等为代表。《冤海述闻》的作者在20世纪80年代被戚其章先生推定为丰岛海战中任“济远”舰驾驶二副的何广成[11]，其著对于尾炮退敌事件的经过叙述大致与上一类相同。但认为击退敌舰的功劳不能由水兵独享，而是管带方伯谦的谋略指挥所致，由此推论“济远”舰在海战中挂白旗、日本海军旗而遁是为了实施这种谋略而做的准备，水兵击退日舰也是在管带指挥下的职务行为，方伯谦才是尾炮退敌事件的功勋。“方管带发令将船前转看杪准，猝放后炮，一发中其望台下。该船火药炮子震裂，翻去望台，歼其提督员弁二十七人，并水勇无算；再发中其船头，火起水进；又发中其船身，船便倾侧，升白旗龙旗而遁。”[12]值得特别注意的是，《冤海述闻》有关尾炮退敌部分的描述在内容与笔法上都与7月25日的“济远”舰航海日志存在相似，因而戚其章先生在《〈冤海述闻〉研究》一文中推测《冤海述闻》的作者何广成即是“济远”舰航海日志1894年7月25日部分的记录者。以《冤海述闻》为代表的这类材料，由于在史料叙述以及人物品评上多有明显的偏颇错误之处，因而并不被学界广泛引用，直到20世纪90年代所谓为方伯谦“翻案”活动开始后，一些文章屡屡采择，引之为方伯谦悬挂白旗的正当理由，虽然一时声势颇大，但终究理曲牵强，难以服人。

“吉野”舰

综上可知，从丰岛海战至今，“济远”舰尾炮退敌事件在某些认识上还存在不同意见，但是关于尾炮退敌事件的真实性，则各方都深信不疑，争论的焦点主要集中在尾炮退敌事件的发起者等问题上。国内关于甲午战争的著作论述中大都予以收录采用，几乎到了凡提及丰岛海战，必说“济远”舰尾炮退敌的境地，然而围绕着尾炮退敌而从生的一连串疑问，却始终未被注意。以19世纪后期的海军技术条件来看，一艘2000余吨的穹甲巡洋舰使用口径为150毫米的旧式架退后膛炮，是否真的能在短时间内重创、击退或是击沉敌舰？当时采用黑火药作为弹头装药的炮弹是否足以在短短几次命中后就能置敌于死地？被中国方面称为重创乃至击沉了的日舰“吉野”为何在丰岛海战后不久仍活跃于海上？……如果这些疑问无法得到确实可信的回答，那么尾炮退敌这种记载终究无法令人彻底信服。

早在丰岛海战结束后不久，北洋大臣李鸿章就首先提出过怀疑，认为：“一炮如此得力，果各船大炮齐发，日虽有快船、快炮，其何能敌？”[13]可谓一语中的，直指出尾炮退敌问题上的一处关键要害。但是李鸿章并未就此继续深究，事后就不了了之，使得尾炮退敌说的真假更显得模棱两可。近代海军史研究者姜鸣先生在2002年增订版的《龙旗飘扬的舰队——中国近代海军兴衰史》一书中显然也注意到了这一问题，并直接认为方伯谦和丁汝昌关于丰岛海战的报告“均存在很大的漏洞和虚假消息”“不提曾升白旗和日本海军旗，反而谎称‘济远’以一门尾炮击退两艘日舰，还称日提督阵亡、‘吉野’沉没”[14]，已经觉察到尾炮退敌说存在漏洞和虚假，可惜书中并未就此问题再进行专门论述。

二、尾炮退敌说辨伪

在拥有7月25日《“济远”航海日志》和丁、方二人的海战报告等3份中方原始史料的基础上，要证明“济远”舰尾炮退敌事件的真实性，最直接也是最具说服力的证据无外乎是能够在丰岛海战参战另一方的档案史料中找到对应的记载。

甲午战争中，日本联合舰队对舰队的作战行动、弹药消耗、军舰损害、作战海图等都有详尽的文书档案记录，战后曾汇纂成名为《联合舰队出征报告》的合集。这部档案是了解日本联合舰队战时情况的重要原始史料。其中关于联合舰队7月25日在丰岛附近海域攻击中国舰船的记录里，与“济远”舰尾炮退敌事件关联最大的无疑就是“吉野”舰的受伤情况报告。根据中方史料指证，“济远”舰尾炮重创、击退的是日本军舰“吉野”，如果真的曾经遭受过这么大的损失，“吉野”舰的受伤情况报告必定会有所体现。这份由“吉野”舰舰长河原要一海军大佐署名提交的名为“交戰中敵彈ノ為メ被害報告”（粗译为“交战中敌弹造成的损害报告”）的文件，确实记录了“吉野”舰在丰岛海战中受到的几次攻击，均由“济远”舰造成，分别为：

“济远”舰发射尾炮击中“吉野”舰（绘画）

第一次，一颗炮弹在“吉野”舰舰艏右侧数十米处的海面上爆炸，飞溅弹起的弹片将“吉野”桅杆上的斜桁和一些信号绳索打断。

第二次，一颗150毫米口径的炮弹打在海面上后跳起，从“吉野”舰右舷穿入，击碎了一部发电机后，穿透穹甲甲板，坠入轮机舱，但是并未爆炸。

第三次，一颗炮弹落在“吉野”舰后部飞桥附近的海面，弹起的弹片击碎了飞桥上用来存放望远镜的箱子。

另据该报告记录，在这三次中弹之外，还有几发炮弹落在舰艏、舰艉附近的海中，未造成损害[15]。

与《联合舰队出征报告》重要性相似的日方史料还有日本海军军令部在战后修纂的《廿七八年海战史》。该书是日本官修的甲午海战史，具有一定的权威性。有关丰岛海战中"吉野"舰受创的情况有如下记载："8时10分的时候，'济远'舰发射了一颗炮弹，打在'吉野'舰艏附近海面上，跳起后击坏了'吉野'舰前桅的斜桁和一些索具。8时20分时，'济远'舰发射的150毫米口径熟铁榴弹打在'吉野'舰右舷附近的海面上，跳起后落在甲板上，击坏了一些舢板，而后贯穿甲板掉入舰内，打坏了一部发电机，最后落在轮机室顶部的防御甲板上，幸而没有发生爆炸。"[16]与《联合舰队出征报告》中的记述基本一致。

另外，日本"八重山"号通报舰舰长向海军大臣西乡从道报告海战情况的电报里，也透露出了"吉野"舰受创的大概情况[17]。

从日方的这两份重要史料中能够清楚地了解到，日本"吉野"舰的确曾在丰岛海战中被中国军舰"济远"舰击中，击中的次数以及部位也与方伯谦、丁汝昌战后提交的报告大致相符，即中弹3次，分别在舰艏附近（船头）、军舰右舷（船腰）、飞桥（望台），而且从中弹情况看，都是由"吉野"舰舰艏之前方射来的炮弹所造成的，据此可以判断"济远"舰尾炮击中"吉野"舰的事情确实存在。然而这还并不足以证明尾炮退敌事件的真实性，因为中日双方的记载在攻击效果以及攻击发生时间这两个关键问题上存在很大差异。

三、尾炮攻击效果质疑

作为中方最原始的海战记录材料，7月25日的"济远"舰航海日志里称射出的炮弹"皆中其要处，击伤倭船，并击死倭提督并官弁数十人。彼知难以抵御，故挂我国龙旗而奔"[18]。与日方记录进行对比分析不难发现，从日方史料中看，"济远"舰射出的3颗炮弹都谈不上直接命中敌舰，均属于不可预测的跳弹或弹片间接命中，而且除了击中右舷掉入机舱的那颗没有爆炸的炮弹勉强能够算作击中要害外，其余的2次损害对于"吉野"舰而言都可谓是无足轻重，丝毫没有触及重要部位，这一点可以从丰岛海战之后"吉野"舰仍然活跃于海上得到旁证[19]。

而击死倭提督并官弁数十人的记载，如果考虑到远距离且烟雾弥漫的战场实际情况，那么无异于是一种主观的想象，况且当日的“倭提督”日本第一游击队司令官坪井航三并没有被“击死”，之后还参加了9月17日的黄海大东沟海战，直到1898年才病死，可见这处报告是完全错误的。至于“彼知难以抵御，故挂我国龙旗而奔”一节更是彻底的谎言。众所周知，丰岛海战中只有一艘军舰出现过挂对方旗帜奔逃的情况，恰好就是“济远”舰，而在7月25日《“济远”航海日志》上却将这个事迹转嫁给了日本军舰。作为本应十分严肃的舰上文书档案，这份发现于20世纪80年代的7月25日“济远”舰航海日志内竟然充斥着如此之多的错误乃至荒谬之词，使人不得不对其真实性产生怀疑。不仅如此，对照日本20世纪30年代公布的北洋海军航海日志规范和实例[20]，7月25日“济远”舰航海日志也存在着诸多不合规范之处，以及缺失漏记。倘若不是记录人为了掩盖某些事实且故意不按照规范记载，那可能这份航海日志本身就是一件不值一哂的臆造品。除此之外，似乎很难再得出其他合理的解释。在尾炮退敌问题上，与7月25日“济远”舰航海日志内容惊人一致的《冤海述闻》的价值也就由此可见了。

方伯谦与丁汝昌的海战报告，是中方用以证明尾炮退敌事件的剩余两份关键史料，在有关炮击效果的方面，同样也充满了错误，无论是方伯谦所称的“中伤其望台、船头、船腰”，还是丁汝昌报告所说的“一弹飞其将台，二弹毁其船头，三弹中其船中”，对比日方的实际情况，都是子虚乌有的事。

由此可见，在尾炮退敌的攻击效果方面，中方三份原始史料的记载都与日方军舰实际遭受的损失相去甚远，完全是一种夸大了的描写。按照三份史料的先后次序看，如果7月25日的“济远”舰航海日志并非伪造，那么首先就是“济远”舰的航海日志内容上有夸张性描述，继而“济远”舰管带方伯谦在给李鸿章的报告中也带有欺骗性描述。而据称是询问“济远”舰人员后做出的丁汝昌报告，显然也受到了这些夸张性、欺骗性描述的影响。

四、尾炮攻击发生时间质疑

相比炮击效果，炮击发生的时间似乎对于认定尾炮退敌事件的真实性关系不大，但实际上炮击发生的时间恰好是用以辨明尾炮退敌事件真伪的关键问题。尾炮退敌事件如果成立，必须同时具备几个因素，即："济远"舰命中了"吉野"舰；命中导致了"吉野"舰放弃追击"济远"舰，由此命中事件必须具备一个前提，即事件发生的时间必须在"吉野"舰放弃追击"济远"舰之前。

中方的三则原始材料，分别将尾炮退敌的时间锁定在7月25日的中午12时左右，恰好就是"吉野"舰停止追击返航之际。但从日方史料中，我们却得不到这样的信息，《廿七八年海战史》记载的"吉野"遭受"济远"炮击的时间是上午的8时10分，距离12时43分"吉野"舰放弃追击"济远"还有漫长的4个多小时。继在攻击效果上存在出入后，中日双方的史料在攻击的发生时间上又有严重分歧。

为了便于说明时间问题，下面先主要根据日方史料将丰岛海战的时序经过进行扼要列举：

1894年7月25日上午7时43分半，日本军舰"吉野"首先开火，挑起了丰岛海战。[21]

7时52分，"济远"舰还击。

7时55分，"秋津洲"舰向中国军舰开火。

7时56分，"浪速"舰向中国军舰开火。

7时58分，"广乙"舰逼近攻击日本军舰。

同时，"济远"舰开始离开战场，"吉野"舰尾追。

8时10分，"济远"舰尾炮射出的炮弹在"吉野"舰舰艏右侧数十米处的海面上爆炸，飞溅弹起的弹片将"吉野"舰桅杆上的斜桁和一些信号绳索打断。

8时20分，"济远"舰尾炮再射出一颗150毫米炮弹，打在海面上后跳起，从"吉野"舰右舷穿入，击碎了一部发电机后，穿透穹甲甲板，坠入轮机舱，但是并未爆炸。此后不久，又一颗150毫米炮弹射向"吉野"舰，在飞桥附近发生爆炸，所产生的破坏后果是，击碎了飞桥上用来存放望远镜的箱子。

三次攻击以后，"高升"号、"操江"号从战场远处出现。"吉野"舰停止追击，"浪速"舰超越"吉野"舰，继续追击"济远"舰。

8时53分，在"浪速"舰的接连炮击下，"济远"舰悬挂白旗、日本海军旗。

9时15分，"高升"号进入战场，"浪速"舰放弃追击"济远"舰，改为捕捉"高升"号。其他日本军舰此后也相继聚拢。

9时47分，日本舰队重新分工，“吉野”舰追击“济远”舰，“浪速”舰捕捉“高升”号，“秋津洲”舰捕捉“操江”号。

12时38分，“吉野”舰追至距“济远”舰2500米时，用右舷炮射击。

“吉野”舰中弹场景（绘画）

12时43分，“吉野”舰担心追出过远，停止追击返航。

13时，“浪速”舰攻击“高升”号。

从这里可以看到，日方提到的尾炮攻击事件发生在7月25日上午8时10分以后不久，“吉野”舰虽然于“济远”舰的炮击后一度停止了追击，但9时47分开始又重新追击，直到12时43分因为考虑追出过远，为了保证当天能返回联合舰队锚地报告战况而放弃追击。按此，发生在8时10分至8时20分以后不久的“济远”舰炮击实际并没有造成退敌的效果。

鉴于日方史料中与中方记录的“济远”舰尾炮退敌事件较为对应的仅有8时10分以后不久的这一次，如果中方史料中记载的尾炮退敌事件与日方记载的这一次攻击无关，那么在日方资料中再无有关尾炮退敌的类似对应记载，因此发生于午时的尾炮退敌事件就仅有中方单方证据。如果日方8时10分以后不久的那段记载就是对应的“济远”舰尾炮退敌事件，即意味着必须在中方史料中找到与日方记载对应的史料进行佐证，否则也就失于片面，同样不具说服力。

曾在“济远”舰上服务并参加过丰岛海战的英籍洋员哈富门（Hoffmann），在甲午黄海海战之后即将离华前，有过一段关于丰岛海战的回忆[22]。作为丰岛海战的亲身经历者，对于尾炮退敌这种大事不可能没有觉察，然而哈富门提到的尾炮退敌情况却与7月25日的“济远”舰航海日志以及丁、方的报告截然不同。哈富门称“‘吉野’受我炮弹小有损伤，展轮径去，待修理后重又折回，与我船奋力攻击”[23]。按照哈富门的回忆，当时“吉野”舰不是被重创，而仅仅是“小有损伤”，不是被击退，而是“重又折回，与我船奋力攻击”，这段去而又回的记录，与日方史料中 8 时 10 分至 8 时 20 分以后不久的炮击记述完全吻合。身为雇佣兵性质的洋员，中日两国海战的胜败，对其个人的切身利益并无太大影响，他的超然地位使其回忆相对客观。

洋员哈富门的回忆和日方史料相互佐证出了一个事实：丰岛海战中“济远”舰发尾炮击伤“吉野”舰事件的发生时间，是在当日上午的 8 时 10 分至 8 时 20 分以后不久，而且攻击行动并未造成“吉野”舰重伤的效果。9 时 47 分“吉野”舰再度追击“济远”舰，直到 12 时 43 分才主动放弃。由此可以判断，中方包括 7 月 25 日“济远”舰航海日志在内的三件原始史料，关于炮击时间的记载都做了篡改，且所谓的击退日本军舰一事也根本不存在。

关于时间问题另值一提的是，由于中日双方对尾炮退敌事件记载的时间相差 4 个多小时，对于中方史料中记载发生于午时的“济远”舰尾炮退敌，以及日方史料中记载的 8 时 10 分“吉野”舰遭炮击事件，很多研究者并没有辨明其为同一件事，而是一并采纳，将两则原本是意指同一事件的史料简单累计相加，既收录日方史料中 8 时 10 分“吉野”舰的受创，又加上中国史料里 12 时 43 分“济远”舰击退日舰的事迹，结果出现了“济远”舰在丰岛海战中曾两度使“吉野”舰受创的错误记述[24]。

五、尾炮退敌说之结论

“济远”舰尾炮退敌说诞生于甲午丰岛海战之后，在我国的相关史著中被一再采用，长久以来人们对其真实度深信不疑。本文通过分析认为，所谓的尾炮退敌事件并不存在，而是中国某些原始史料对于战场事实篡改所造成的假象。实际的情况应该是：1894 年 7 月 25 日上午 8 时 10 分以后，“济远”舰舰艉的 150 毫米口径火炮 3 次间接命中了追击的日本军舰“吉野”舰，对“吉野”舰造成了轻微的损伤而已。

中方三件原始文件中夸大炮击的效果，将炮击发生的时间修改为午时的原因，无疑是想将发生于 8 时 10 分以后的尾炮中敌事件与 12 时 43 分的“吉野”停止追击建立因果关系，再加入一些对攻击效果夸张的描述，形成所谓的尾炮退敌事件。海战爆发后仅仅战斗了 10 多分钟就开始逃跑的“济远”舰，借此摇身一变而为始终，日本军舰斗智斗勇的楷模，悬挂白旗、日本海军旗等事都借以遮掩在尾炮退敌事件的光芒之后。创立尾炮退敌说，其最大的受益者顺理成章应该就是“济远”舰的管带方伯谦。方伯谦丰岛海战报告以及来历不明的7月25日“济远”舰航海日志对编造此说不遗余力，以至出现击死倭提督、倭舰挂龙旗而奔等生动故事的动机也就不难理解。而北洋海军提督丁汝昌在报告中只将水兵王国成等列作功勋[25]，避而不论方伯谦，其原因在《中倭战守始末记》的另一则记载中可以窥见端倪，“海军提督丁禹廷军门调询‘济远’管旗兵目，始悉溃逃各节，犹以寡众不敌恕之”[26]。关于丁汝昌报告中提及的炮击效果和退敌情况，究竟是受蒙蔽而为，还是为了保住这一难得的海战“闪光点”而知错就错故意而为，尚待进一步探讨。

另外，以往建立在对尾炮退敌事件深信不疑的基础上，一些论者以“济远”舰曾发尾炮重创日本军舰“吉野”作为“济远”舰悬挂白旗和日本海军旗的托词，认为在兵不厌诈的战场上，“济远”舰管带方伯谦下令挂白旗是一种诈降术。这种观点的代表见于张荫麟著《甲午中国海军战绩考》，其文称“‘济远’逃时，曾树白旗，‘高升’乘客目击者多人，其报告不谋而合，决不能诬。今待问者，方氏之出此，果真欲降耶？抑如其后来所云，以‘诈敌’耶？于此吾人似不妨放胆一信方氏之言。彼诚立意投降，则毋须逃遁；及敌舰迫近，更不容发炮击之”[27]。张荫麟的观点在20世纪90年代所谓为方伯谦“翻案”的活动中又一再被引申夸张，然而当辨清尾炮退敌事件的真相：“济远”舰尾炮命中“吉野”在先，挂白旗在后，而且尾炮攻击并未导致“吉野”重创放弃追击，那么挂白旗是为了“诈敌”一说也就无从成立了。

注　释：

[1]“济远”舰在丰岛海战中悬挂白旗与日本海军旗一事，“高升”轮上的乘客多有目击，见《日舰击沉“高升号”实况文件三种》。中国近代史资料丛刊：《中日战争》（六），上海人民出版社，1957年版，第19−29页。

[2]〔日〕千曲次郎：《李鸿章的海军检阅日记及军舰“定远”的航海日志》，《满蒙》，1937年10月刊，第108−115页。

[3]《〈冤海述闻〉研究》。《历史论丛》第五辑，齐鲁书社，1985年版，第346页。

[4]《北洋大臣来电四》。中国近代史资料丛刊：《中日战争》（三），上海人民出版社，1957年版，第2页。

[5]《丁提督来电》。戚俊杰、王记华编校：《丁汝昌集》，山东大学出版社，1997年版，第267页。

[6]《东方兵事纪略》。中国近代史资料丛刊：《中日战争》（一），上海人民出版社，1957年版，第65页。

[7] 孙克复、关捷编著：《甲午中日海战史》，黑龙江人民出版社，1981年版，第92页。

[8] 戚其章：《甲午战争史》，上海人民出版社，2005年版，第54−55页。类似记载还见于戚著《走近甲午》，天津古籍出版社，2006年版，第83页。

[9] 海军司令部《近代中国海军》编辑部编著：《近代中国海军》，海潮出版社，1994年版，第464页。

[10] 苏小东：《甲午中日海战》，天津古籍出版社，2004年版。

[11]《〈冤海述闻〉研究》。《历史论丛》第五辑，齐鲁书社，1985年版，第362−366页。

[12]《冤海述闻》。中国近代史资料丛刊：《中日战争》（六），上海人民出版社，1957年版，第85页。与《冤海述闻》观点相近的还有卢毓英著《卢氏甲午前后杂记》，相关内容见林伟功、黄国盛主编《中日甲午海战中方伯谦问题研讨集》，知识出版社，1993年版，第546页。

[13]《复丁提督》。戚俊杰、王记华编校：《丁汝昌集》，山东大学出版社，1997年版，第268页。

[14] 姜鸣：《龙旗飘扬的舰队——中国近代海军兴衰史》，生活·读书·新知三联书店，2002年版，第359页。

[15]《交战中敌弹造成的损害报告》。《联合舰队出征报告》第九回，秘本，影印件。

[16] 日本海军军令部编：《廿七八年海战史》上卷，东京水交社藏，1905年版，第91页。同书第103页还刊有“吉野”舰在丰岛海战中的损害情况，与《联合舰队出征报告》的记载完全一致。

[17]《“八重山”号指挥官致西乡从道电》。中国近代史资料丛刊续编：《中日战争》

第十一册，中华书局，1996年版，第255页。

[18]《〈冤海述闻〉研究》。《历史论丛》第五辑，齐鲁书社，1985年版，第346页。

[19] 丰岛海战后"吉野"与第一游击队各舰即回到朝鲜群山浦锚地驻泊，更于1894年8月7日被派往朝鲜大同江口、大东河口执行侦察任务，之后还参加了炮击威海湾、护送日本运兵船、侦察成山头一带等行动，丝毫看不出曾受到重创的迹象。相关内容参见《廿七八年海战史》第五章。

[20]〔日〕千曲次郎:《李鸿章的海军检阅日记及军舰"定远"的航海日志》,《满蒙》,1937年10月刊，第108–115页。该文中根据保存在日本的"定远"舰航海日志簿册，介绍了北洋海军航海日志的规范。与之相比，7月25日的《"济远"航海日志》缺少了大量的技术性记载，诸如航速、航向、航行工作事记等，而是特别突出了尾炮退敌一事，显得别有寓意。

[21] 丰岛海战的时序主要参考《廿七八年海战史》。

[22] 有关"济远"舰洋员哈富门的更多情况，参见孙建军著《丁汝昌研究探微》，华文出版社，2006年版，第96–109页。

[23]《中倭战守始末记》，近代中国史料丛刊三编第三十二辑，台湾文海出版社，1987年版，第45页。

[24] 将中日两国史料中对同一事件的记载，理解为是不相干的两件事而重复计算的做法，影响相当广泛。戚其章著《甲午战争史》(上海人民出版社，2005年版)、《走近甲午》(天津古籍出版社，2006年版)，孙克复、关捷编著《甲午中日海战史》(黑龙江人民出版社，1981年版)，姜鸣著《龙旗飘扬的舰队——中国近代海军兴衰史》(生活·读书·新知三联书店，2002年版)，海军司令部编《近代中国海军》(海潮出版社，1994年版)，苏小东著《甲午中日海战》(天津古籍出版社，2004年版)都存在这一情况。具有普遍性的做法是，在记述了8时10分以后"济远"的炮击情况后，又套用《廿七八年海战史》有关12时38分"吉野"向"济远"射击，"济远"也回击了2、3炮的记述(《廿七八年海战史》，上卷，第95页)，将尾炮退敌的发起时间也附会设定在12时38分。然而12时38分距离"吉野"舰停止追击的12时43分仅仅相隔5分钟，短短5分钟时间内要发射4枚炮弹，不用说"济远"舰装备的150毫米口径旧式架退炮根本不可能达到这种射速，即使是当时最

新式的 100 毫米口径以上的新式速射炮，要达到这一射速也是非常艰难的。

[25] 尾炮退敌伪说的确立，事实上最后的直接受益者却是“济远”舰的普通水兵王国成、李仕茂。目前尚无法了解丁汝昌推王国成为功魁的直接证据，也无从确定王国成是否实际是 8 时 10 分以后 3 次间接击中“吉野”的功魁。相对于这名水兵百年来逐渐被塑造而成的高大英雄形象，1979 年，王国成之孙王守谊接受采访时的口述，可能更接近真实：“（王国成）少年游荡，游手好闲。幼年务农，家境不济。成年在‘济远’当兵，后回家取（娶）妻姓姚。甲午战争时，他在‘济远’当炮手，丰岛海战中，一炮击毁敌舰舵楼。与李仕茂共得赏银 1000 两。1895 年回文登营，老婆 25 岁，已死，无子。又取（娶）张氏，花 300 两银子买了 40 亩地。1898 年他不愿务农，跑到旅顺，想找熟人。1900 年有人捎信回家，他死于旅顺。大哥国庆、二哥国兴。国成吃喝嫖赌死后，国兴去旅顺找尸，未找到……”（戚海莹：《甲午战争在威海》，天津古籍出版社，2004 年版，第 216 页）。

[26]《中倭战守始末记》，近代中国史料丛刊三编第三十二辑，台湾文海出版社，1987 年版，第 47 页。

[27]《甲午中国海军战绩考》。《清华学报》，1935 年，第十卷第一期，第 69 页。

鲜为人知的旅顺粮台山甲午伏击战

李华家

1905年日俄战争结束后，日本殖民当局为炫耀战绩、悼念亡灵，修建了大量碑塔。在这些碑塔中，一座位于粮台山东边低丘上的“忠魂碑”却鲜为人知。

粮台山位于旅顺老城区中间地段，原名枣山，明代在此设有烽火台。自1882年开始，宋庆奉命率毅军驻防旅顺，在山下北边修建了32座大房子作为清军的粮仓，遂改名为粮台山。甲午战争时，清军在这里曾全歼日军测绘工兵一个小队，当年的激战地就在旅顺迎春公园的北坡上。

一、粮台山伏击战始末

1894年11月21日凌晨，日军对旅顺陆路防线展开全面进攻，只用一天时间就攻陷了清政府“经营凡十有六年，糜巨金数千万，船坞、炮台、军储冠北洋”的旅顺口。

11月21日下午5时，日本侵略军闯进旅顺城里，开始了惨无人道的大屠杀。当晚风雪交加，家住在摸珠礁、芹菜沟、黄金山前、赵家沟的人纷纷向山里逃去。6时许，清军摸珠礁炮台哨官綦忠德、哨长时吉兴率其部下100多人主动出击进城杀敌。他们选择有利地形，埋伏在粮台山上一条南北走向的沟里。此时，恰逢日军从上台子向顺山街方向搜索过来，埋伏在那里的清军一跃而起，挥舞大刀砍杀日军。敌人猝不及防，30多名参与屠城的日军全部被杀死。綦忠德一队人在撤离战场时，换上毙命日军的衣服，趁着夜色向东边突围。他们还从日军的衣服里搜出三张军事地图：一大张为有色的东北南部的军用地图；一张为旅顺港东西两侧的炮台位置图；一张是日军圈画的旅顺陆路地形图。参与粮台山伏击战的这支清军队伍后来一路北上，将缴获的三张地图交给宋庆，这支队伍亦被宋庆收编。

1895年2月，日本军事善后委员会从街里和水师营抓来一些中国人和若干车辆，组成抬尸队，将旅顺城里遇难同胞的尸体分三处集中火化。在粮台山收尸时，抬尸队就发现有30多人死于刀枪伤，其外衣全部被剥光，根据无发辫、穿皮靴的特征，断定是一群日本兵。抬尸队将尸体运到顺山街下的窑圹子里浇上煤油焚化。

二、“忠魂碑”证实粮台山发生过战斗

1905年，日军战胜俄军二度进占旅顺口。1906年，日军为10多年前在甲午战争中毙命于粮台山上的日军立了一座碑。这座石碑就立在日军阵亡地，即现在迎春公园的山丘上。

据旅顺文史爱好者隋玉清老人回忆，石碑底座加上花岗岩碑身高2米多，石碑正面写有“忠魂碑”三个大字。碑的背面写着“明治二十七八年战殁第十二师团画役使工兵第一中队”字样。这块悼念甲午战争日军亡灵的忠魂碑，从另一个角度证明这里当年的确发生了激烈的战斗。

这座碑在1966年“文革”初期被造反派彻底砸毁。

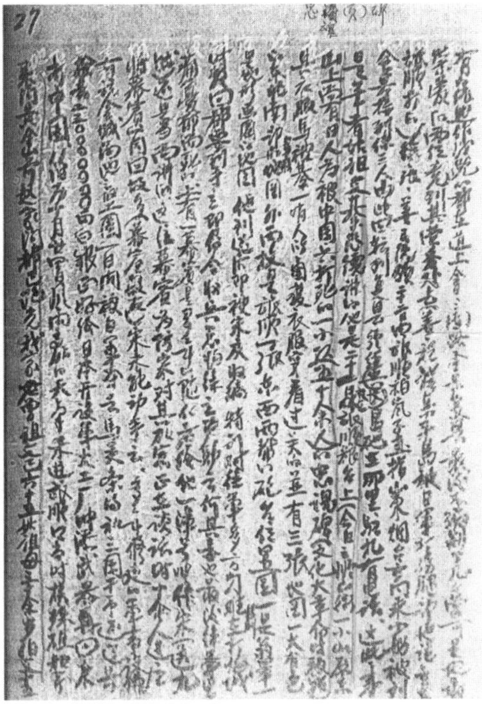

陈守堂家史中有关粮台山杀敌的记述

三、粮台山杀敌的文字记载

粮台山杀敌的文字记载最早见于1992年5月旅顺政协汇编的《旅顺口文史资料》第一辑，陈守堂老人写的《万忠墓的来历与变迁》一文中。在笔者进行寻踪探访中，隋玉清老人向笔者提供了陈守堂写的家史复印件。在其所撰写家史的第27页中，翔实记述了粮台山杀敌的经过。

在陈氏家史中，为什么要记载粮台山杀敌这段历史呢？原来当年率领摸珠礁炮台守军进城杀敌的哨官綦忠德是陈家的女婿、陈守堂的姑祖父。在陈氏家史中，还记载着旅顺大屠杀时以织刀毙二酋的陈永发，那是陈守堂的二大伯。1926年旅顺船坞大罢工的发起人陈永元，是陈守堂的父亲。陈家从山东海洋县闯关东到

旅顺至今已有300多年的历史，其中有一段是与外敌抗争的亲身经历。

四、“忠魂碑”准确位置的确认

2014年3月24日下午，笔者和旅顺近代史爱好者于元春到迎春公园寻找碑址。几个60岁以上的当地老人都记得这座碑的模样，也听说过这段历史，但由于公园改造，地形发生了改变，说不清楚碑的准确位置。恰在此时，过来一位老者——93岁的王瑞锡，他就住在附近的顺山街。他曾做过旅顺六中（现在的大连市第五十五中学）第一任校长，虽年事已高，但头脑清醒，特别健谈。据他回忆，在旅顺公学堂读书时，班主任老师是个姓爱场的日本人，就住在粮台山下的伊知地町，即现在的英武街。当时家住附近的公学堂学生每年从元旦开始，早晨5时都要到爱场老师家集中，老师带他们上山锻炼1小时，为期100天。其中有一项内容就是围着此碑跑步。所以，老人一下子就能指认出“忠魂碑”的准确位置。老人说石碑的东边以前是一条南北走向的大沟，早年修公园时被填上了。

大连市第五十六中学高级美术教师林辉根据隋玉清老人回忆绘制的“忠魂碑”

王瑞锡老人指着眼前的小土包说，“忠魂碑”就在这个位置上

站在百年前曾发生激战的地方，眼前仿佛

再现清军将士主动出击、奋勇杀敌的情景，这与那些贪生怕死、临阵脱逃的道员、统领形成了鲜明的对比。

粮台山上“忠魂碑”位置示意图（林辉标注）

卫汝成军抵旅时间续考

孙建军

中日甲午金旅之战中，卫汝成（秩秋）率军赴旅顺增援时，曾被人无端抹黑。例如，山东巡抚李秉衡在奏章中指控说：“李鸿章令其赴援旅顺，沿途纵勇殃民，与贼无异。”[1]

无论卫汝成在旅顺保卫战中的表现如何，但实事求是地说，对李秉衡这位属于另一战区的军政主官的指控，李鸿章哭笑不得，只得出面解释：“（卫汝成）日前赴援旅顺，系由天津雇募商轮，航海前往，臣于十月初二日电致总理衙门奏闻在案。该革员所部五营，于初四五等日自大沽登轮，初六七等日至旅顺起岸，在洋面两日，并无经过地方，沿途似无从殃民。”[2]

这就引出一桩公案，卫汝成军到达旅顺的时间，究竟在何时？

王宇《卫汝成军来旅诸问题考》一文，考证颇详。该文对姚锡光《东方兵事纪略》以及今人著述中有关的提法进行了详细的辨析，对卫汝成军到达旅顺的时间问题加以驳正，得出如下结论：

10 月 24 日日军于花园口登陆时，卫军不可能在旅顺；就是 10 月底，日军占领貔子窝、逼近金州之时，卫军仍不可能在旅顺；其时卫汝成不仅不在旅顺，甚至未在辽宁。

那么，卫军何时到达旅顺？

11 月 2 日，盛宣怀电告赵怀义等“今晚卫秩秋（汝成）五营赴旅”。

同日，电丁汝昌、龚照玙“‘海定’‘图南’‘广济’初五（公历 11 月 2 日）下午四点趁潮出海”。此数船装载卫部众。

11 月 3 日，盛电称：“卫秩秋五营已到旅。”“海定”轮官员亦有叙：“十月初五（公历 11 月 2 日）早开（离津），初六（3 日）午到旅顺。”

据以上所引，卫汝成及所部是 11 月 3 日到达旅顺的，此前他在天津一带，当无可怀疑。[3]

但是，上述结论似乎并未被史学界采信。例如，《甲午战争史》一书说：“11月初，清政府又派记名提督卫汝成率成字军5营及马队1小队乘轮赴援，以加强旅顺后路的防御。成字军5营系分乘两轮赴旅：‘海定’轮载3营1672人；‘图南’轮载两营1336名。共3008人。卫汝成抵旅顺后，率部驻白玉山东麓，作为旅顺后路的总预备队。”[4]《甲午辽东鏖兵》一书称：“11月初，清政府又派记名提督卫汝成率成字军5营及马队1小队共3000人，抵旅后驻白玉山东麓，为旅顺后路总预备队。”[5]上述两书在时间问题上口径一致，均采用了“11月初”这个模糊概念。《龙旗飘扬的舰队——中国近代海军兴衰史》一书的说法就比较具体：“25日，（日军）全面突破鸭绿江防线，形势一片紧张。此时旅顺、大连、金州地区的守军，包括姜桂题、程允和、黄仕林、张光前、卫汝成、徐邦道、赵怀业部约30营。”[6]

可见，卫汝成军何时到达旅顺这个问题的说法还未能统一。对于这个问题，看来仍有将考证进行到底的必要。笔者根据李鸿章、盛宣怀和丁汝昌等在此期间的来往电报，继续考证如下：

李鸿章《复丁军门》（光绪二十年十月初三日巳刻）：“卫汝成明晚带五营登商轮三只出海，殊不放心，汝须于初五日游巡老铁山前一带迎护。”[7]

李鸿章上述关于卫汝成军出发时间的指示不确。因为，盛宣怀十月初五日（11月2日）的电报说明，“海定”“图南”“广济”初五下午四点趁潮出海。[8]盛宣怀是具体负责调船运兵的，当以盛宣怀的说法为是。

盛宣怀致《旅顺丁军门、龚观察》（光绪二十年十月初六日）：“‘海定’‘图南’‘广济’卸空候弟电。即令赴登州装夏辛酉所带四营渡旅。”[9]

盛宣怀的消息也不准确。还是十月初六（11月3日）这天，盛宣怀有封致《旅顺丁（汝昌）、黄（仕林）、姜（桂题）、卫（汝成）、赵（怀业）、龚（照玙）、张（光前）、程（允和）、夏（辛酉）、徐（邦道）》的电报[10]，提到卫汝成和夏辛酉，似乎肯定了卫汝成已在旅顺。但是，此时夏辛酉明明还在登州。显然这里前后存在矛盾。那么，谁的说法可靠呢？

李鸿章接《丁提督等来电》（光绪二十年十月初七日寅刻）：“成字到四营。卫镇乘‘广济’，刻尚未到。汝昌、照玙禀。”[11]

李鸿章《复丁提督等》（光绪二十年十月初七日辰刻）：“‘广济’至夜未到，岂有他故。焦急之至。”[12]

丁汝昌、龚照玙给李鸿章的这个报告和李鸿章的复电，给了我们一个明确的答案：十月初七（11 月 4 日）这天的寅刻，也就是清晨 4 点左右，卫汝成尚未到达旅顺。

丁汝昌和龚照玙一在海上迎、一在岸上接，共同担负迎护责任。卫汝成迟迟不到，丁汝昌等怕是要彻夜不眠、“焦急之至”了。丁汝昌和龚照玙二人最掌握实际情况，其说法毋庸置疑。

那么，卫汝成究竟是哪一天抵达的旅顺呢？还是十月初七（11 月 4 日）这一天，龚照玙有一封给盛宣怀的电报，给出了答案：“顷晤秩秋……”[13]

就是说，卫汝成是十月初七（11 月 4 日）这天到达旅顺的，虽然我们无法确知其到达的具体时刻。当卫汝成及 1 营兵勇乘坐“广济”还在海上漂泊时，“海定”“图南”运载 4 营卫军已到旅顺，故有“海定”轮官员“初六（3 日）午到旅顺”和盛宣怀“卫秩秋五营已到旅”之说。实际上，卫汝成乘坐的“广济”号迟到了。所以，“卫汝成及所部是 11 月 3 日到达旅顺的”这一说法，则不确切。至于 10 月 25 日日军突破鸭绿江防线时卫汝成即在旅顺的说法，则根本不着边际。

注　释：

[1] 戚其章辑校：《李秉衡集》，齐鲁书社，1993 年版，第 177 页。时至今日，人们还在沿袭着卫汝成赴旅“沿途纵勇殃民”的流言，如关捷主编《中日甲午战争全史》第六卷人物篇（吉林人民出版社，2005 年版，第 462－463 页）“卫汝成”条，即仍采此等说法。

[2]《直隶总督李鸿章奏请将黄仕林革职片》。中国近代史资料丛刊：《中日战争》（三），上海书店出版社，2000 年版，第 290－291 页。

[3] 韩行方、王宇：《旅顺历史与文物》、中国文联出版社，1999 年版，第 61－63 页。

[4] 戚其章：《甲午战争史》，上海人民出版社，2005 年版，第 192 页。

[5] 王记华、董进一：《甲午辽东鏖兵》，天津古籍出版社，2004 年版，第 66 页。

[6] 姜鸣：《龙旗飘扬的舰队——中国近代海军兴衰史》，生活·读书·新知三联书店，2002 年版，第 389 页。

[7]《复丁军门》。戚俊杰、王记华编校：《丁汝昌集》，山东大学出版社，1997

年版，第 288 页。
[8] 盛宣怀档案资料选辑之三:《甲午中日战争》(上)，上海人民出版社，1980 年版，第 246 页。
[9]《旅顺丁军门、龚观察》。戚俊杰、王记华编校：《丁汝昌集》，山东大学出版社，1997 年版，第 350 页。
[10]《旅顺丁、黄、姜、卫、赵、龚、张、程、夏、徐》。戚俊杰、王记华编校：《丁汝昌集》，山东大学出版社，1997 年版，第 350 页。
[11]《丁提督等来电》。《李鸿章全集》(25)，安徽教育出版社，2008 年版，第 112 页。
[12]《复丁提督等》。《李鸿章全集》(25)，安徽教育出版社，2008 年版，第 113 页。
[13] 盛宣怀档案资料选辑之三：《甲午中日战争》(上)，上海人民出版社，1980 年版，第 251 页。

徐邦道生卒年及在甲午战争中诸事考

于 海

一、徐邦道生卒年问题

关于徐邦道的出生年，在各种研究书籍文章中一直众说纷纭，综合起来大体有这样几种说法：

一是1834年。陈家声《浅析清末抗日名将徐邦道》中写道："徐邦道（1834—1895），名金锡，字见农，清代涪州云里一甲人（今涪陵江北街道办事处高庙村）。"《涪陵辞典》中写道："徐邦道（1834—1895），字见农。"[1]

二是1837年。比如《大连近百年史人物》在徐邦道条目写道："徐邦道（1837—1896），名金锡，字见农，号邦道。"[2]潘贵喜在《可歌可泣民族魂——徐邦道在中日甲午陆战中》一文中，写道："徐邦道（1837—1895），字见农，四川涪陵人。"[3]

三是不详。比如由关捷等主编的《中日甲午战争全史》第六卷人物篇徐邦道的词条写的是"徐邦道（？—1895）"[4]，闵杰编著的《晚清七百名人图鉴》中写的是"徐邦道（？—1896），字见农，四川涪州人"[5]。

这么多说法，那么到底哪种说法是对的呢？先从逻辑上分析一下。

有资料表明徐邦道自幼父母双亡，与二哥一起乞讨为生，并喜欢武艺，1843年（道光二十三年）拜大乘教白云寺僧心量禅师为师。1851年（咸丰元年）学成返乡，被地方乡绅重金聘为护卫。如果按照徐邦道出生于1837年的说法，1843年他才6岁，1851年他14岁。从常理上看，地方乡绅花大价钱聘一个14岁的少年为护卫似乎不合情理。如果按照徐邦道出生于1834年的说法，1851年徐邦道17岁，似乎更合乎常理。

逻辑分析只是一种主观判断，关键还要看从史料里能否找到确凿的证据。为此笔者查阅了大量文史资料，在查阅《清史稿》时，发现其中有《徐邦道传》，附见于《宋庆传》中，但是没有徐邦道出生年的线索。又查阅了有清一代四品以上官员的履历档案《清代官员履历档案全编》，发现里面有和徐邦道同时期官阶相似的程允和、程之伟、连顺等人的档案，却没有徐邦道的档案。直到查阅了太平天国历史博物馆等编的《清季名人禀牍奏稿函札——甲午中日战争新史料》（简称《函札》），方获部分线索。该书中收录了大量徐邦道禀牍函稿，其中有一封1893年三月致四儿国俊家书中提道："又，我去年满六旬，所有尔等皆是我手下之人，例应赏赐物色，以彰慈惠。除开单寄阅，即须任年分送可也。切切。"[6]清朝时期，人们所说的60岁是虚岁，不是周岁。比如1894年，慈禧太后六十大寿，实际上她是1835年生人，周岁是59，虚岁60。据此推算，徐邦道光绪十八年虚岁60岁，似乎确定徐邦道生于1833年就顺理成章了。《函札》的编者也认定其生于1833年。但是笔者发现，实际上按光绪十九年二月对应的公历年推算，徐邦道也可能生于1834年。再结合家书内容，徐邦道过六十大寿赏赐下人的物色仍未分发，如果六十大寿都过完快一年了，赏赐下人的物色仍未分发，不合常理，写家信的时间应该是刚过完寿辰不长时间。1893年三月廿日，徐邦道在另一封家信中提到："再，蒙恩赏如意一柄，用宝'寿'字一方，业经委员赍送到署祗领讫。如意自应敬谨收存。至用宝'寿'字，现已描摹，除镇署摹刻悬挂外，四川即乘孙差官带回……"[7]也印证了徐邦道刚过完寿。综合推断，徐邦道应该生于1834年。后来笔者查阅了徐星编写的《徐氏家谱》，其中清朝涪州云里徐氏（李渡徐氏）中记载"金锡，号邦道，字见农。道光十四年（1834）生于云里一甲黄连沟徐家老宅。卒于光绪二十一年（1895）初冬日"，综合上述材料，徐邦道生于1834年无疑。

徐邦道

徐邦道的卒年，上文中也有提及，有材料写1895年，有材料写1896年。《清史稿》中《徐邦道传》记载：

徐邦道，四川涪州人。初从楚军讨粤寇，积勋至参将。还本籍筹防，解城围，迁副将。越境援陕西汉中，赐号冠勇巴图鲁。旋坐汉中失守，褫职。嗣从副将杨鼎勋援苏，再援浙、闽，以战功释处分。同治六年，从刘铭传剿平东捻，复官。明年，张总愚犯减河，邦道严扼桥口，大败之。更勇号铿僧额，迁总兵，署江苏徐州镇。光绪四年，擢提督，调驻天津军粮城，授正定镇。

东事起，庆以旅顺守将赴防九连城，李鸿章别令姜桂题等守旅顺，邦道助之。日军入貔子窝，邦道语诸将曰："金州若失，则旅顺不可守，请分兵御之。"诸将各不相统，莫之应。邦道自率所部趋大连湾。是时铭军分统赵怀益守其地，邦道至，固请兵，乃分步旅随邦道行。日军大集，遂占金州，进逼大连，怀益奔旅顺。越十日，日军来争旅顺，诸将相顾无措，邦道率残卒至，愤甚，思自效，请增兵，不许；请械，许之，乃率众拒战土城子，挫之。日军大至，乃退。道员龚照玙先一日遁，诸将亦夺民船以济，盖日军未至而旅顺已墟矣。邦道奔复州依庆，诏褫职。庆令守盖州，邦道自牛庄移师还，而盖平亦已失，合章高元击之，弗胜。桂题往援，邦道请夜捣盖平，桂题辞，诸军皆退营口。邦道乃从庆击敌太平山，与玉崑力战却之，俄仍败溃。复与湘军将李光久攻海城，亦弗克，遂退。逾岁，卒，复官，予优恤。

根据《清史稿》所记，徐邦道应卒于 1895 年。王尔敏所写《淮军志》亦写有徐邦道于 1895 年（光绪二十一年）卒于辽阳军中。这些都与徐星编写的《徐氏家谱》相一致。

二、徐邦道参战前在天津军粮城所做的准备

1. 募兵扩营，筹措物资

募兵。徐邦道在天津军粮城统领的拱卫军原有马队二营、炮队两哨。甲午战争起，徐邦道奉命招募步队二营，后多募 500 人，经盛宣怀批准增加一营，炮队扩编为一营，出发前马队二营合为一营，这样以来共有步马炮兵五营。

换炮。"以敝营原领八生脱后膛炮，棱路既佳，准头亦好，换炮，平地操用最为得力。惟山路崎岖，运行不甚相宜，不如贵营所领七生脱两磅过山炮使用较为轻便。当蒙爵相批示，据禀拱卫营原领八生脱后膛炮，不如大名练军之七生脱两磅过山轻炮便捷，利于行队，自系实情。所拟抽出八生脱炮四尊，连同炮车马匹换领李署镇七生脱炮六尊，带赴前敌攻剿。"[8]

买马。"至马价一节，弟此次续请买马一百五十匹，专人赴口（张家口）。据来信称，现在马匹难买，每匹约价十七八金。弟思新买之马，不日可到……"[9]

2. 获取情报，了解动向

徐邦道虽然人在天津，但是眼光却投向遥远的朝鲜战场，密切关注战争局势，甚至从朝鲜的商人中搜集信息。在他给翁同龢的电报上就有这样的叙述："以上论条多半由△在洋行探访相善，密告而得，傅相并未知之。实因世叔大人公忠体国，力挽时艰，故敢冒达襄听。倘使当道有闻，则性海风波生于意外，尚希默鉴，是所叩祷。"[10]徐邦道积极获取这些战况情报，使他能够比一般将领更客观地分析战局，把握战争局势，同时也证明他之后在金旅之战能够取得突出战绩并非偶然。

3. 分析时局，建言献策

徐邦道不仅关注战争局势，而且积极向高层实力派建言献策。"北洋现时军火缺乏，傅相饬盛道宣怀在德国购买快枪二万杆，尚未运到天津。而英人悉将枪炮售与倭夷，查此之故，皆由专购德商军火，以致该夷兴怨望之心。鄙见论之，何妨兼用英国利器，一则收攻击之效，一则资联络之因。"[11]"朝鲜此刻除前月十二日日本添兵两万，共有八万之多。该逆颇肆猖獗，党羽甚众。俄夷又助马队四千，朋比之恶，不言可见。……水陆两路本无把握，假使有变，不堪设想也。可否饬下盛京、吉林、黑龙江等处将军，迅速多招精壮兵丁，以慎固疆圉？责成该将军等先行筹备，庶可无虞。"[12]

三、李鸿章派徐邦道到底驻防旅顺还是大连湾

徐邦道的楚军拱卫营原属淮军铭军序列，早在1867年（同治六年）就随淮军铭军统领刘铭传镇压东捻军。中法战争结束后，拱卫军步队被裁撤，仅剩马队二营、炮队两哨，调防后驻扎天津军粮城。徐邦道的拱卫营原本准备开赴朝鲜义州、平壤，有1894年（光绪二十年）八月初十电文为证："为移知事：照得敝营接奉阁爵督部堂李饬知，以奉电旨，着统带楚军拱卫等营进扎高丽之义州、平壤，以应前敌，当经禀明。"[13]后来战局发生变化，原来驻守大连湾七年的铭军首领刘盛休调赴九连城一线，其内弟赵怀业接防，因兵力不足，所以才派同是铭军序列的徐邦道拱卫营助防。这一情况在徐邦道的电文中亦有体现。徐邦道在给李鸿章的电报中写道："奉饬带队防守奉天大连湾地方，所有一切情形已经禀明在案。"[14]盛宣怀档案资料选辑之三《甲午中日战争》中一封盛宣怀写给刘盛休的电报中也写了"大连湾已派徐剑农等带新旧五营助守"。那么徐邦道为什么先到旅顺又到

大连湾呢？原来黄海海战之后，北洋水师退入威海卫，使黄海制海权落入日本联合舰队之手。大连湾位于黄海海域，此刻商船不敢在黄海海域运兵，只能从天津沿渤海一线运兵至旅顺港。当时旅顺港由沿岸炮台守卫，运兵船仍可登陆，所以徐邦道先是乘船到旅顺，然后又到驻防地大连湾。

注　释：

[1]《涪陵辞典》编纂委员会编:《涪陵辞典》，重庆出版社，2003 年版，第 658 页。

[2] 王胜利等主编:《大连近百年史人物》，辽宁人民出版社，1999 年版，第 217 页。

[3]《沧桑》，1998 年第 1 期，第 38 页。

[4] 关捷等总主编:《中日甲午战争全史》第六卷人物篇，吉林人民出版社，2005 年版，第 510 页。

[5] 闵杰编著:《晚清七百名人图鉴》，上海书店出版社，2007 年版，第 599 页。

[6] 太平天国历史博物馆编:《清季名人禀牍奏稿函札——甲午中日战争新史料》，江苏人民出版社，2006 年版，第 2 页。

[7] 太平天国历史博物馆编:《清季名人禀牍奏稿函札——甲午中日战争新史料》，江苏人民出版社，2006 年版，第 2 页。

[8] 太平天国历史博物馆编:《清季名人禀牍奏稿函札——甲午中日战争新史料》，江苏人民出版社，2006 年版，第 5 页。

[9] 太平天国历史博物馆编:《清季名人禀牍奏稿函札——甲午中日战争新史料》，江苏人民出版社，2006 年版，第 7 页。

[10] 太平天国历史博物馆编:《清季名人禀牍奏稿函札——甲午中日战争新史料》，江苏人民出版社，2006 年版，第 7 页。

[11] 太平天国历史博物馆编:《清季名人禀牍奏稿函札——甲午中日战争新史料》，江苏人民出版社，2006 年版，第 6 页。

[12] 蒲太平天国历史博物馆编:《清季名人禀牍奏稿函札——甲午中日战争新史料》，江苏人民出版社，2006 年版，第 6-7 页。

[13] 太平天国历史博物馆编:《清季名人禀牍奏稿函札——甲午中日战争新史料》，江苏人民出版社，2006 年版，第 5 页。

[14] 太平天国历史博物馆编:《清季名人禀牍奏稿函札——甲午中日战争新史料》，江苏人民出版社，2006 年版，第 11 页。

旅顺口北洋海军弹药库考

周爱民

北洋海军是清朝后期建立的第一支近代海军舰队，而旅顺港则是清朝政府创建的我国第一座近代化的军港，它曾为北洋海军的发展提供了一个巩固的根据地。本文通过对清末旅顺军港创建过程的回顾，重点考证北洋海军弹药库在旅顺口的设置及分布情况。

一、北洋海军在旅顺设置的弹药库

1881—1882 年，正值海防营务处道员黄瑞兰在旅顺主持工程局工作，当时北洋海军弹药库的库房建设工程已经开始筹办，并购买了一批砖瓦以备建房之需。1882 年 11 月，袁保龄上任后，因建港工程正处于初建期，许多工程事项还处在待定状态，所以弹药库房建设工程亦延宕不前。1883 年春夏之际，由于威海鱼雷营建设的各项工程完工期限迫近，又迫不得已将当初购买的砖瓦等现成物资从旅顺运往威海救急，导致北洋水师在旅顺的弹药库房建设搁浅。直到 1883 年 6 月下旬，在北洋水师提督丁汝昌的再三催促下，旅顺弹药库建设才进入“勘选库址、动工兴建”阶段。

1. 军械总库——武库

旅顺南面是港口，“北面自西北而东南，群山环绕，呈半月形，似自然城廓（郭）拱卫旅顺口后路”[1]。根据旅顺战略地位的重要性与特殊性要求，当时对军械总库——武库——的选址特别慎重，必须符合三方面条件：一是地势要平坦；二是隐蔽性强，港外窥测不到；三是比较安全，有高山庇护，海上炮击不中。依据这些条件，经过反复的权衡和选择，最终将库址确定在旅顺白玉山东北麓。

白玉山位于旅顺港口北岸，海拔 130 米，山势高峻绵延。登顶远望，其北侧山麓随地形变化逐步趋向平坦，旅顺龙河流经于此并入海。武库即建在白玉山东北侧山脚下的平坦处（今旅顺九三路与旅顺北路的交会处）。这里是旅顺后路东西陆防线的中间位置，龙河从它的西侧途经。武库与龙河之间的通道，就是旅顺通往大连、金州的大道——北路，其显要位置不言而喻。

经查阅有关资料发现，旅顺文史工作者金纯泰先生（1894—1972）在其遗稿《旅顺古迹志》中对武库曾有记述，“白玉山纵贯旅顺市区中央，与黄金山相对。清代，在山之东北麓建筑弹药库，库门楼书‘武库’两字，为李鸿章亲笔书”。甲午战争爆发后，日军侵占旅顺，武库落入敌手，并作为日军第二军第一师团司令部使用，武库门楼上的牌匾亦被日军掠走。

1894 年 8 月 1 日，甲午战争爆发。11 月 7 日，日军占领大连湾，休整 10 天后，17 日开始向旅顺进犯。当时，驻守旅顺的清军共有 33 营，14700 余人。“卫汝成率成字马队 5 营和马队 1 哨 3000 人”[2] 作为预备队，负责防守白玉山一带和从北路通市区的要道。21 日午前，旅顺战事吃紧，西部陆防线的椅子山、案子山相继失守，消息传来，负责管理旅顺各军的北洋前敌营务处兼船坞会办道员龚照玙惊慌失措，“挥所募一营出战，潜自便帽絮袍偕卫汝成遁，舟小风浪作，四日始达烟台”。卫汝成“易装作船户遁”。龚照玙“匿不登岸，惟使人于东海关道刘含芳处乞羊裘御寒，旋附轮至大沽”[3]。统领卫汝成临阵先逃，致使驻守在白玉山北侧元宝房毅军营房和武库、药库一带的清军预备队，士兵无人指挥，军心大乱，转向海岸炮台溃退，日军不费吹灰之力占领白玉山。

中日甲午战争期间，日本伯爵龟井兹明（参见本书第 89 页——编者注）曾跟随日本陆军第二军进行战地拍摄，目睹了日军在旅顺的暴行。回国后，他根据随军日记写下了《日清战争从军写真帖》（中文译本《血证——甲午战争亲历记》）。该书中对于日军占领武库后的记述，可以使我们对当时武库的情况有进一步的了解。

我们到了作为师团司令部的武库，此夜寒风凛烈（冽）有如撕裂肌肤，露营的困难可想而知。而我等幸亏有营舍，不必冒风露之苦。武库的建筑甚为宏壮，非寻常人家可比。大门上挂着写有“武库”的大匾，门内仓库有引信库四栋，无名库两栋，一室约有几十平方米，在地上铺有地板，从一室到另一室大体与我国的构造相似；室内放有几把椅子，我住的房间与旁边房间中间的隔扇上贴着用颜体写着全文的宋范文正公的警句……地板上陈列着盆栽的花卉，同时在里间有一紫檀木的书架，藏有圣谕圣训等书籍数十册。每个房间都很宽敞，从司令部、监督部到附属宪兵卫生队能够全部在其中宿营……在此武库存放有 35 厘米半的炮弹，（“定远”“镇远”用）共272个，7厘米半山炮1门，新式步枪40挺，还有许多旧式枪炮，新式炮只有24厘米炮1门，闭锁器还掉了。其他属于海军的器材很多。[4]

龟井兹明在1894年11月22日的日记中还提到，日军“在武库中得到了（清军）有如军令状的文件”。11月19日，日军已经逼近旅顺，驻防旅顺的清军以龚照玙和张光前、程允和、徐邦道、黄仕林、卫汝成、姜桂题等7位统领的名义仓促发布军令六条，强调“合群力以保万全”[5]。与此同时，卫汝成也以自己的名义颁发两道命令，强调成字军“不准前后参差，不准闲游街市，不准强取食物，不准擅入民居。本军门治军有年，素严纪律，军法具在，有犯必诛”[6]。据龟井兹明的日记记载，上述军令均被日军在武库发现，其中卫汝成这两道命令“都是木刻，已经印刷但尚未来得及施行”。他在日记中还公开了这两份文件，并嘲笑说，“在此公开”，目的是“以备观察清人之如何舞弄虚文而实际并无实力之一端”[7]。

2. 舰炮弹药库（又称“水师弹药库”）——西弹药库

北洋水师是当时清军三支舰队中的主力，曾被国外认为“是中国舰队中最难对付的一个”。

在北洋水师成军之前的1880年年底和1881年夏，李鸿章在德国先后订购了“定远”“镇远”两艘铁甲舰。1883年，又以“铁甲舰来华必有精利快船辅佐巡洋舰为由”再订购一艘新式巡洋舰，即“济远”舰。为此，水师提督丁汝昌认为在旅顺建“水师弹药库”是当务之急。1883年，经过多方勘测，选定库址在旅顺白玉山西麓，这里既受白玉山的庇护，可免遭炮火袭击，又距离军港西侧较近，便于输送弹药。

舰炮弹药库大门朝西，前门正对着龙河的入海口，其建筑完全依照清代建筑特点筑成，全部使用青砖、石块砌墙，采用瓦垄铁做房盖，门额镶嵌一块方形装饰物。弹药库房开正门，内部设有走廊。根据史料记载，该库先后建有库房14间，“其中舰炮火药库5间，铺有地板；弹药库9间，其中2间有地板，存放弹药引信，7间灰土地面，专存大小炮弹。两处库房之外均有围墙，周长160丈。另在两库之侧，建有库委员司事办公处所住房屋、库兵住屋及厨房共16间，于光绪十年（1884）十月建成”[8]。按照施工时间分析，当时舰炮弹药库的修建是与武库同时进行的。

甲午战争前，北洋海军拥有各种舰艇40余艘，包括“定远”“镇远”“济远”“致远”等10余艘主战舰，以及防御舰6艘、鱼雷艇12艘，其他舰6艘等，其中仅主战舰和防御舰的备炮就有212门，需要储备大量的火药和炮弹。资料显示，因为北洋水师舰船备炮多为后装炮，采用的是有烟火药，所以舰炮弹药库储备的弹药种类除炮弹外，以舰炮火药、弹药引信为主。从现存的舰炮弹药库旧址看其内部构造和空间规模，这里是一个舰炮弹药储备完整的库房区。

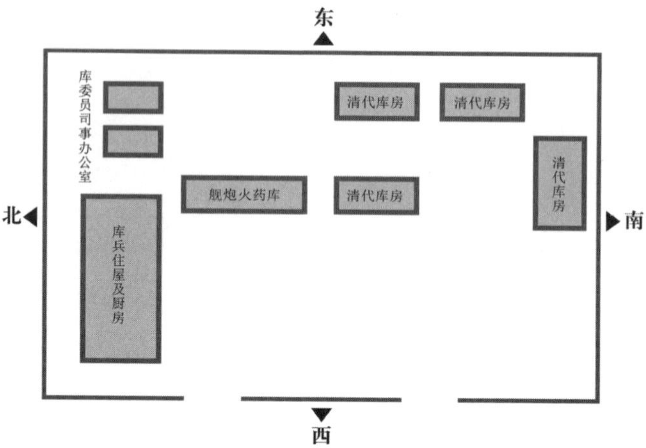

舰炮弹药库平面示意图

3. 海岸炮台弹药库——南弹药库

在旅顺港建设过程中，根据李鸿章“船坞即为水师根本，自不得不设炮台护卫”“非炮台蚊船不能立足”的指导思想，旅顺海防的防御设施建设也在同时进行。

建港之初，首先在港口东侧的黄金山修筑了旅顺第一座炮台——黄金山炮台，该炮台居高临下，可以俯瞰全城，它也是旅顺以后诸炮台中最大的一座。袁保龄上任后，更是将修筑炮台与建港工程并举。1883年12月—1885年4月，中法战争爆发期间，传闻法国军队可能北上进犯，引起清朝政府的高度关注，旅顺海岸炮台的修筑工程一时成为各项工程的重中之重，各方集中全力进行赶修。在旅顺9千米海防线上，除黄金山炮台外，还修筑了老虎尾炮台、崂嵂嘴炮台、模珠礁炮台、城头山炮台、蛮子营炮台等13座炮台，分布在港湾东西两侧的南部海岸。

为增强海岸防卫能力，清政府先后在海岸炮台配备了近百门各种口径的火炮，其中在黄金山炮台设置240毫米炮2门、120毫米炮5门、12磅护墙炮8门；在模珠礁炮台设置210毫米炮2门、120毫米炮6门、80毫米炮4门。[9] 另外，为备战时之需，还在炮台附近建起多座弹药库，南弹药库就是其中主要的一座。

南弹药库位于旅顺黄金山和模珠礁之间突出的海角上，属于半地穴式弹药库，始建于1880年。弹药库房外观从正面看是一个门窗俱全、酷似普通民宅的四合院建筑，面积不大，东西长约 50 米，南北宽 20 多米，隐蔽的外表令人很难想到下面其实是一座近万平方米容积的大型弹药库。弹药库房里面呈拱形结构，采用大块岩石建成，建筑风格非常奇特。库内设有通道、暗道和支道。支道通炮台，通道尽头有正对大海的地下观察哨。地下观察哨是一个圆柱形的石制建筑，埋在山坡的土层里，很隐蔽。观察哨四周墙壁上布设有很多长方形窗口，即观察哨口，士兵在里面就可以看到海面上很远的地方，当时舰队一般都是从东南海面驶来，观察哨的位置正好可以监视敌情，设计十分巧妙。

库房分主库和分库，东西长约 300 米，墙高 5 米，库顶封土厚度约 1 米，总占地面积 13000 平方米。库房使用面积 1200 平方米，可库藏弹药 14 种，火药、弹头分库存放，共计 1200 吨，为整个旅顺海岸炮台提供弹药保障。

库房东西两侧分别为“东子药库”和“西子药库”，库房正门横额上书“南子弹库”。墙体正面两侧镶嵌着“虎踞”“龙盘”四个隶书大字的石刻，颇有坚不可摧的气势。从海面上看南弹药库，其周围重峦叠嶂，库房与山丘浑然一体，隐蔽性极好。

在甲午战争旅顺攻防战过程中，威胁日军占领旅顺市区的最大障碍是黄金山炮台。该炮台配备大小火炮 20 余门，其中有 24 厘米远距离新式克虏伯重炮 3 门。这些重炮可以 360 度旋转射击，对进攻日军威胁很大，为此日军派出步兵两个联队向黄金山炮台攻击。当时，负责驻守黄金山炮台的是黄仕林率领的庆字马队，有 1600 余人。

1894 年 11 月 21 日午后，黄仕林见旅顺后路失守，便弃台仓皇逃走。守台士兵依靠居高临下的有利地形对日军“猛烈瞰射”，顽强抵抗，终因“主将逃走，无人指挥，军心涣散，且孤军

南子弹库

无援，坚持到午后5时许，被迫放弃炮台”[10]。日军先后占领了黄金山、摸珠礁等东部海岸炮台，南弹药库大批弹药物资均归日军所有。

南子弹库现状

4. 陆防炮台弹药库——东弹药库

旅顺港北部属于丘陵地带，从崂嵂嘴炮台起，形成拱卫旅顺后路的半月形陆防线。其中东部陆防线有大坡山、小坡山、鸡冠山、望台北、二龙山、松树山等炮台；西部陆防线有椅子山、案子山等炮台。东西两侧陆防线共有备炮53门，种类包括20厘米臼炮、12厘米加农炮、12厘米臼炮、9厘米野炮、6厘米山炮和机关炮等。

陆防线备炮种类繁多，需要有储藏大量弹药的库房，为此陆防炮台弹药库即“东弹药库”就设在旅顺东部陆防线背面的山坳里。此山在旅顺俗称“老头山”，高约200米，它的周围被大坡山、小坡山、鸡冠山等群山环抱。东弹药库所处位置地势平坦，因该处地形东西窄、南北长，所以弹药库房呈东西方向。库房内存放大量陆防线备炮所需要的炮弹头、炸药、拉火和引信等。我们调查的口述资料记载，当年这些弹药大多是光绪年间从天津机器局制造封装后运抵旅顺，存放在这隐蔽的深山峡谷里。

1894年11月21日上午7时，日军左、右两翼纵队及搜索骑兵队，分三路对旅顺陆路防线发起进攻。日军左翼纵队首先占领鸡冠山东北的团山子。9时50分，日军集中火力攻击鸡冠山炮台。当时，负责坚守鸡冠山炮台的是徐邦道的拱卫军，他们顽强抗战，在南面黄金山炮台24厘米远距离重炮的支援下，向日军左翼纵队的侧翼进行猛烈炮击，双方展开激烈的战斗。10时50分，击毙日军步兵第十四联队第一大队长花冈正贞。11时30分，相邻的二龙山炮台被日军占领，日军增派一个步兵大队支援攻打鸡冠山炮台，11时45分鸡冠山炮台失守。接着，大坡山、小坡山等炮台相继被日军攻陷，东弹药库也落入日军之魔爪。至此，清军旅顺后路的东西陆防线全线崩溃。

二、北洋海军在旅顺四大弹药库的后续情况

甲午战争前，旅顺海陆防线 30 余座炮台所配备的新式克虏伯重炮和各种大小备炮 140 余门。甲午战争爆发后，旅顺“海岸炮台、后路陆防炮台以及行营炮台的大炮增到 330 多门”[11]。甲午战争后，日军占领旅顺，船坞、炮台、备炮、水雷营、鱼雷营、弹药库等各种军事设施和军用物资全部成为日军的战利品，价值六亿数万日元[12]。清政府苦心经营“凡十有六年，糜巨金数千万，船坞、炮台、军储冠北洋”[13]的旅顺口，曾被赞誉为“固若金汤，万无一失”，竟于一日之内被日军占领，实乃国人的大耻。

1898 年，俄国迫使清政府签订了《旅大租地条约》，开始其殖民统治。为实现“黄俄罗斯”计划，俄国在旅顺 9 千米海防线、25 千米陆防线大兴土木，修建 50 余座永久性堡垒。其间，俄军曾对各大弹药库进行过加固维修和扩建并利用。至今，东弹药库还保留着一座俄军采用混凝土建造的方形堡垒式弹药库。

1904—1905 年，日俄战争期间，这批弹药库再次遭受战火的洗劫。战后，日本再次侵占旅顺，统治长达 40 年之久，并将各弹药库作为侵华日军的弹药储存供应地。

清朝末年，旅顺口作为一个设施完备的军事基地为北洋水师的发展提供了极其有力的军事保障，但清政府在政治上已极端腐朽，致使国力十分虚弱，最终导致军事上的失败是不可避免的。

注　释：

[1] 孙克复、关捷编著：《甲午中日陆战史》，黑龙江人民出版社，1984 年版，第 199 页。

[2] 关捷等总主编：《中日甲午战争全史》第二卷战争篇上，吉林人民出版社，2005 年版，第 803 页。

[3]《津门奉使纪闻》。中国近代史资料丛刊：《中日战争》（一），上海人民出版社，1957 年版，第 156 页。

[4]〔日〕龟井兹明：《血证——甲午战争亲历记》，中央民族大学出版社，1997 年版，第 168-169 页。

[5] 关捷等总主编：《中日甲午战争全史》第二卷战争篇上，吉林人民出版社，2005 年版，第 804 页。

[6]〔日〕龟井兹明:《血证——甲午战争亲历记》,中央民族大学出版社,1997 年版,第 188 页。

[7]〔日〕龟井兹明:《血证——甲午战争亲历记》,中央民族大学出版社,1997 年版,第 188 页。

[8] 岳水文编著:《旅顺港史》,海军旅顺基地后勤部军港处,1995 年版,第 43 页。

[9]《项城袁氏家集·阁学公集》公牍卷八，清芬阁编刊本，1911 年版，第 7-8 页。

[10] 孙克复、关捷编著：《甲午中日陆战史》，黑龙江人民出版社，1984 年版，第 229 页。

[11] 董志正编著：《旅大史话》，辽宁人民出版社，1984 年版，第 56 页。

[12]〔日〕龟井兹明：《血证——甲午战争亲历记》，中央民族大学出版社，1997 年版，第 203 页。

[13]《东方兵事纪略》。中国近代史资料丛刊:《中日战争》(一),上海人民出版社,1957 年版，第 41 页。

折戟沉沙龙旗残

——从沉船遗物看“济远”舰的曲折历程

姜 晔

2010年，大连博物馆征集到一块“军舰济远”木牌以及该舰“司令塔”和“帆库”两块铜牌。这三件文物是渔民在旅顺羊头洼海域作业时打捞到的。在旅顺万忠墓纪念馆陈列着原“济远”舰的一门克虏伯150毫米后主炮、一门37毫米哈乞开斯单管速射炮；旅顺日俄监狱旧址博物馆收藏的“济远”舰舷窗、“济远”舰罗盘，则是1982年5月，旅顺驻军部队救船大队于旅顺羊头洼海域打捞获得。通过这些“济远”舰沉船遗物，我们可以了解这艘折戟沉沙战舰的曲折历程。

一、“济远”穹甲巡洋舰

19世纪中叶，世界海军发展进入巨舰大炮时代。铁甲舰是军舰发展进入蒸汽时代后的独特产物。然而，除铁甲舰外，当时的海军还有另外一种不容忽视的军舰——巡洋舰。巡洋舰一路发展而来，由无防护巡洋舰到平甲巡洋舰，再到穹甲巡洋舰。穹，在汉语里的意思是中部隆起的拱形。“济远”巡洋舰是中国第一艘甲板巡洋舰，其特点不是在军舰两舷敷甲，而是在舰体中层水平方向铺设弧形装甲，其中央拱起，两侧斜至水线下，像一个龟壳覆盖住主机舱。

1882年10月20日，李鸿章致电驻德公使李凤苞，告诉他准备购买两艘新式巡洋舰，并要求李凤苞“速向英德各厂查询”“价目若干”[1]。

由于清政府与英国在订造铁甲舰过程中发生了不愉快，李凤苞对英国人也并无多少好印象。接到电报的4天后，李凤苞电报回复并补写了一封长信，建议应该购买西欧国家最新式的穹甲巡洋舰，但是却完全撇开当时世界最先进的穹甲巡洋舰——英国造“埃斯美拉达”型，推荐的是一种德国设计的穹甲巡洋舰。让人不解的是，此时德国并没有任何穹甲巡洋舰的设计、建造经验。

李凤苞接信后的动作使李鸿章非常满意，得到回电当天，立即下令李凤苞照式先订购1艘试用。李凤苞不敢怠慢，与正在承建“定远”级铁甲舰的德国伏尔铿船厂进行了反复谈判，最终于1883年2月17日签订合同，支付定银。这艘穹甲巡洋舰的造价为311.7万马克（约合中国银62万余两），分6期支付，限14个月将舰造成[2]。

中国在德国订造的这艘新式巡洋舰，是德国船舶工业史上设计建造的第一型穹甲巡洋舰，为后世的德国巡洋舰的发展提供了重要的技术积累。1884年10月29日李鸿章亲自将这艘军舰命名为“济远”，英文译称ChiYuan。“济远”舰排水量2300吨，舰长71.93米，宽10.36米，吃水5.18米，动力系统为2台复合式蒸汽机和4座燃煤锅炉，功率2800匹马力，双轴双桨，航速16.5节[3]。该型舰的煤舱容积较小，标准载煤230吨，最大载煤只有300吨，不符合当时有关巡洋舰续航能力的要求。

“济远”级军舰的武备配置思路不同于早期巡洋舰，不再在军舰上装备大量火炮，而只装备少量威力巨大的大口径火炮，属于“以口径换数量”的设计。它的主炮包括：2门克虏伯1880式210毫米35倍径后膛钢套箍炮和1门克虏伯1880式150毫米35倍径后膛钢套箍炮。这2门威力巨大的火炮双联安装在舰艏的露炮台内，采用人力配合水压辅助动力转动，主炮的露炮台上也安装了闷罐式的穹盖炮罩。位于舰艉露炮台内150毫米火炮，炮台上也使用了穹盖炮罩。舰艉火炮实际口径149.1毫米，身管为35倍径，长5220毫米，炮管重4.77吨，炮架重5.16吨，最大的发射药包重17千克。火炮初速580米/秒，有效射程11000米[4]。

“济远”舰装备的小口径火炮数量较大，包括2门47毫米单管重型哈乞开斯炮、9门37毫米单管哈乞开斯炮，以及若干多管连珠炮。这些火炮虽然主要用于杀伤敌方人员和抵御高速逼近的鱼雷艇，但近距离上，对敌方大型舰船也具有一定威慑力，尤以哈乞开斯式单管炮为甚。此外，符合19世纪巡洋舰的规范，“济远”舰的武器系统里，还有水下尖锐的撞角。

“济远”舰更重要的特征，在于它的防护措施。作为名副其实的穹甲巡洋舰，“济远”舰装备了厚度在4英寸左右的穹甲甲板，材料为当时最新式的钢铁复合装甲。但和新式穹甲巡洋舰不同，“济远”舰沿用的仍是英国早期穹甲巡洋舰的设计，穹甲只覆盖了机舱上方，并没有延伸至全舰，而且穹甲的位置竟然安装在水下4英尺处，这有悖于“穹甲界隔漏水”的设计思想，“其穹甲低水四尺，浮力无几，隔堵水入，欹侧难免，斯时炮堡势成上重，驾驶为难，危险特甚”“其失如机舱逼窄，绝无空隙，只身侧行，尚虑误触（前日试机已有触手成废者），暑月炎熯，临战仓皇”[5]。由此可以看到，“济远”舰是一艘没有学到家的穹甲巡洋舰，德国人拿中国的银子做了一次价值不菲的试验。同时需要一提的是，虽然“济远”舰的司令塔采用了装甲保护，但厚度仅为1.5英寸，而且“济远”舰的这座防护较薄的司令塔，竟然被高高安置在飞桥之上，大面积暴露在外，埋下了安全隐患。

尽管“济远”舰的穹甲安装位置和覆盖范围不尽如人意，但是它的穹甲样式却非常独特，不同于英国那种中间平、两边坡的穹甲，这级军舰采用的是中间隆起的弧形穹甲，即李鸿章所称“中凸边凹，形如龟甲”，德国人凭借高明的冶金工艺直接加工出了弧形板材。由“济远”舰开创的这种新式的穹甲，一直影响了之后德、法等国穹甲巡洋舰的设计。

就整体而言，“济远”舰尚算一艘先进的军舰，其武备系统、穹甲样式都有可圈可点之处。1883年11月2日，“济远”舰顺利下水，并于次年的9月7日完成航试，如期交船，只是因为遇到中法战争爆发，被迫和“定远”“镇远”一起滞留在德国。

1885年6月11日，中法战争结束后的第三天，清政府下谕，命令滞留在德的“定远”“镇远”“济远”三舰从速回国。但“济远”舰在回国的行程中并不顺利。进入地中海后不久，“济远”舰的机器即发生故障，被迫与两艘“定远”级军舰分离，单独滞留在马耳他修理。半个月后，草草修竣，匆匆启程。途中，机器在新加坡又发生故障，再度停轮修理。经历如此一番周折后，“济远”舰于1885年10月31日驶抵天津大沽，天津镇总兵丁汝昌及津海关道周馥等人登舰检查、验收。

归国后不久，协助驾舰来华的德国官兵即被遣散回国，一位中年的中国海军军官成为“济远”舰首任管带。

二、“济远”首任管带方伯谦

方伯谦（1854—1894），字益堂，祖籍福建侯官，生于闽县（今福州市）。1867年，考入中国第一所近代海军学院——福建船政学堂，成为首期学员，学习驾驶。1871年毕业后，方伯谦和刘步蟾等被派上了福建船政水师的风帆训练舰“建威”，开始北起渤海湾、辽东半岛各港，南至新加坡、槟榔屿的海上实习生活。1874 年，实习结业后，方伯谦被留用在福建，历任“伏波”“扬武”等舰教习。

这一时间里，中国开始了近代新一轮购买西方军舰的浪潮。为培养一批具有世界水平的海军军官，以及将来购买大型军舰预做人才储备，1876 年冬，经沈葆桢、李鸿章倡议，清政府从福建船政学堂等处选派第一批留学生赴欧洲考察。经考核，方伯谦等 12 人入选。1877 年启程赴英，留学英国格林尼治海军学校学习驾驶技术。1878 年，方伯谦以优异的成绩毕业，被派上英国东印度舰队旗舰“恩延甫”号（H. M. S. Emryafus）实习。第二年，应方伯谦自己要求，改登“士班德”号（H. M. S. Spartan）实习，这显示了方伯谦善于表现自我的性格。留学生洋监督斯恭塞格称他为“水师中聪明谙练之员”。

1881 年，因外购军舰增多，舰队规模逐渐扩大，北洋海防对人才的需求越发迫切。李鸿章从中国近代海将的摇篮——福建——抽调了大批海军人才。船政学堂科班出身，且经历英国皇家海校深造的方伯谦，与有着同样背景的林泰曾、叶祖珪、林永升等被调入筹建中的北洋水师。这些被李鸿章视为子弟兵的年轻人，后来大都成长为北洋海军中的骨干力量。

方伯谦调入北洋海军后，担任“镇北”管带。1882 年，调任“镇西”管带、“威远”练习舰管带。1884 年，中法战争爆发，方伯谦受命留守旅顺，善于表现的方伯谦请命在险要处修筑炮台，并亲自监造。炮台建成，即名之为“威远”炮台。“威远”炮台虽较小，但费用低廉，开支仅数千两，当时颇受好评。1884 年，朝鲜发生甲申政变，丁汝昌率舰队赴朝平乱，方伯谦指挥“威远”舰随队参加赴朝行动。尽管方伯谦并未有任何突出表现，但事后受到北洋大臣的特别嘉奖，被调任为新购巡洋舰“济远”管

陈列于旅顺万忠墓的“济远”舰后主炮

带。后经丁汝昌推荐，李鸿章又以援护朝鲜有功，奏保方伯谦，升补游击，赏戴花翎。短短4年多时间，方伯谦获得了当时普通中国武官梦寐以求的荣誉和地位。

1888年，北洋海军筹备建军事宜，方伯谦又破天荒地越过刘步蟾等高级将领，被调用天津，参与《北洋海军章程》的修订。次年，经李鸿章奏保，再升一级，升署北洋海军中军左营副将。1891年，又获“捷勇巴图鲁”勇名，优遇已极矣[6]。

三、“济远”舰的曲折历程

1894年4月，朝鲜爆发东学党起义，朝鲜政府请求清政府派兵帮助镇压。是月下旬，丁汝昌派“济远”“超勇”二舰护送叶志超、聂士成军赴牙山，以“济远”管带方伯谦为队长。当时，朝鲜牙山、仁川等处，日本军舰及运兵船往来不绝，其所运之兵马、枪炮、弹药、水雷、旱雷、电线、浮桥等不可胜数。日本当局之欲挑起衅端，昭然若揭。方伯谦见状，遂上书李鸿章，提出五条建议，其中与海战有关的有两条：一是建议北洋在朝军舰应撤回威海、旅顺，以厚集力量；二是要求添购快船快舰，说以这样可震慑日本海军，然均属泛泛之谈。

7月23日，丁汝昌根据李鸿章的命令，又派“济远”“广乙”“威远”等舰护送运兵船至牙山，以增援叶志超、聂士成军，以方伯谦为队长。24日晚5时半，方伯谦获悉日本舰队已攻占朝鲜皇宫的警讯，于是下令让武备薄弱的“威远”先行返航。7月25日拂晓，方伯谦指挥“济远”“广乙”匆匆从牙山起碇返航。上午7时，行至丰岛附近海面，发现日本军舰“吉野”“秋津洲”“浪速”3艘实力强劲的穹甲巡洋舰。7时15分，方伯谦下令全舰官兵进入战斗岗位，准备迎敌。7时45分，日舰“吉野”突然向中国军舰开炮，挑起了丰岛海战。

尽管在吨位、航速、火炮数量上均处于绝对劣势，但“济远”“广乙”二舰沉着作战，“济远”后主炮的一颗炮弹穿入“吉野”右舷，打坏发电机，又穿过机舱防御装甲落入轮机舱，可惜竟未爆炸[7]。遗憾的是，开战不久，“济远”舰位于飞桥之上的司令塔，因位置过于暴露，很快被击中，在司令塔内指挥作战的大副沈寿昌头部被击中，当场牺牲。

方伯谦在此前的处置均无异议。但在8时20分，方伯谦下令转舵向西北方向驶避。日舰“吉野”从后面追来，方伯谦下令挂白旗，后又令加挂日本海军旗。不久，运兵船“高升”和运输舰“操江”误入战场，与“济远”迎面驶过。日舰“浪速”转舵拦截“高升”，“秋津洲”回航追逐“操江”，“吉野”继续尾追“济远”，逼近至2500米处发炮猛击。“济远”水手王国成、李仕茂等使用150毫米后主炮，向“吉野”连发4炮，命中3炮，首发命中“吉野”桅楼，第二发也命中，第三发打偏，第四发击中要害[8]。“吉野”顿时火起，船头低俯，不敢前进，于中午12时43分转舵撤退，“济远”得以在26日清晨返回威海。

回威海后，丁汝昌曾向“济远”管带方伯谦及舰上官兵详细询问作战情形，并于7月30日向李鸿章报称：“查却敌保船，全恃此炮，水手李仕茂、王国成为功魁，余帮放送药送弹之人亦称奋勇。昌已传令为首李、王赏一千两，余众共一千两，告谕全军，以为鼓励”。至于方伯谦在海战中的表现，褒贬不一。先是李鸿章致电丁汝昌，说“方伯谦牙山之役敌炮开时躲入舱内，仅大二副在天桥上站立，请令开炮，尚迟不发，此间中西人传为笑谈，流言布满都下”。清廷随后又颁谕，以“管驾‘济远’之方伯谦，于牙山接仗时鏖战甚久，炮伤敌船，尚属得力，著李鸿章传旨嘉奖”。挂白旗的将军由于消息不畅，竟一度成了英雄。

随着朝鲜局势的紧张，1894年9月15日，丁汝昌率领包括“济远”在内的北洋海军主力，护送运兵船前往鸭绿江口登陆，加强在朝的中国军队实力。9月17日中午，完成护航任务的北洋舰海军主力准备启航返回时，与日本海军主力遭遇，展开激战。海战中，北洋海军的两艘弱舰“超勇”“扬威”先后中弹起火，沉没搁浅。战至下午3时30分，“致远”沉没，方伯谦即率“济远”逃出阵外。僚舰“广甲”见状，也随之逃跑。日本先锋队四舰转而围攻“经远”，将“经远”划出阵外击沉。

在逃跑的途中，慌不择路的“济远”竟将被日舰重创、正在努力向浅水区驶避自救的“扬威”舰拦腰撞中，水下锋利如刀的撞角，未能给敌人以任何打击，反而刺入了友舰的船体。9月19日丑刻，“济远”首先回到旅顺，方伯谦报称“济远”“船头裂漏水，炮均不能施放，驶回修理，余船仍在交战”。相隔近4小时，舰队方返回。

9月23日，丁汝昌向李鸿章电告接仗情形，“‘济远’首先退避，将队伍牵乱，广甲随逃。若不严行参办，将来无以儆效尤而期振作”。李鸿章因而做出奏请：“兹据丁汝昌查明，‘致远’击沉后，该管带方伯谦即先逃走，实属临战退缩，应请旨将该副将即行正法，以肃军纪。‘广甲’管带澄海营守备吴敬荣，亦随‘济远’逃至中途搁礁，咎有应得，惟人尚明白可造，可否革职留营，以观后效。”[9]24日清政府下令将方伯谦“撤任，派人看管候奏参”。同日，军机处电寄李鸿章谕旨：“本月十八日开战时，自致远冲锋击沉后，济远管带副将方伯谦首先逃走，致将船伍牵乱，实属临阵退缩，著即行正法。”次日凌晨5时，方伯谦在旅顺黄金山下大船坞西面的刑场上被斩首，时年41岁。

此后，“济远”舰管带由原“广乙”管带林国祥接替，1895年2月17日，“济远”在威海被日军俘获，编入日本舰队，仍保留“济远”舰名，英文译名则转变为TsiYuen。1895年3月16日正式编入日本海军军籍。日俄战争中，“济远”舰被编入日本第三舰队的第七战队序列内，参加了旅顺口之战。1904年11月30日，在炮火支援日本陆军进攻旅顺二〇三高地时触水雷沉没，地点在今旅顺羊头洼西北大约2海里之处，除185人得救外，船长但马惟孝等38人死亡。

1982年4月22日，旅顺海军某部在北纬38.5°、东经121°发现一艘沉船。经测量，此地水深43米，沉船距水面35米。沉船以钢铆接，艏尖艉圆，通体横倾，呈南北向。整个沉船有桅杆、烟囱各一，双车双锚，锚链已折断，排水量为2300～2400吨。经专家论证为清“济远”舰。水中探查发现，甲板面舱口有3处被打开，船体锈蚀严重，破洞较多，大部分破洞向外翻卷，最大洞口直径约2米，位置距船艏约22米。裂缝贯穿整个甲板和两舷，并延至船底，长达0.8米。5月对其进行打捞，获得“济远”舰克虏伯后主炮、速射炮、罗盘、炮弹壳、风筒、舷窗及其部件等文物，使得沉没了近百年的“济远”舰重新走入现代人的视野。近些年来，旅顺当地渔民在作业时又陆续打捞起一些“济远”舰遗物。这些出水遗物，都在默默地诉说着这艘折戟沉沙战舰的曲折历程。

注　释：

[1]《寄李使》。《李鸿章全集》电稿一，上海人民出版社，1985年版，第12-13页。

[2]《李使来电》。《李鸿章全集》电稿一，上海人民出版社，1985年版，第15、19页。
[3] 陈悦：《北洋海军舰船志》，山东画报出版社，2015年版，第97页。
[4] 陈悦：《北洋海军舰船志》，山东画报出版社，2015年版，第71页。
[5]《与重黎论新购“镇远”“济远”两兵舰利病书》。中国近代史资料丛刊：《洋务运动》（三），上海人民出版社，1961年版，第399页。
[6] 方伯谦履历参考《百度百科》中的《人物简介》。
[7] 姜鸣:《龙旗飘扬的舰队——中国近代海军兴衰史》，生活•读书•新知三联书店，2002年版，第351页。
[8] 姜鸣:《龙旗飘扬的舰队——中国近代海军兴衰史》，生活•读书•新知三联书店，2002年版，第352页。
[9]《李鸿章全集》（24），安徽教育出版社，2008年版，第360页。

甲午旅顺船坞工人罹难考

——兼对龟井兹明所摄照片具体地点的考证

姜广祥

1894 年，日本以“国运相赌”，挑起中日甲午战争。面对日军的进攻，清军海陆皆败，号称“亚洲第一大军港”的旅顺口在旦夕间落入敌手。同年 11 月 21 日夜，侵入旅顺的日军对我无辜的旅顺市民进行了灭绝人性的血腥大屠杀。四天三夜之内，包括旅顺船坞工人在内的约两万同胞惨遭杀戮。同时，以旅顺船坞为起点的辽南地区近代工业文明进程也遭到重创。

一、旅顺城市因港坞而生，早期市民以船坞工人、家属及相关人员为主

1. 旅顺建港前后的人口情况

旅顺建港前，区内只有沿海少数的几个渔村和以农耕为主的村落，人口不过几千人。1880 年年末，清政府确定在旅顺建立海军基地，开始修建炮台及港、澳、船坞后，船坞工厂周边会聚了来自山东、河北、河南、天津等及辽南地区的大量民工。

1885 年中法战争结束后全面启动港坞、炮台工程建设时，工程局在关内招用了 2500 余名民工，在关外招用了 3000 余名民工，仅船坞工地一处就有 6000 人之多。1890 年秋，旅顺港坞工程完工后，来旅顺参加建设的民工中有相当一部分选择在旅顺安家落户，或在船厂谋得一份工作，或从事与船厂相关的一些活计。据旅顺船坞史料记载，1894 年甲午战争爆发前，旅顺船坞工厂内已经形成了相对完备的技术分工，包括发电、配电、供电、检修、车工、刨工、钳工、铸工、锅炉工、汽轮机工等。除此之外，还有船底刮锈、油漆工等所谓的“长夫”（季节工、农民工）。当时，船坞里维持常态化生产的工人已近 2000 人。如果仅按每个工人身后有两三个家属计算，除有部分单身外，大坞工人及家属有六七千人。这些工人都聚集在工地上，曾使荒凉的旅顺一隅呈现出一片车水马龙、人声鼎沸的生动景象。

清末时期的民工

得益于港口和大坞的建设，甲午战争之前的旅顺城区已经颇具规模。从1881年船坞动工起，至大屠杀发生之时，已历十几载，以船坞为中心的电信、自来水、银行、商店等近代服务业门类已渐臻完善，相关的从业人员也为数众多。当时，以船坞为中心形成了5条市井繁华的大街，即东新街、中新街、西新街、城子东街、城子西街。另有多条稍窄的街道同这5条主干道相衔接，构成了旅顺市街的全貌，而以船坞工人为主体的旅顺早期市民大多居住于此。

天津作为北洋海军的中心，当时已建成大沽船厂，有大批熟练的技术工人；同时，天津与旅顺仅一海之隔，往来方便，听说旅顺正在招兵买马后，其中的部分技术人员拖家带口地迁至此地。在靠近港坞东边马家屯今称郭家甸地区（旅顺行政区划为黄金社区），他们用木板搭成简易板棚，形成一大片棚户区，因而马家屯地区当时也被称为“小天津”。

2. 相关历史资料对旅顺市街建设的记载

在产业设施上，1884年，自津塘经山海关、营口到达旅顺的电报线建成。翌年，东北地区最早的连接朝鲜的国际电报线也在旅顺建成；1888年，日供水量达1500立方米的自来水管线建成，使旅顺成为中国最早使用自来水设施的城市之一。在文化设施上，旅顺设立了3所近代军事学校，建有大戏院等多处休闲娱乐场所，医院、旅店、商铺等第三产业也颇具规模。

英国海员詹姆斯·艾伦在《在龙旗下》中记载，城内：“有1000多间民房、两家大剧场、两座庙宇，一些银号和旅店……造船厂占据了城市相当大的一部分……市内干净、整齐……较之天津，旅顺口建设得要好得多，市面上一派繁忙景象……”

井上晴树在《旅顺大屠杀》中记载：“旅顺市街约有1000户人家，是座新城市，市区井然，房屋建筑漂亮，虽然比不上东京的银座大街，但我国（日本）各县地方城市与之无法比拟。造船厂、兵营及诸官衙均极其壮观，仅兵营就有 10 处以上，如容纳我旅团 10000 余人是富富有余。”

1894 年 12 月 15 日《申报》记载，当时这里“店铺近 1000 家，兵营星罗棋布，商贾云集，人口约 6000 人，其中还有大庙宇、剧院等”。

1894 年 12 月 20 日《万朝报》特派员杉山丰吉在《旅顺通信》中记载：“当时旅顺的户数有 4000 余户（我在实地调查所得），人口号称 20000，由于从各地聚集而来，因而无法知道确切数字（据城市官员说）。但据我观察，应有 25000 人。其理由是，甚至贫民之家一户也有两三个锅灶，在此居住的夫妇肯定有一个孩子，发现如犬如豕般生活过的痕迹。”

杉山丰吉实地调查“旅顺户数有 4000 余户”“应有 25000 人”（这里并未包括驻守旅顺的清军人数），比较符合当时旅顺的实际情况。

种种迹象表明，在旅顺船坞的机器轰鸣中，一座新兴的近代港口城市开始逐步崛起。

二、大屠杀发生重点区域为船坞工人及家属居住地

笔者通过现有文献资料，以大坞为中心，对大屠杀的发生地点进行考证。

1. 船坞厂外东部区域遭屠杀的情况

日军大屠杀之时，英国海员詹姆斯·艾伦正好在旅顺城内，目睹了这场人间惨剧的经过。通过还原詹姆斯·艾伦的逃亡路线，可考证屠杀船坞工人及家属的地点。

詹姆斯·艾伦沿黄金山一路向下，其首先看到了在船坞东侧湖边发生的惨状：

我朝造船厂的方向往后逃，为的是迂回到城南，离日军正在进军的地方尽可能远些……我已从船坞外的临河一侧绕了过来，拐入街道，沿着一条我极熟悉去东港的路线，直奔旅店。我四周皆是仓皇奔跑的难民。此刻，我第一次看到日军紧紧追赶逃难的人群，凶狠地用步枪和刺刀对付所有的难民，像恶魔一样刺杀和挥砍那些倒下的人们……凡他们撞见的人都给射倒了。几乎在每条街上，人们开始被满地的尸体弄得寸步难行……一次又一次，我闯入这场屠杀的旋涡之中，而不时要遭到来自从狭窄街道射来子弹的夹攻……当我从一条黑巷拐到一块陡地时，一汪水出现在眼前。我立即认出这是空船坞后面的一个不深但很大的淡

水湖……一幕可怕的情景出现在我眼前。我已交代过，我自小巷拐出来的那块临湖的地面既高又陡，当我看到湖面时，下面的湖水大约距我有 15 英尺。湖被好多日军团团围住，日军把无数的难民赶到湖中，从四面向他们开枪，并用刺刀把那些力图挣扎逃出湖面的难民赶回湖水中去，湖面上漂浮着死尸，湖水被血染红了……新的受害者不断被赶进湖中，直到不久湖里再也没法容纳更多的人才罢休。我不忍心再看下去了，掉转头，逃离这（令人）毛骨悚然的地方。

1894 年 11 月 23 日，即旅顺口陷落第三天，日军在旅顺大坞坞口西侧举行将校宴会

凡旅顺城区内 40 岁以上的人都知道郭家甸“荷花湾”这个地方。由于船坞以东区域地势低洼，每当夏季雨水较多时，从旅顺城区东部赵家沟背后的山上下来的雨水会沿河道汇集于此，形成一片深浅不一的水湾。因长年积水，水湾里生长着荷花。当地人将这一片地带统称为“荷花湾”。20 世纪 80 年代以后，船坞工厂东扩，荷花湾的水被修建的水道引入大海，此地逐渐被垫高，代之而起的是连片的厂房和家属区楼房。故詹姆斯·艾伦提到的大淡水湖的位置正是位于现大连辽南船厂以东的工厂厂区和家属区一带，而此地的东侧即上文所述的“马家屯”，当时也被称为 “小天津”的地区。经此一劫，居住在此地的船坞工人及家属被屠戮殆尽。

2. 船坞工厂外北部区域遭屠杀的情况

日本随军法律顾问有贺长雄于 1894 年 11 月 22 日上午 10 时先于司令部人员进入市内，他看到街上的情景，颇感震惊，他在《日清战役国际法论》一书中记述道：“从市街北门入口到市中心的天后宫（祭祀保佑航海之神的庙宇）道路两侧的民房鳞次栉比，房里屋外全都是尸体。特别是胡同小巷，不踩踏积尸，就难以通行。从市中心的天后宫向东拐，一直往前就是道台衙门和海军衙门，两衙门并排形成巨大的建筑物，建筑物的前面就是造船厂大门。造船厂的前面是个广场，沿广场东西走向有条长街，与这条长街形成直角的三条街，叫东街、中街和西街。这些街道也都堆满了死尸。”

在旅顺大屠杀期间，占领旅顺船坞后
在坞边举行“祝捷活动”的日军

文中所述的长街为现在的长江路，东街为现在的红光街，中街为现在的忠诚街，西街为现在的得胜街。

在日本第二联队第四中队的一名二等军曹写给其父亲的信中记载道：“一边是造船所等气派非凡的建筑物，而另一边则是堆积在街头巷尾的尸山，真是痛快之极至也。”[1]

如上文所述，当时以大坞为中心形成了城区内五条市井繁华的大街：东新街、中新街、西新街、城子东街、城子西街，而以船坞工人为主体的旅顺早期市民大多居住于此，因此有贺长雄所述的在东街、中街和西街所见的被屠杀的市民也大多是船坞的工人及家属。上文信中提到的“造船厂”即指船坞工厂；“造船厂”的另一边则是船坞北侧东新街等周边街道。

3. 船坞工厂内遭屠杀的情况

日本侵华军舰“浪速”号上的特派员水田荣雄在《战后的旅顺》一文中写道：“再向前走几十步，那里也有一个小船坞，与修理水雷艇的大船坞一样中间有潮水。小船坞前面的池塘里漂浮着中国人的尸骸，或是一条腿被削去了肉只剩腿骨的，或是肚子被挑开五脏六腑拖出好长的，有头被砍断只剩一层皮与身子连着的，有一只胳 一只胳膊放在鼓得像河豚一样的肚子上面的，尸体随波浪涌动。陆上的死尸已被宪兵抓来的人夫埋到郊外，因占领后才不过数日，池塘中的尸骸，还没有来得及收拾。”

日军占领的旅顺船坞工厂
（画面为工厂小船坞周边，现工厂船台位置）

清朝建造旅顺港坞时，既建造了为“定远”“镇远”等大型铁甲舰量身定制的“大石坞”（即“大坞”），也建造了为方便修理小型鱼雷艇的“小石坞”（2008年已被拆除），该“小石坞”即为上文提到的“小船坞”。日军大肆屠杀之时，没有来得及逃出船坞的工人也在船坞厂区内惨遭屠戮。

三、日军在南对面沟的焚尸用具就近取自船坞

1. 清理万忠墓遗物发现的佐证

1994年，为祭奠100年前甲午中日战争中殉难的同胞，旅顺口区委、区政府对万忠墓进行迁移和重新安葬。根据大连市文物考古研究所《旅顺万忠墓迁移清理报告》可知，在清理过程中，发现四块垒砌墓室的条石遗有破石时留下的凹窝，表面布满牡蛎贝壳。条石下面即是白骨和骨灰，大多火化程度较高，夹杂有铁尖钉、铜铆钉和铜扣等。在距地表40厘米深处，开始露出铁管，约80根，大多长1.6米左右，直径6厘米，上面有经火烧粘连在一起的人骨。还有一定数量的木炭、煤渣、铜器、铁器等。许多煤渣已烧成熔琉状，与人骨粘在一起。墓中出土的一块长约70厘米的木头，上面有若干铜铆钉、铜尖钉，经辽南船厂几位高级工程师共同鉴定，为木船的肋骨；墓中所出的铜器、铁器和铜铆钉、铜尖钉、铁尖钉等，绝大部分是木船上的器物。报告称，四块表面布满牡蛎贝壳的条石当取自海边。

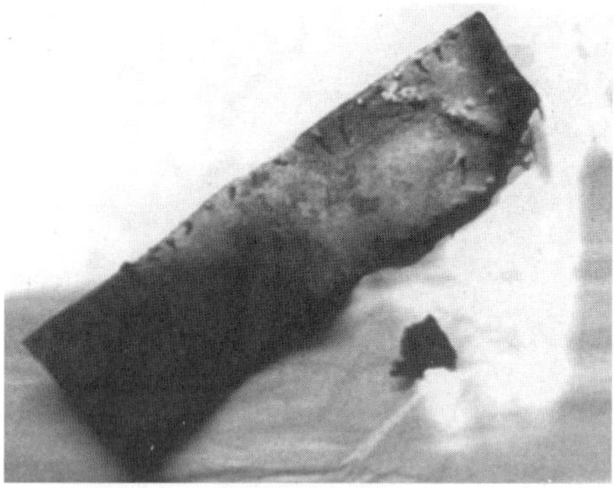

修船用的铜钉板

木船铁件

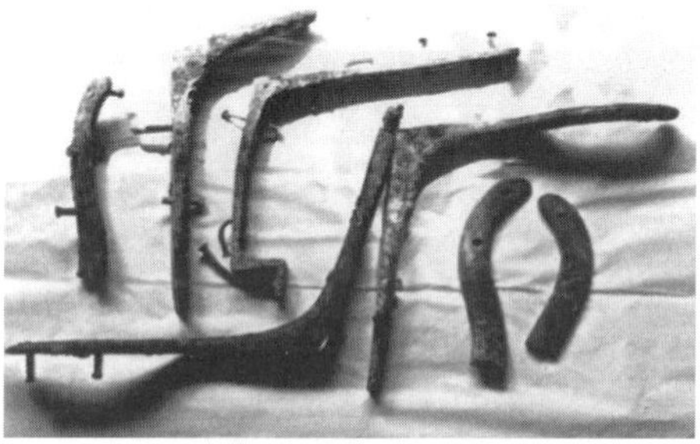

木船铜件（1）

木船铜件（2）

2. 笔者考证

大屠杀后，为掩盖暴行，从1894年11月下旬到翌年1月中旬，日军先是对旅顺市街的被害者尸体进行清理和草草掩埋，继而焚尸灭迹。他们从市街里和水师营等处抓来36个中国人和若干车辆，组成抬尸队，把同胞的尸体分抬至三处焚烧，即黄金山东北麓的南对面沟、白玉山东麓的沟下和北对面沟一个当时为修船坞而建的砖窑圹子（现旅顺顺山街沟里）。嗣后

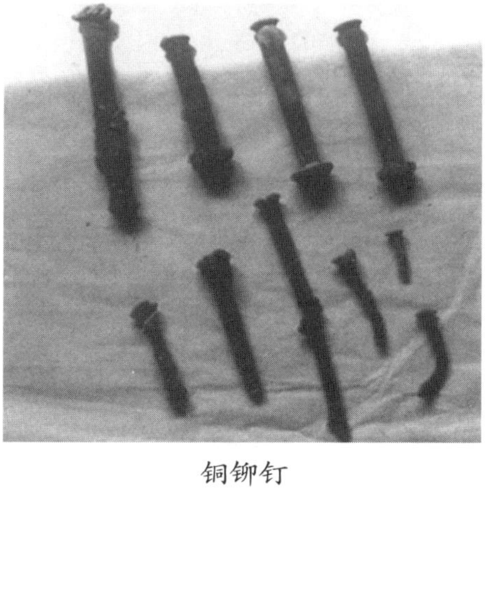

铜铆钉

万忠墓墓室出土的部分焚烧尸体及
做支架用的铁管

将骨灰集中埋在现在的万忠墓里。其中，南对面沟与旅顺船坞南侧仅有一墙之隔（现今为旅顺海军南山招待所所处的位置）。日军在船坞内以及船坞东部区域屠杀船坞工人及家属后，将尸体就近集中在南对面沟进行焚烧，焚烧时也就近从船坞内取材，其中用作焚烧尸体支架的铁管，就是船坞工厂修船所用的材料；焚尸所用的船板、煤与焦炭也是取材于船厂；用来垒砌墓室的四块条石也应为船坞内清朝政府建造船坞堤坝和坞墙时所用的山东石岛红花岗岩。

俄国强租时旅顺船坞工厂东南部一隅，
俄国强租旅顺船坞时期所摄照片

这张照片曾被一些历史书籍误读为旅顺火车站、俄军兵营、旅顺新市区街景等。经笔者考证，该图片的拍摄场景为船坞工厂的东南部区域，拍摄角度为由东南向西北，图片的右下角即为船坞工厂的东南方向。图片的右侧水域即为詹姆斯·艾伦所述的大淡水湖、当地人称之为“荷花湾”的地方，荷花湾与船坞工厂之间有一道围墙，围墙内中部偏下的黑色区域是当时的煤场（煤场南墙外靠西即南对面沟）。清理万忠墓发现的焚烧尸体所用的木炭、煤炭应就近取自这里。

四、龟井兹明所摄照片中的埋尸地点为城区东部现赵家沟附近的河道上

此图为日本随军记者龟井兹明于大屠杀发生后，在埋尸之时拍摄的照片。近

景是一片凌乱的罹难者尸体，遍地横陈。中景是一群持枪而立的日军士兵、几个胳膊上缠着白布条的抬尸者、一个已挖好的深坑；抬尸者正在将死难者移入坑内，一个日本军官骑在马上站在略高的地方监督现场。远景是萧疏的村落和死寂寒冷的山岭；从远景中可以清楚地看到几座连绵的山脉。

1. 对照片埋尸地点的现有说法

这张照片成为旅顺大屠杀研究、考证绕不开的图片资料，并被中国大陆的各类历史教材选用。但是，多年来，史学界对这张照片的拍摄地一直众说纷纭，莫衷一是。

龟井兹明拍摄的大屠杀后掩埋尸体的照片

由于龟井兹明在日记中自称拍摄地位于“旅顺口北方郊野”，一些近代史研究者以此为据，按照图片背景的山形地貌，至旅顺口北部的三涧堡、三八里、五间房、小孤山一带查寻，但均无所获。有的则由于缺乏详细考证，在引用此照片时，语焉不详，未指明具体方位。

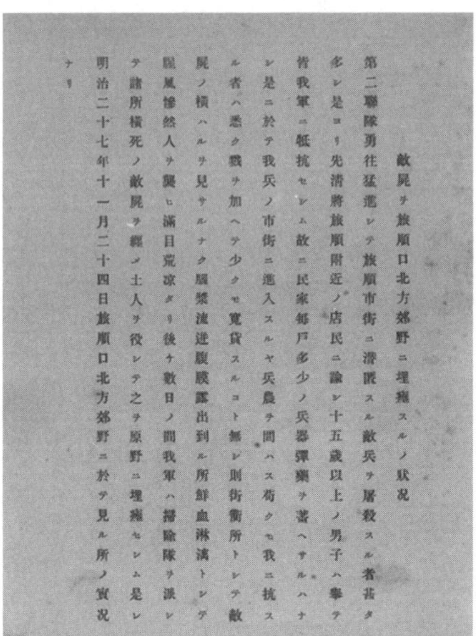

敵屍ヲ旅順口北方郊野ニ埋瘞スルノ狀況

第二聯隊勇往猛進シテ旅順市街ニ滑潰スル敵兵ヲ屠殺スル者甚タ多シ是ヨリ先清將旅順附近ノ店民ニ論シ十五歳以上ノ男子ハ擧テ皆我軍ニ抵抗セシム故ニ民家毎戸多少ノ兵器彈藥ヲ蓄ヘサルハナシ是ニ於テ我兵ノ市街ニ進入スルヤ兵農ヲ問ハス苟クモ我ニ抗スル者ハ悉ク戮ヲ加ヘテ少クモ寛貸スルコト無シ則街衢所トシテ敵屍ノ横ハルヲ見サルナク腦漿流迸腹臓露出到ル所鮮血淋漓トシテ腥風慘然人ヲ襲ヒ滿目荒凉タリ後ナ數日ノ間我軍ハ掃除隊ヲ派シテ諸所横死ノ敵屍ヲ經メ土人ヲ役シテ之ヲ原野ニ埋瘞セシム是レ明治二十七年十一月二十四日旅順口北方郊野ニ於テ見ル所ノ實況ナリ

随军记者龟井兹明在日记中对所拍照片的介绍

20 世纪 90 年代初期，日本作家井上晴树先生（《旅顺大屠杀》的作者 ）曾到旅顺考证此片的拍摄地点，结论是旅顺水师营小南村河套及南部的背景山脉二龙山、松树山一带。旅顺本地从事近代历史研究的专业人员对此结论给予了肯定。

2. 笔者的考证过程

近年来，笔者从照片中埋尸场面的背景山脉着手，查阅了大屠杀前后及 120 年来与旅顺船坞相关的文献资料，尤其是图片资料，通过详细比对及实地勘查，终于锁定了该图片拍摄的具体方位。

右图为俄国强租旅顺期间（1898—1904 年）从旅顺城区内拍摄到的城市街景。拍摄角度为旅顺船坞工厂东港内自西南向东北方向。该张图片中清晰的背景山脉尤能说明工厂与其之间的联系。

俄国强租旅顺时期旅顺东部街景

以上所列不同历史时期的照片中的相同山脉形态，与亀井兹明所拍摄照片中的山脉形态完全一致。从实际地理位置上看，这几座山脉即处于旅顺老市区境内，位于旅顺船坞偏东北方向，直线距离 2000 米左右。突起的几座山峰从北至南（照片中从左至右）被旅顺当地人分别称为“老头山”“老婆山”（地图上标为“老座山”“北斗山”）、“白银山”（从旅顺南路去旅顺口必经的白银山隧道即从此山向南延伸的一段穿出）。这几座山从东面屏蔽了旅顺港。

当时，在这几座山脉下面，有一个住着几十户人家的自然村落（从亀井兹明所摄照片中隐约可见的民房所在区域），在旅顺当地被称为“赵家沟”。赵家沟的前面有一片空旷低洼的地带，一直延伸到拍摄者所处的位置。照片中景处两边地势较高的地方站着一些日本军人。其实，这片低洼地带是一条山水冲积而成的河道滩地。现今居住在赵家沟及旅顺的老人都知道，每当夏秋下大雨时，从这几座山的山谷中下来的湍流汇集一处，奔腾西下，从赵家沟穿过黄营（清军陆防将领黄仕林的营部），越过马家屯（郭家甸）注入荷花湾，直奔旅顺船坞东侧入海口。

1882 年，主持港坞工程建设的袁保龄上任伊始，着手修筑港澳东泊岸，但苦于“旅顺口澳东之马家屯一带地势低下，向为山水汇集之地，为宣泄积水南下入海，不致西流入澳，于是年冬在澳东南之对面沟开挖引河”[2]。旅顺陆防将领宋庆率毅军 1000 余人和民工参加施工，前后用了半年多的时间，开凿出一条全长近 400 米的引河，使积水南流入海（今旅顺黄金山浴场），缓解了山水对澳东的冲击，终使港澳东泊岸得以建成。旅顺大屠杀时，正值隆冬时节，因此亀井兹明拍摄地点的河道是干涸的。如今，虽经一百多年城市面貌的变迁，但从赵家沟到郭家甸，再到旅顺船坞工厂的入海口一线，仍能看到这条河道的影子。它已经从自然冲积的河滩，改变为人工砌筑的城市泄洪水道和污水河。

经实地考证，赵家沟背后山脉脚下的河道自东向西延伸八九百米后开始由北向南转向，横穿黄营延伸至郭家甸（马家屯）。如果从转向后的河道由南向北拍摄照片，便无法看到照片中的山脉。所以，龟井兹明的照片应在转向之前的一段河道由西向东拍摄，即山脉下延伸的河道自东向西八九百米的一段位置，现在大约在距现在郭家甸的旅顺电业局大楼北部300多米的位置。

结合前文所述，可证龟井兹明所拍摄的地点就是旅顺赵家沟的河道。因这条河道临近居住着旅顺船坞工人及家属的马家屯地区，所以照片内反映的正是日军在这条干涸的河道里掩埋被杀害的住在这附近的旅顺船坞工人及家属的场景。

综上所述，从旅顺在大屠杀当时的人员构成、大屠杀的发生地点、焚尸时所用用具的来源以及龟井兹明所摄照片的埋尸地点和照片反映的内容来看，可以断言：在大屠杀的死难者中，旅顺船坞工人、家属及相关从业人员占了大多数。

注　释：

[1] 1894年12月6日《邮便报知新闻》。《辽南碑刻》，大连出版社，2007年版，第146页。

[2]《项城袁氏家集·阁学公集》公牍卷一，清芬阁编刊本，1911年版。

旅顺万忠墓的四块石碑

王珍仁

旅顺万忠墓的四块石碑为我们留下了旅顺大屠杀这一悲怆历史的见证，警示我们从战争的殇思中汲取力量，以期警醒国人勿忘历史，以古鉴今，重振国威。今天亦有许多人再次就旅顺万忠墓的历史以及与其相关的四块碑石发表了自己的研究所见，以往有些介绍对1922年所立之碑上的“四明公所”四个字所做出的解释甚有不妥。因此笔者在这里对相关碑石的历史分别进行介绍，并对1922年所立石碑上的“四明公所”四个字做出不同的解释，以待商榷。

万忠墓第一块石碑

万忠墓的第一块碑是在1896年农历十月所立。“三国干涉还辽”以后，日本迫于俄、德、法三国的压力，在逼迫清政府补偿3000万两白银后，从旅顺撤兵。清政府委任候补直隶知州顾元勋作为接收旅顺口的大员，来此处置相关政务。顾元勋来旅后，即在原日本人为掩人耳目而于白玉山东麓所立的“清国将士阵亡之墓”的木牌处，新立一方石碑。石碑高139厘米，宽45厘米，厚16厘米，为花岗岩石质。石碑的阳面自右向左竖刻碑文，右边刻有“光绪二十二年十月穀旦”字样。石碑正中以阴刻线条勾勒出“万忠墓”三个大字，左边落款处刻有“太仓顾元勋题石”字样。碑阴刻有铭文41个字。文曰“光绪甲午十月，日本败盟，旅顺不守，官兵、商民、男妇被难者计一万八百余名口。忠骸火化，骨灰丛葬于此”。立碑的同时，还于碑前方建起享殿三间。这是此处的称谓由“万人坟”变成“万忠墓”的开始。

1905年，日本人重新霸占旅顺以后，为了消除人们的历史记忆，抹灭其当年屠城杀戮平民的罪证，秘密地遣人将顾元勋所立的石碑盗走，藏匿于后来的关东厅医院院内的一处不被人注意的角落里，同时下令不许中国人在以后的清明节到万忠墓进行祭扫活动。

1922年，是旅顺、大连“租借”给帝国主义列强25年到期的前一年，国人中有爱国之心的人士正在为收复旅大而积极地奔走呼号。就是在这样的一种形势之下，旅顺华商公议会出面，在顾元勋所立石碑的位置上，重新竖起一块石碑。此碑高143厘米，宽64厘米，厚15厘米。石碑的周边阴刻卷云文，右边竖刻“中华民国十一年三月十二日”字样，中间阴刻“万忠墓碑”四个字，左侧落款处刻有“旅顺华商公议会重建”字样，碑额处则刻有“四明公所”四个字。石碑的书写者是当时在旅顺华商公议会中担当文书的金纯良。近百年有人对“四明公所”给出的解释是：查《辞海》，四明乃四明山，位于浙江；公所即为会馆；所以此四明公所乃是浙江会馆之意，并进一步引申为，在大屠杀中有浙江籍人士遇难，浙江会馆才会出资相助立碑。笔者认为，这些研究的结论，忽视了这样几个问题。第一，为何此碑的碑阴处没有一个文字？第二，碑额处按惯例是题刻“千秋永存”“万古流芳”“永垂不朽”等词语之处，往往起到一种警醒、敬勉和缅怀的作用。因此，即便当时有这样一个叫“四明公所”的浙江会馆，其落笔之处也应与旅顺华商公议会位置等同，不应违背常理而落于碑额上。而且自古以来，中国人对于立碑题字之事一贯严格按照规定俗成所为，绝不会在这样一件严肃敬穆的事情上出现纰漏。该碑碑阴处没有一个题字，那完全是碍于在日本殖民当局的统治下，不可能再来重新梳理日本屠城杀戮的罪行，否则树立此碑的行为就不会得到认可。在当时，又要使碑能够立得起来，还要起到一种祭奠和昭示天下的作用，就只能在斗智斗勇上下功夫。“四明公所”四个字的出炉就是一篇最精彩的、最值得人们敬仰的警示檄文。这四个文字的蕴意是“四方明白，公理所在”！当天底下的

万忠墓第二块石碑

人们都知道甲午战争期间日本侵略者的罪行时，那么也就不需要在碑阴处再来做任何的文章了。

事实也证明了这一点。石碑立起以后，立即引起日本殖民统治当局的注意，他们立刻召见了旅顺华商公议会的会长询问这四个字为何意，会长虽以巧言搪塞，但终究没能过关，被迫将“四明公所”这四个字用水泥涂盖。直到中华人民共和国成立后，“四明公所”四个字才重见天日。因而，我们可以理直气壮地断言：“四明公所”绝不是浙江会馆之意。我们也从另一个侧面知道，研究历史不可忘记时代的背景以及民间一些约定俗成的行事规则。

万忠墓第三块石碑

1948 年，旅顺市政府成立重修万忠墓委员会，对荒芜许久的墓地给予修葺。此次所立之碑，基座呈正方形，四边各边长为 525 厘米，碑身连着基座通高为290厘米，碑身高为165厘米，宽 61 厘米，碑身阳面正中镌刻着三个浑厚的大字“万忠墓”。碑阴题刻的铭文曰：

旅顺白玉山东麓万忠墓，即中日甲午战争死难同胞之墓也。满清封建皇朝专制腐败，招致日寇来侵。是年十月十日占我金州，二十四日窜进旅顺城内。清军守将各怀异心，皆无斗志，其间英勇战士、抗日人民俱以身殉。日寇大肆屠杀历三昼夜，我同胞之死难者凡二万余人。白骨积山，碧血成河。后经孑遗者梩集掩埋，是即今日之万忠墓。是墓至今已五十五年，当日寇蟠据时屡欲掘而平之，卒慑于我旅人民而未果。然而坟丘颓圯，享殿倾蚀，弗敢葺修。今日寇已被苏军击溃，扫其腥膻，解我桎梏。民主政府号召各界人士成立重修万忠墓委员会，而驻旅苏军司令官亦极力赞助，会诸委员勘量地势，重新修建。抚今追昔，敌友判然明矣。本年十月初旬鸠材始工，至十一月下浣事葳工竣，凡死难者之事迹惨状咸刻碑碣，永垂不朽。经费由公署拨款之外，各界人士亦乐捐佽助，共襄盛举。于是荒芜已久之万忠墓，今乃赫赫然屹于旅市。是墓之重建，不惟民族之耻得雪，烈士之忠可表，而际兹美帝扶日力图再起之时，尤足警惕我关东人民，巩固中苏友谊，确保远东之永久和平云。

重修万忠墓委员会

中华民国三十七年十一月下浣建修

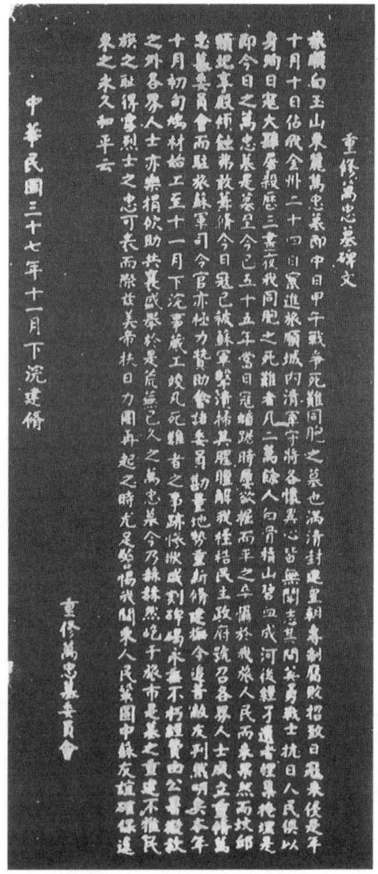

万忠墓第三块石碑碑文

第三次重修的墓碑由日籍工程技术人员矢口浩设计；碑阴题铭由当时就职于旅顺市政府的金纯泰撰文；书丹者是居住于大连市甘井子区营城子镇的书法家刘洪龄先生。

1994年，值甲午战争爆发百年之际，旅顺口全区人民积极募捐，对1971年所建的纪念展室予以扩建；对万忠墓墓穴进行了发掘清理，将陵园祭奠区域给予扩充，并于墓前新立石碑一方。此碑的造型取自汉代宫阙的造型，石材选用汉白玉。石碑通高300厘米，碑身宽90厘米，厚25厘米。碑身阳面刻有“万忠墓”三个大字，碑阴刻有“甲午百年祭重修万忠墓碑记”。文曰：

公元一八九四年，岁次甲午，日本挑起战端，十一月二十一日侵入旅顺口，随即开始持续四天之血腥大屠杀，我无辜同胞罹难者约两万人，老病妇孺亦未能免。翌年春，日军为掩人耳目，将死难者尸体集中火化，丛葬于白玉山东麓。越明年，清官员顾元勋修筑享殿，题石立碑，始称万忠墓。日本殖民统治旅大四十年间，万忠墓碑石被盗掘藏匿，墓园荒芜，祭扫活动屡遭禁制。直至一九四六年秋，解除桎梏之旅顺人民方得以首次公祭先烈。一九四八年，旅顺民主政府主持重修万忠墓。一九九四年为纪念甲午战争一百周年，弘扬爱国主义精神，旅顺人民政府再次重修万忠墓。全区二十一万民众竞相捐资，海内外各界热心助援。是年清明节，清理死难同胞遗骨遗物，隆重入殓移葬，继而修墓建馆，拓展陵园，遂使当年屠城铁证昭然天下，先烈忠魂安息九泉。值兹百年大祭，刊石记之，以告慰英灵，并警示后人，居安思危，勿忘国耻，强国富民，振兴中华。

中国共产党旅顺口区委员会
大连市旅顺口区人民政府
一九九四年十一月二十一日

万忠墓第四块石碑

此次重修的墓碑碑文是由时任旅顺博物馆副馆长、副研究馆员韩行方撰写的，书丹者是大连市著名书法家彭过春。碑文共计 336 字（不含标点和首尾题记）。

万忠墓的四块石碑，见证了百余年来旅顺人民不屈不挠的奋斗历程。人们伫留在这四块碑前，追忆其诞生历史，仍会由衷地感慨：“知史勿忘国耻，兴邦仍须图强。”

1948 年旅顺重修万忠墓纪事

周祥令

全国重点文物保护单位——旅顺万忠墓，是中华民族近百年来遭受列强凌辱和拼死抗争的历史见证，警示着一代又一代后人铭记历史，勿忘国难，御侮图强。

1948 年，旅顺解放初期，旅顺市政府广泛动员社会各界力量参与重修万忠墓，这对保护文物、缅怀先辈至关重要。为此，笔者怀着崇敬的心情，对旅顺民众于 1948 年重修万忠墓的义举予以梳理。

一、百年沧桑万忠墓

1894 年 11 月 21 日至 24 日，攻陷旅顺的日本侵略军惨绝人寰，野蛮屠城，我约两万无辜同胞倒在血泊中。

为了焚尸灭迹，日本侵略者强迫旅顺幸存者组成抬尸队，把尸体分三处进行火化：万忠墓附近、岭南花沟张家窑、大坞南门外对面沟[1]。火化后，尸骨被集中到白玉山东麓，连同当时焚尸使用的 80 多根直径 0.06 米、长 1.6 米的铁管一起掩埋。做贼心虚的日本强盗为了掩人耳目，竟把“清国阵亡将士之墓”的木牌插在我殉难同胞的坟茔上，以掩饰罪行。

迫于俄、德、法三国联合干涉，日军于 1895 年末退出辽东半岛。此时，秀丽的港城由于惨遭战争的浩劫和日军的掳掠，变成一片废墟。1896 年，候补直隶知州顾元勋（江苏太仓人）受朝廷委派负责接收旅顺口。这位具有民族气节的官员，体察民情，接受民意，主持修墓树碑，亲自题写“万忠墓”三个苍劲大字，落款“光绪二十二年十月穀旦”“太仓顾元勋题石”。万忠墓从此问世，这座收纳约两万人骨灰的丛葬墓恐怕是清末以来中国坟冢之最。

日俄战争以后，日本殖民者卷土重来，于 1905 年再次侵占旅顺口，统治长达 40 年，把这里变成人间地狱和侵略扩张的桥头堡。

在此期间，记载日军罪行的万忠墓，则成为殖民者的眼中钉、肉中刺，他们暗中将墓碑盗走，把墓园租给日本商人栽果树，使墓园周围变成杂草丛生的垃圾场。日本殖民当局民政署长坂东竟以修路为名，要把万忠墓铲除。目睹殖民者的丧尽天良之举，时任旅顺华商公议会会长潘修海义愤填膺，挺身而出，据理力争，终于保住了万忠墓[2]。

1946 年旅顺各界公祭活动

二、重修委员会正式诞生

1948 年，刚从日本铁蹄下解放的旅顺口百废待兴。此时的万忠墓由于年久失修，墓园荒芜，只见草木不见冢。享殿瓦上长草，濒临倒塌。

旅顺市政府决定成立由各界人士参加的重修万忠墓委员会，由旅顺市长孔祥林[3]担任主任，金纯泰（1894—1972，旅顺水师营人）、陈守堂（1917—2007，旅顺赵家沟人）为副主任。委员会成立后，为了广泛动员群众参与，立即发出《重修万忠墓启事》，宗旨为“重建万忠墓，表彰民族气节”，号召“各界同胞有资助者，尤表欢迎，不拘多寡”。旅顺民众听说政府号召重修万忠墓，纷纷响应，慷慨解囊，踊跃捐助。旅顺三涧堡是甲午土城子阻击战的发生地，当地老百姓具有反帝斗争的光荣传统，几天工夫就捐现金 36 万元（苏军用币，1945 年苏军进驻旅大，由苏联远东银行印制，在旅大境内流通）。全市共捐款 240 万元，为声援旅顺民众的爱国行动，关东公署（大连市政府前身）拨款 300 万元[4]。“各界人士亦乐捐佽助，共襄盛举”[5]。

三、修墓立碑

重修万忠墓施工前，专业人员首先经过现场勘查，决定以修墓树碑为维修重点。

重修万忠墓委员会决定由日本土木建筑工程师矢口浩负责墓、碑的总体设计[6]。因为他是工程技术专业人员，实践经验丰富，更关键的是对中国人表示友好和尊重。在我国专业人员尚缺乏的特殊年代，把这项重要任务交给一位外籍人士，是个大胆的决定。矢口浩接受任务后，专心投入设计工作，经过反复推敲，几易其稿，将几幅设计图纸送交重修委员会审查。相关人员讨论修改后，最后交旅顺市长兼重修委员会主任孔祥林审批通过，于 1948 年 10 月 10 日，正式“鸠材始工”。

1948 年旅顺各界公祭活动

1951 年旅顺各界公祭活动

此次所立墓碑，置于原坟茔之上，呈立方体的墓碑四周各边长 3.4 米，上面覆盖条石，并撒上石灰层防潮。墓葬保持原貌，此次重修重点在地面以上，采用钢筋混凝土结构。外部用花岗岩条石罩面，砌成立方体台座（日本人称作石坛），占地 29.16 平方米。因为是由日籍工程师设计，所以墓碑也是沿用日式风格立在墓上中心位置，这样既省地又显得墓碑高大，碑身两侧用花岗岩条石垒成阶梯式护墙，碑身前后用两块石灰岩石合成。碑身正面高 1.65 米，宽 0.61 米，镌刻“万忠墓”三个大字，阴刻黑底白字，非常醒目，由营城子农民书法家刘洪龄书写。碑身背面，《重修万忠墓碑文》阴刻其上，由重修委员会副主任金纯泰撰文并书写[7]，共计 13 行 385 字（不含落款）。这次重修不仅立一通新碑，还把被日本殖民者盗走的 1896 年所立的万忠墓碑找了回来。据陈守堂回忆，此碑当年被日本人弃置在旅顺关东厅医院院内。1939 年，日本殖民当局在医院内附设旅顺医科专门学校，建校舍平地基时，万忠墓碑被人发现，当时移到医院东边倚围墙而立。1948年承包万忠墓重修工程的王山亭，曾参加医科专门学校校舍的修建，记得当时确实发现一通碑，但现在不知放在何处。曾经在旅顺医科专门学校读书、时任旅顺卫生科科长的张福元得知情况后，提供了具体线索。陈守堂得到消息后，立刻带着翻译到苏军司令部（日本旅顺医院旧址），说明来意后，经苏军同意，遂将这座历尽沧桑的万忠墓碑移回墓园重新立在墓旁[8]。1994年，经国家文物局专家鉴定，1896年立的万忠墓碑为国家一级文物。

四、修殿换匾

万忠墓三楹享殿坐东朝西，系硬山式庙宇建筑，面宽11.5米，进深5.7米，占地面积65.55平方米。始建于1896年的这座建筑，经历过半个世纪的风剥雨蚀，摇摇欲坠，镌刻着“万忠墓”三个大字的门额牌匾包着铁皮，锈蚀相当严重，根据落款“光绪二十二年十月縠旦”“太仓顾元勋题石”，可知系第一通墓碑同期遗物。重修委员会决定对享殿进行大修，并更新匾额。

享殿中间虽然前后有门，但无门扇，房梁扒板腐烂。在施工过程中，工人们先把房上瓦揭下，换上新梁托和檩，钉上新扒板，抹上泥土后又重新把瓦码上。四壁用土坯砌墙，墙外水泥罩面。中间过道前后安装上宽3.6米、高1.95米的折叠门。享殿里外的木结构表面均刷上红色油漆，非常庄重，令人肃然起敬。

维修后的享殿门额上方悬挂着新匾额，长3米，宽1.07米，匾额上阴刻着“永矢不忘”四个大字。关于此匾的介绍被收录在林声主编的《中华名匾》一书中，遗憾的是文字介绍中对“永矢不忘”是由谁题写的并未给出答案。

关于“永矢不忘”四字，有人说是时任旅大公安总局局长周光所写，经核实此人不习书法。后经陈守堂证实，由“万忠墓”换成“永矢不忘”是经孔祥林市长批准后，请时任关东公署（大连市政府前身）高等法院院长周旭东（哈尔滨法政大学毕业生，1945年随苏联红军来旅大）题写。

五、应急创新，水泥制砖

此次重修为了扩大墓园，解决祭祀活动时场地狭小、人满为患的问题，重修委员会主动派人到万忠墓周围苏军驻地找军官说明来意，并提出要求。后经苏军司令官批示，本着巩固中苏两国人民友谊的精神，把军事用地划出 400 多平方米，用来扩建墓园。

为吸取旅顺解放前万忠墓长期无人管理的教训，这次重修规划设计了南北长 51.2 米、东西长 70.4 米、占地面积为 3604.48 平方米的墓园，四周砌上 1 米高、240 米长的青砖围墙。但具体施工时却遇到了实际困难。由于国民党当局对旅大地区实行严密的海陆军事经济封锁，东北的煤运不进来，无法烧制急需的大批青砖，给修墓园围墙造成困难。重修委员会立即召开紧急会议，邀请部分有识之士，探求解决之策。会上有人提议，日本投降后，军用仓库堆积大批水泥，可以用水泥制砖。重修委员会副主任陈守堂专程到旅顺五一路，找到在那里开瓦厂的黄志明工程师，说明情况。两人商讨后认为可行。经过试验，发现用水泥拌上沙子按设计规格一次成型，养生后分外坚固。施工中发现还需要一部分异型砖，因为水泥养生后无法进行二次加工，所以根据设计要求，又分别进行特殊加工。

大批水泥砖的试制成功，保证了围墙施工按时完成。南围墙中间留一拱形门，大门宽 2.85 米，上端装饰有铁制云卷券额，中间悬着铜制的“万忠墓”三个醒目大字。大门左右为进出方便起见，还设两个角门，宽 0.93 米。门前筑石台阶，前来祭祀者可拾级而上。

砌围墙的同时，重修委员会又派人平整墓园、挖掘树坑，然后从旅顺苗圃移栽大批松柏，为墓园增添了勃勃生机，象征着甲午英魂永存。

六、慰藉先人，矢志不忘

“一座旅顺口，半部中国近代史”，重修万忠墓则是这半部近代史的重要篇章，也为旅顺民众提供了重要的祭祀场地。惨遭近半个世纪殖民统治的旅顺人民中，有从日寇大屠杀中死里逃生者和殉难者的后代；有在日俄炮火硝烟中流离失所的难民；也有从日本殖民枷锁中解放出来的幸存者，其中包括大批“闯关东”来到旅顺被日本殖民者歧视为“苦力”的山东人。今天大家终于扬眉吐气，为甲午约两万殉难同胞申冤。

1948 年 12 月 10 日，旅顺城乡民众万余人会聚墓园，隆重地举行旅顺各界重修万忠墓落成典礼。参加典礼的人们看到新修的万忠墓和碑庄严肃穆，心里受到震撼；目睹享殿和匾额焕然一新，感到惊喜；身处苍松翠柏间，顿觉昔日“荒芜已久之万忠墓，今乃赫赫然屹于旅市”，“民族之耻得雪，烈士之忠可表”。

享殿前后张贴着由金纯泰撰写的《重修万忠墓楹联》。

殿前楹联：

旅顺口沦陷多年，毛主席统率抗战，光复祖国圣地；

万忠墓荒芜有日，共产党领导修建，烈照人民神州。

殿后楹联：

想当年，倭寇凶杀，满城凄惨，我同胞仇恨百世；

看今日，中共胜利，丰碑雄壮，先烈士名扬千秋。[9]

按照民族习俗，墓碑的前面摆放着供桌，上面放着香炉、蜡台等供器以及馒头、鱼、肉、水果等供品。墓园的周围和享殿前后摆放着挽联、花圈和鲜花。参加落成典礼的人们默默地站在墓园周围。主祭人宣布典礼开始，人们肃立默哀完毕，首先由中共旅顺市委书记刘清宇[10]讲话，他号召全市人民努力生产，踊跃支前，以实际行动建设新的旅顺口，迎接新中国的诞生，以告慰先辈。然后由旅顺市长、重修万忠墓委员会主任孔祥林宣读祭文：

享殿及“永矢不忘”牌匾

中华民国三十七年十二月十日，旅顺市政府代表全体市民，谨具时灵之奠，致祭于万忠墓之灵曰：

赫赫烈士，剑拔弩张，骑马出城，杀敌威扬。
腐清将领，各怀异肠，日寇窜进，失色仓皇。
烈士奋起，保护家乡，政昏军败，饮恨身亡。
日寇屠杀，穷天极壤，白骨碧血，尸积枕狼。
哀哀百姓，哭丧失荒，孑遗掩埋，永矢弗忘。

关东公署（大连市政府的前身，1947 年办公地址在旅顺）派专人参加典礼活动并致祭。驻旅顺苏军司令部亦应邀派代表在祭奠盛典上发表讲话。从此，万忠墓成为人们缅怀先辈的祭祀场所、弘扬爱国主义精神的宣传教育阵地。

注 释：

[1] 政协大连市旅顺口区文史资料委员会编：《旅顺口区文史资料》第一辑，1992 年版，第 2 页。

[2] 政协大连市旅顺口区文史资料委员会编：《旅顺口区文史资料》第一辑，1992 年版，第 5 页。

[3] 孔祥林（1907—1967），山东济宁人，革命烈士。1947 年起历任旅顺副市长、市长、市委书记。1951 年任旅大市政府外事处处长。1957 年 1 月离开旅顺。

[4] 大连市旅顺口区史志办公室:《旅顺口区志》，大连出版社，1999 年版，第 642 页。

[5] 引自 1948 年《重修万忠墓碑文》。

[6] 政协大连市旅顺口区文史资料委员会编：《旅顺口区文史资料》第一辑，1992 年版，第 6 页。

[7] 政协大连市旅顺口区文史资料委员会编：《旅顺口区文史资料》第一辑，1992 年版，第 7 页。

[8] 政协大连市旅顺口区文史资料委员会编：《旅顺口区文史资料》第一辑，1992 年版，第 6 页。

[9] 大连市旅顺口区史志办公室:《旅顺口区志》，大连出版社，1999 年版，第 696 页。

[10] 刘清宇（1917—1974），山东章丘人。1947 年 1 月至 1950 年 6 月，担任旅顺市委书记。1950 年 6 月调外交部工作。

俄国统治下的旅顺城市与防御设施的建设

张翠敏

一、俄国统治时期旅顺口城市概况

1898 年，俄国强行“租借”到垂涎已久的旅大地区土地，同时着手对其统治中心——旅顺进行大规模城市规划建设和市政管理。这在“关东州”最高军政长官阿列克谢耶夫关于 1900 年及 1901 年间“关东州”统治状况的奏文（以下简称奏文）里体现得明明白白。当时“关东州”划分为五个行政区，即貔子窝、亮甲店、金州、旅顺及含大连湾在内的岛屿，各行政区内部实行乡、村、屯区划管理。市级组织设旅顺、大连、大连湾、貔子窝、金州五市。从奏文内容可反映出，旅顺新市区（俗称太阳沟，俄称新市街，指旅顺龙河以西地带）当年只有两个小渔村，比较荒凉。旧市区（旅顺龙河以东）则是人口比较稠密的商贸和居住区，建筑以中国式民居为主。

据统计，1901 年时，旅顺人口共有 29240 人（不含军人），绝大多数是中国人，外国人中以俄国人居多，其他还有日本、朝鲜、德国、美国、英国、希腊、土耳其、法国人等，1903 年人口达到 42100 人。在阿列克谢耶夫的奏文中还提到，原计划市中心选址在旧市区，但考虑到弊端，决定在新市区建立新行政中心，并将城市规划详细写入奏文，同时还将旧城区的改造也逐渐纳入规划。奏文于 1900 年 5 月上奏，一年后得到沙皇尼古拉二世的批准。但实际上，城市建设在未得到批准之前就已经开始了，许多建筑是从俄国侵略者一踏上旅顺的土地便开始建设的。

新市区规划很明确，按照欧洲街道的风格设计有大小广场，围绕广场修筑官署和行政机构建筑。街道以广场为中心，以放射状街道为主干路，建筑风格突出了俄罗斯古典风格，同时兼容了欧洲其他建筑风格形式，有德式、拜占庭式、文艺复兴式、希腊式等。新市区规划成为旅顺政治、经济、文化、金融、娱乐的中心。

根据规划设计，新市区的建筑分布是这样的：行政建筑主要集中在今斯大林路、新华大街、列宁街、文化街一带，“在市中央，设置有官衙和其他建筑，这些建筑都集中在一个大广场和两个小广场附近”。

俄国强租旅大时期在太阳沟大兴土木

这里的大广场是指现旅顺博物馆（原陆海军军官俱乐部或将校集会所，今列宁街 42 号）北面广场，广场北侧便是 1900 年修建的别雷少将的关东要塞炮兵司令部（日本殖民时期的关东军司令部，今万乐街 10 号），其东侧还有华俄道胜银行旅顺分行（今万乐街 33 号），西侧建有关东州民政厅（日本殖民时期关东宪兵队本部，今东明街 36 号）。炮兵司令部东北侧是 1903 年修建的俄国旅顺实业学校（今新华大街 23 号），离该校不远处还有俄国人的私人旅馆，也曾是著名的肃亲王府（今新华大街 9 号）。广场南面的军官俱乐部与邻近海岸的后乐园（原旅顺植物园）相连，后乐园成为俄国侵略者游乐、享受的乐园。与之相连，与海岸相接的是俄国跑马场，后被日本改建为体育场。“在公园的两侧，为一剧场和一处一等的旅馆”，这便是俄国市营旅馆（日本殖民时期的关东督都府、“关东州”厅，今友谊路 59 号）和市营剧场。两个小广场之一——列宁街广场，周围现存的欧式建筑有尼克巴基赛旅馆和俄式私宅、日本殖民时期的警官练习所、满蒙物产馆（现旅顺博物馆）考古分馆（今列宁街 22 号）等。

在解放街（今旅顺博物馆西侧大街）以西，比较著名的建筑有位于斯大林路 58 号的德国人商会（日本殖民时期的旅顺第一中学校），北面数米之隔的便是美国人开设的德泰号杂货店（日本殖民时期的旅顺师范学堂）和俄国人开的珠宝首饰店（日本殖民时期的旅顺师范学堂附属公学堂），附近还有德国商人的店员宿舍，其对面便是旅顺市政府（日本殖民时期的旅顺高等女学校，现已拆除），它是俄国统治旅顺的市政中心，最高行政官员是市议会议长（市长），受“关东

俄国强租时期在太阳沟大兴土木

州”总督领导。另外还有俄籍华商纪凤台的私人旅馆（日本殖民时期的大和旅馆，今文化街30号）和小巧玲珑的德泰号杂货店的店员宿舍（今文化街28号）。稍远一些的如位于茂林街89号的俄海军兵团营房（日本殖民时期的旅顺工科大学）。在新市区中心地带，穿插在中间的还有俄国人的私宅和兵营。

在市区东北部宁波街、八一街、洞庭街一带还建有俄高级官员别墅，宁波街47、49号曾是俄陆防司令康特拉琴柯的官邸。原计划在龙河西岸的将军山（日本称将军石山）上建大寺院（东正教堂），后因故未能建成，而改建为炮台，因此将军山又叫教堂山。另外计划在此建总督官舍，后因故改建在旧市区。以上这些建筑除部分拆毁外，大部分至今仍保持原貌。

按新市区的道路设计规划，全部街道的主干线有两条，一条是自西向东，直到预计建设寺院和总督官舍的高地，一条是沿西港海岸线伸展到平地。另外还有一条林荫大道，从北面山坡直通海岸（今白山街）。

当时对新市区的给水系统也做了详细规划和设计。

对旧市区的改造，俄国殖民当局认为“对于旧市街附近的中国居民，应规定一定的范围，与欧洲人隔开”。于是，在后来的实施过程中，便将中国居民集中强行迁到旧市区东北部的教场沟（现启新街，俗称上沟）一带，借此把中国人管制起来。

1900年始建的旅顺火车站是东省铁路南满支线的终点，当时起到重要的作用，许多军用物资都是由铁路运往旅顺的。

具有很强纪实性的文学作品《旅顺口》曾描写到，旅顺争夺战刚爆发，俄国官兵及家属纷纷涌向火车站，出现了准备逃跑的狼狈场面。新任的太平洋舰队司令、海军中将马卡洛夫也乘火车到达旅顺，他从火车站下车后直接走到船坞。这里的船坞就是指旅顺船坞。当年船坞基本保留了清末船坞的面貌，俄国殖民当局只是对坞口进行了扩建，战争时期俄舰就在该坞维修。旅顺东港、西港是俄舰队的内碇泊场（锚地），旅顺口外是外碇泊场。港口对面是坐落在风景秀丽的白玉山南麓的“关东州”总督阿列克谢耶夫为他侄子启里尔亲王建造的私宅，豪华程度远远超过了总督府。

水陆混合医院（今九三路 48 号）及红十字医院（今黄河路 107 号），普希金大街（今长江路）和普希金小学（今长江路 77 号）都规划在旧市区一带。旅顺东港北山坡是俄国高级将领官邸的集中处，建有各式欧式别墅，包括旅顺要塞司令斯特塞尔官邸、太平洋舰队司令官的官邸。俄国在“关东州”的最高统治机构——总督府便位于今港湾街 45 号，是一座二层欧式建筑。黄金山北麓是俄海军及防御部队机关和营房集中的地方。旧市区的给水系统仍沿用清末龙引泉自来水工程。1902 年，在元宝房修建旅顺监狱，但战争爆发时仍未完工。在旅顺市郊三里桥修建有俄国人公墓。

据统计，旅顺当时有俄军约 6 万人，兵营相对集中，这些大跨度、铁皮顶、筒房兵营和马厩，主要集中在今西太阳沟、九三路、黄营以及黄金山北麓一带，兵营的山墙上往往有圆形的纪年标志。战争爆发后，城市建设基本停止。

二、俄国统治时期旅顺口军事防御概况

旅顺作为俄国“关东州”军政中心，要达到长期霸占的目的，就必须加强军事建设和陆海防御体系，把旅顺武装成坚固的堡垒，因此俄国殖民当局宣称要把旅顺建成“东方的塞瓦斯托波尔”。1900 年，沙皇批准了军事工程师维利奇科上校的设计规划，在旅顺海陆修筑炮台、堡垒及工事。

阿列克谢耶夫为他侄子启里尔亲王建造的私宅，在日本殖民统治时期这里成为关东厅长官官邸

俄国当局计划在 9 千米的海岸修筑炮台 22 个，主要集中在旅顺港口两侧。西海岸 12 座，集中位于老虎

尾半岛，包括老虎尾炮台、威远及附属炮台、蛮子营及附属炮台、馒头山炮台、城头山炮台、西鸡冠山第一和第二炮台等。东海岸10座，从黄金山一直到崂嵂嘴等，这些海岸炮台大多是在清朝设置的军事工程基础上拆毁重建的，主要用于海上防御。

俄国强租旅大时期的“关东州”总督府

《旅顺口》用了大量笔墨，着重描写了电岩炮台和黄金山炮台俄军官兵与日军战斗的情景，作者的父亲就是当时老虎尾炮台司令。现在这些炮台除了部分被拆毁外，大部分仍保留着原貌。陆防线20千米，主要分三段。东线8千米最坚固，从松树山到龙河包括3个永久堡垒、3号工事、2个独立炮台、几个临时炮台和中间炮台，还有大、小孤山前沿阵地。具体有白银山炮台、白银山堡垒（A 炮台）等；东鸡冠山炮台堡垒群，如南堡垒（2 号堡垒）、北堡垒（Ⅱ号工事）、东鸡冠山炮台（Б 炮台）、二龙山堡垒（Ⅲ号堡垒）、望台炮台（大鹰巢山炮台）、松树山堡垒（Ⅲ号工事）及补备堡垒（十字山炮台）等。北线从龙河到羊头山，长约5.3千米，包括Ⅳ号堡垒、4号工事、2个永备炮台（В、Г）及数个临时工事，还有大庙岭和盘龙山附近的前沿阵地，如龙眼北方堡垒、水师营堡垒群、盘龙山堡垒群、椅子山炮台（Ⅳ号堡垒）、大案子山堡垒（4号工事）、小案子山堡垒（В 炮台）、库鲁巴特金堡垒等。西线从羊头山到柏岚子，长约6.7千米，是俄军防御最弱的防线，仅建有2个永备工事（5号工事和 Д 炮台），基本以临时野战工事为主。

另外在市区中心白玉山上建有炮台和堡垒，在旅顺外围如西太阳沟、鸦户嘴、盛家沟、潘家沟、柏岚子等地也建有炮台和堡垒。《俄日战争史》曾提到，直到战争爆发时，“许多筑垒工程尚未竣工”，康特拉琴柯到来后，在“改建、新

俄国强租旅大时期的旅顺步兵街

建工事方面做了大量工作，其中一些新建的永备工事和野战工事是维利奇科上校尚未拟定项目”，为构筑陆地防线，几个月内所完成的工程量已大大超过了1898年以来的总和。

《俄日战争史》为我们提供这样一些史实：战争爆发后，炮台、堡垒抢修工程一直没有停止。当年旅顺要塞配备火炮646门、机枪62挺、各类炮弹274558发。尽管俄国当局已将旅顺武装到牙齿，但日本侵略者还是将旅顺外围作为突破口，致使俄军节节败退，旅顺要塞遂成为孤岛。在围城中，日军改变了从东线突破的策略，改由西线突破。经过四次总攻，利用280毫米大口径炮弹和坑道爆破，将由沙子、水泥、卵石浇筑的厚达90厘米的堡垒攻破，迫使俄军投降。《旅顺口》将日俄双方争夺东鸡冠山北堡垒、Б炮台、望台炮台等激战场面描写得入木三分。

1905年1月1日，日军攻占了俄军最后一个阵地——望台炮台，俄军宣布投降，在水师营会见所与日本谈判，旅顺争夺战以俄军失败而告终。这场可耻战争给旅顺人民造成了巨大灾难。此后旅大人民生活在日本殖民统治下长达40年之久，而俄国修筑的炮台、堡垒等军事设施在日本侵略者看来只是炫耀胜利的摆设，再也派不上什么用场，从而失去了它们的防御作用。

三、俄国统治时期的旅顺口城市格局与军事地位

俄国租借统治旅大的七年中，基本完成了大连、特别是俄国军政中心旅顺的城市规划雏形。帝国主义国家的侵略决定了这两座城市的殖民地化，侵略者按照自己的意图把它们建成熟悉的欧洲化城市格局，大连、旅顺现在仍保留当年的欧式建筑、欧式街道和欧洲化的城市规划。

日本统治旅大40年，是在俄国设计的城市格局基础上继续规划设计，仍保

持着传统欧洲城市面貌的特征，并没有破坏城市的整体欧式风貌，建筑设计更加偏重于欧式风格，这一点在大连反映得尤为突出。大量的仿欧式建筑遍布市内，与大量的日式建筑相互辉映，广场、放射状街道、围绕广场修筑行政官署，都是大连和旅顺的城市特征，反映出典型的殖民地城市格局与特点。

旅顺由于特殊的地理位置，自古以来就是兵家必争之地。俄国强行租借旅大后，将军事建设和城市建设重点放在旅顺，旅顺不仅是“关东州”统治中心，更是远东地区（包括阿穆尔州、外贝加尔州、滨海州、堪察加州、“关东州”和库页岛）的中心，沙皇赋予远东总督前所未有的特权。当时任远东总督的阿列克谢耶夫既是海军总司令，又是陆军总司令，更是远东地区最高长官，掌握包括“关东州”在内的远东地区一切大权。

如前所述，旅顺从海陆加强军事防御和武装力量，不仅有固定的防御设施，也有流动的海军舰队保障。旅顺是俄太平洋基地（包括旅顺和符拉迪沃斯托克）之一，由于旅顺港的自然条件优势——天然不冻港，俄国特别看重旅顺港的战略地位和优越自然条件，旅顺港内、外成为太平洋舰队的碇泊场。然而这些优势在争夺战中却变成了劣势，外强中干的太平洋舰队在日本猛烈的炮火下，失去了灵活性。

战争前夕，俄国达官权贵过着悠闲的享乐生活，而占城市人口绝大多数的中国人民却生活得十分贫苦，遭受被歧视和奴役的命运。

战争爆发后，大部分公共建筑成为俄军兵营和医院，有的也未能摆脱日军猛烈的炮火。当年俄清银行旅顺分行就曾被炮火袭击过。密密麻麻的海陆军事工程成为俄军炫耀的资本和赖以防守的屏障，超过市区居民人口的大批俄军分布在旅顺各地、海陆炮台堡垒和舰船上，保护着俄国侵略者的安全，而旅顺之外的“关东州”的其他地方军事设施和力量非常薄弱，甚至谈不上有何设施。

俄国苦心经营七年的旅顺要塞在日军炮火的轰炸中落下帷幕，可其统治者却找不到失败的真正原因。“旅顺口的投降是沙皇制度投降的前奏”，这就是列宁在《旅顺口陷落》中对沙俄失败原因的精辟剖析。实质上，任何侵略战争都将以失败而告终，日本侵略者虽然取得暂时的“胜利”，但最终也逃脱不了失败的下场。

参考文献：

[1]〔苏〕斯捷潘诺夫：《旅顺口》，大连出版社，2000 年版。
[2]〔苏〕罗斯图诺夫主编：《俄日战争史》，中国人民解放军三七〇〇一司令部译印，1977 年版。
[3] 顾明义等主编：《大连近百年史》，辽宁人民出版社，1999 年版。
[4] 王希智、韩行方主编：《大连近百年史文献》，辽宁人民出版社，1999 年版。
[5] 金恩祥编著：《军营中的历史遗迹》，1996 年版。

旅顺火车站修建时间订正

李华家

全国重点文物保护单位、第二批中国20世纪建筑遗产项目——旅顺火车站建于1900年，在现存的文字记载中已经是个确定的结论。《大连文物要览》记载："旅顺火车站建于1900年10月，站舍为典型的俄罗斯风格的木质平房建筑，候车室正中有铁皮鱼鳞瓦塔楼。占地面积420平方米。1902年11月南满支线正式通车。"

自2004年3月始，笔者每天上下班都会经过旅顺火车站前，经常去那里欣赏、拍照。对它，有一种特殊的感情。于是，在搜集老照片的日子里，凡是与火车站有关的，笔者都特别留意。经仔细研究后，笔者发现：为什么在所有拍摄于俄国强租旅大期间的照片里，都看不到带有塔楼的站房和欧式站台？难道旅顺火车站并非为俄国所建？

经过两年多的文史资料查找、照片比对，笔者得出了一个结论——在俄国强租旅大期间，旅顺火车站只有带大屋顶的老站舍，没有修建带塔楼的站房和欧式站台，现在仍在使用的旅顺火车站是日本殖民时期续建的。

为慎重起见，笔者先后几次找到旅顺地方史志专家、旅顺博物馆原副馆长韩行方进行探讨。韩老经过认真研究，最终认定今天我们所看到的火车站一定不是俄国人建的，应该是日本人续建的！为了得到更多的线索，笔者又和旅顺博物馆原副馆长王若进行交流，本人的观点也得到了他的认同。

一、七张老照片引发的质疑与论证

图一：这张老照片中，大屋顶的建筑是1903年7月14日以后投入运营的旅顺火车站站房，现在用作车站派出所。站房右边是一排洋车和等生意的人力车夫，站房前面是几辆马车，屋檐下坐着一排等生意的人。从他们的服饰和抄手的动作以及山上的景色看，拍摄的时间大约是在冬季。我们看到的木质栏杆就是现在火车站站房、塔楼和欧式站台的位置，还可以看到左边的信号灯和铁轨。这张照片

图一：旅顺火车站老站舍

传达的一个最直观的信息是，至少在1903年底至1904年初的冬季，仍没有出现保存至今的这个火车站站舍建筑。与老站舍同期的建筑还有两处，在站舍东北角山坡上，当时用作铁路职工宿舍。这两处老建筑目前保存完好。正对站舍后边有一处大门和围墙，是当时俄国人修建的公墓，墓地里依稀可见几座坟墓。

图二：旅顺火车站老站舍

图二：1902年10月，俄国财政大臣维特一行到旅顺视察，维特在火车站检阅俄军仪仗队，俄国修建的老站舍前空旷的广场上，没有修建欧式风格的火车站。

图三：旅顺火车站及站货场

图三：这张老照片是站在老站舍后面的山坡上向西面拍摄的。站舍前面是广场，广场上有一人力车夫和马车在等客。再往前看，站台里停放了

一排货车和堆积的货物。这些都说明当时的车站已开始营运，也就是在 1903 年之后，可是根本就没有带有塔楼的站舍建筑及站台。如果对这张照片有异议，那远处的龙河和河边百年不变的山崖是最好的证明。

图四：俄国人在旅顺火车站后面山上举行葬礼

图四：这张照片反映的内容是俄国人在旅顺火车站后面的墓地为一个工程师举行葬礼。在送葬人群的前方远处，可以清楚地看到有一条略带弯状的公路，那是通往新市区太阳沟的。日本人统治旅顺期间在此处重建“日本桥”，新中国成立后地方政府又重新建桥，即现在的解放桥，桥下就是龙河入海口。从桥上看车站一清二楚。近处，车站里停放了几排车厢，车厢看得清清楚楚，但是唯独看不到带有塔楼的站舍建筑和站台的踪影。

图五：日俄战争爆发时旅顺火车站等待逃离的人们

图五：这张照片表现的是 1904 年 2 月 8 日深夜，日本联合舰队偷袭旅顺口。第二天清晨，人们涌向火车站，几列火车被难民们挤得水泄不通。没有挤上火车的就站在老站舍的屋檐下，说明这个老站舍正在使用当中。

图六：日俄战争中遭受炮击的旅顺火车站

图六：这张老照片记录的是1904年日俄战争时日本陆军迫击炮将站内列车炸毁的惨状。透过炸毁的车厢，可以看到山上俄国人修建的两处老房子。靠北边一处，这个角度正对现在带塔楼的站舍建筑。因而，至少在1904年8月19日日军第一次向旅顺要塞发起总攻、向旅顺城内炮击时，仍然没有现在正在使用的火车站建筑。

图七：日本殖民统治时期的旅顺火车站

图七：这张老照片上可以清晰地看到新修的带塔楼的火车站基本完工。与现存的车站相比较，只是木质欧式站台还没有完全连接，北边的库房还没有修建。空中的万国彩旗、塔楼顶上的旗帜及悬挂于站台上的日本国旗，这些都可以说明这已是日本殖民时期续建的火车站。

二、纪实性文学作品《旅顺口》提供了辅助说明

苏联作家阿·斯捷潘诺夫在《旅顺口》中多次描写旅顺火车站。小说上册第七章描写日俄开战后在车站迎接俄远东总督阿列克谢耶夫的盛大场面：“快到两点钟时，旅顺口那个简陋车站的月台上，聚集了所有海陆军长官……”“那个简

陋车站”就是指大屋顶的老站舍，现在用作派出所的老房子。这段文字再一次证明，在俄国统治旅顺期间没有修建现在还在使用的欧式风格火车站。

三、两段文字解密历史的真相

查阅相关资料可知，随着中东铁路的开通，大量的内地移民和俄国、朝鲜移民涌向旅顺。1900 年修建的老站舍，已经不能满足乘客的需求。1903 年，俄国侵占者又开始规划设计了一个俄罗斯风格的新式火车站。在刚刚做完基础工程之后，战争就爆发了。这和当年旅顺新市区修建将校集会所情况完全相同。

在满洲日日新闻社 1911 年出版的《南满洲写真大观》有这样的记载：“旅顺车站是在俄国统治时期，打算等龙河填造完成之后计划建设一个车站。日俄战争后，由“满铁”接收这项工程，考虑到这样一个施工到一半的建筑置之不理有损市容，就决定沿用俄罗斯的建筑风格……”

上面两段文字，回答了困扰人们多年的疑惑。旅顺火车站到底是谁设计的？俄国人设计的是确定无疑的，战败后图纸留下了。旅顺火车站到底是谁建的？俄国人铺的地基，日本人续建的，按主体工程来说，就是日本人建的。

1903 年 7 月 14 日，中东铁路全线通车。自此，旅顺火车站驶出的列车，沿着中东铁路，驶向俄国首都圣彼得堡。1903 年，旅顺至大连之间的客运列车正式投入营运。2014 年 4 月 20 日，在城际运行了 111 年的客运列车结束了最后一班旅程，因为公交、轻轨的快速发展，退出了历史舞台。但那些老乘客们依然期待着有一天，那列满载着人们记忆的绿皮火车能再次开通。客运列车停运了，旅顺火车站失去了往日人来人往的喧嚣，俄国和日本修建的两个不同风格的俄式火车站依然静静伫立着。让人们感到欣慰的是，2013 年，这个由日本南满洲铁道株式会社修建的旅顺火车站被列为国家级重点文物保护单位。它作为一个承载着厚重历史的建筑物，作为铁路线上一个特有的景点，将继续向人们诉说着它的故事。

日俄战争中日军三次闭塞旅顺港行动

崔再尚

旅顺日俄监狱旧址博物馆馆藏一通“旅顺港口闭塞碑”和一件日船“福井丸”上的铁锚。“旅顺港口闭塞碑”为花岗岩质地，纵 131 厘米，横 60 厘米。碑身呈长方形，四边均有残缺。碑身正面文字清晰，只是落款处“战迹”二字已毁掉。碑文如下：

旅顺港口闭塞

第一回 明治三十七年二月二十四日

第二回 同　　年　　三月二十七日

第三回 同　　年　　　　五月三日

大正五年十月满洲战迹保存会

“福井丸”沉船铁锚长 350 厘米，为两爪锚，缺少一锚爪，中间是锚杆柱，杆柱头部中间有一孔，用来穿铁链。

“旅顺港口闭塞碑”记述的是日军在 1904 年日俄战争中，为争夺制海权，采用沉船的方式对旅顺港口主航道三次实施封锁的事件。

一、日军制订闭塞旅顺口航道的方案

1904 年 2 月 8 日夜，日本联合舰队偷袭俄国驻旅顺太平洋分舰队。2 月 9 日，俄国对日本宣战。2 月 10 日，日本对俄国宣战，日俄战争爆发。俄国太平洋分舰队虽然遭到日本联合舰队偷袭，受到一定损失，但仍然具有相当实力。日本为了取得制海权，打败俄国太平洋分舰队，由日本海军中佐有马良橘和少佐广濑武夫、大尉斋藤七五郎等人，提出了一个堵塞旅顺港口的方案。

旅顺口是一座天然良港，港口东侧有黄金山，西侧有西鸡冠山、老虎尾做屏障。但是，它的缺点是只有一个出海口，港口宽 290 米，中间深水可通航的航道有 90 米左右，如果用船沉入航道，把出海口堵上，俄国军舰出入港就必然受到限制。据日本人计算，俄国军舰出港需要 30 分钟以上，如果堵塞使其不能正常出入，出港最低需要两个小时，同时也会给停泊在锚地的舰船入港造成极大的困难。

堵塞港口的作战行动并非日本人的创举，在世界海战史上曾有过先例。在1854年8月的克里米亚战争中，英法联合舰队在英国海军上将邓达斯和法国海军上将哈姆林的指挥下驶入黑海。驻守在塞瓦斯托波尔港的俄国舰队，为了加强港口的防御，不让英法联合舰队冲入港口，自己凿沉了几艘船堵在港口。1898年，美西战争中，西班牙舰队驻古巴东南部圣地亚哥港。美国舰队司令桑普森将军仔细勘察了圣地亚哥港的水文地理情况后，决定在狭窄的入港航道上沉掉一艘货船，阻塞航道以封锁港口，把西班牙舰队困在港内。桑普森将军遂派海军上尉豪温率9人乘货船“菲利玛库”号，冒着西班牙舰队的炮火冲向了港口。西班牙的岸炮击伤了“菲利玛库”号货轮的后舵，使其失去了控制，因偏离航线而未能沉入航道[1]。

二、日军第一次塞港行动

船　名	总吨位	指挥官	队员
天津丸(向导船)	2942 吨	有马良橘中佐	16 名
报国丸	2766 吨	广濑武夫少佐	15 名
仁川丸	2331 吨	斋藤七五郎大尉	15 名
武阳丸	1163 吨	正木义太大尉	13 名
武州丸	1249 吨	岛崎保三中尉	13 名

日军第一次闭塞作战的船舶及成员

日军第一次闭塞作战“报国丸”的船员，前右三为广濑武夫

日本联合舰队司令官东乡平八郎采纳了闭塞港口的方案，并安排舰队做了充分准备。2月16日下午，日军征调“天津丸”“报国丸”“仁川丸”“武阳丸”“武州丸”5艘商船充作堵塞船到达朝鲜八口浦待命。

为完成这次塞港任务，联合舰队决定从各个

舰艇上招募敢死队员若干，敢死队员有马良橘、广濑武夫、斋藤七五郎等人联名写下了“成仁录”的血书，表示了不成功便成仁的决心。全队共 77 人，分乘五船。其部署为：堵塞船队总指挥官为海军中佐有马良橘，副总指挥官为海军少佐广濑武夫。敢死队的编制完成后，舰队又命令把堵塞船涂上了和军舰相同的颜色。

2 月 20 日，堵塞船队从八口浦出发，出羽司令官所率领的第三战队“笠置”“千岁”“吉野”三艘舰艇也随同出发。2 月 22 日上午 10 时在巡威岛锚地，东乡平八郎于旗舰“三笠”号上召开军事会议，决定在掩护堵塞船队封堵旅顺口的同时，做第三次攻击旅顺口的部署。塞港作战方案是：由第四、第五驱逐舰队先行做好旅顺口的侦察，若遇有俄国舰船要立即击退，使堵塞船队能够顺利突进；要求堵塞船冲进后，队员立即撤退；第五驱逐舰队在黄金山下，要给堵塞船队以支援；由第十四艇队做好堵塞队员的收容救护工作。为击溃在旅顺港外来自大连湾和双岛湾方面的俄国军舰，决定由第一战队向双岛湾方向，第二战队警戒黄金山炮台下的海面，第三战队远离港口，从远距离对海岸炮台和俄舰进行攻击威吓。部署之后，于 2 月 23 日下午 4 时 45 分，第三、第四、第五驱逐舰队先出发。夜 19 时 20 分，第一、第二战队跟随着堵塞船队驶向旅顺口。

2 月 24 日凌晨 1 时 30 分，日本船队来到旅顺口外，五艘堵塞船以每小时 8 海里的速度向港口突进。2 时 20 分以“天津丸”为先导冲向港口，以驱逐舰四艘作为后援驶向黄金山下。由有马良橘指挥的“天津丸”突进到老铁山海岸附近触礁搁浅。继而是广濑武夫指挥的“报国丸”遭到炮火的袭击后，帆樯折断，舵索切断，在前进中冲到了俄舰“列特维占”号的防护网上，遭到该舰炮火的打击沉没了。斋藤七五郎大尉指挥的“仁川丸”在突进到距离港口大约 4600 米的海面上，触到一艘沉船而不能前进，被迫自爆沉没。正木义太大尉指挥的“武阳丸”就在距“天津丸”沉没的地方约 400 米处自爆沉没。岛崎保三中尉指挥的“武州丸”在通过“天津丸”与“武阳丸”之间被炮弹击中，在馒头山下搁浅沉没。这样，五艘堵塞船都没到达港口航道就沉没了。

第一次堵塞计划失败了。负责收容堵塞队员的鱼雷艇冒着炮火和风浪，把“天津丸”“报国丸”“武阳丸”三船的队员救起来。“仁川丸”和“武阳丸”的队员当天夜里没能和收容艇队相遇，只得在海上漂荡。到 27 日，斋藤大尉、岛崎中尉等 29 名队员在海上被中国的帆船救护而得以生还。战后日本方面还是开足了宣传机器渲染这次闭塞作战的悲壮，专门为参加这次闭塞作战的77名队员谱写了歌曲，歌名为《决死队》。

三、日军第二次塞港行动

由于第一次闭塞作战未能实现目标，俄国太平洋分舰队仍然可以畅通无阻地出海作战，日本联合舰队司令官东乡平八郎决定实行第二次堵塞旅顺港口的计划。这次广濑武夫接受了第一次塞船装载煤炭物体松散的教训，改为装载水泥和石子，这样船沉入水后能迅速凝结成一个整体而不易被移开。同时，广濑武夫还研究出了导火线一旦被打断后用点火爆沉的办法，并画了一个图表让各船传阅，以期奏效。第二次堵塞队员仍然是来自各舰的敢死队员，因为他们已经有了第一次的经验。

这次堵塞船由“千代丸”“福井丸”“弥彦丸”“米山丸”四船组成。总指挥仍由海军中佐有马良橘担任，副总指挥仍由少佐广濑武夫担任。堵塞队员和指挥官共65名。

船名	总吨位	指挥官	队员
千代丸	2707吨	有马良橘中佐	16名
福井丸	2943吨	广濑武夫少佐	17名
弥彦丸	2692吨	森初次中尉	14名
米山丸	2693吨	正木义太大尉	14名

日军第二次闭塞作战的船舶及成员

第二次参与闭塞行动的“福井丸”上的生还者和战死者的棺材

3月26日凌晨2时40分，堵塞船队由第三战队和第二战队的“常盘”号、“浅间”号等六舰做掩护，由巡威岛锚地起航，驱逐舰队与水雷艇队也相继出发，26日傍晚到达圆岛集合。27日凌晨2时30分，由11艘驱逐舰和6只水雷艇掩护堵

第二次闭塞行动的日本船队

塞船队到达旅顺口外。

27日凌晨，日舰刚刚靠近旅顺港口，就被岸防探照灯所发现，岸炮和值班炮舰一齐向日舰开火。日本舰队也发现了俄国的防御不像以前那样马虎，正如一位驱逐舰舰长对当时情况所描写的那样：“随着马卡洛夫将军的到来，俄国舰队变得空前活跃，特别是在港口防御方面。”[2]

日本堵塞船队冒着弹雨冲向港口，有马良橘指挥的“千代丸”在黄金山西侧离岸900多米的地方投锚炸沉。广濑武夫所在的“福井丸”经过“千代丸”的左侧，被俄国驱逐舰的鱼雷击中船身，不能前进，便就地爆沉。海军中尉森初次指挥的“弥彦丸”在“福井丸”的右侧，投锚炸沉。正木义太大尉指挥的“米山丸”在将要冲进港内时与俄国驱逐舰的舰尾相撞，其后冲向航道时被俄国驱逐舰发射的鱼雷击中，在炸沉中由于惯力使船冲到航道的左侧沉没了。

担任收容救护任务的日本水雷艇队冒着弹雨抢救堵塞队员。“福井丸”上的上等兵曹杉野孙七在下船舱准备点爆时，船被俄国驱逐舰发射的鱼雷击中。指挥官广濑武夫先让队员上了救生艇，却不见了杉野孙七，他三次下船舱搜索未获，只好上救生艇。这时俄国炮火集中射向救生艇，一发炮弹击中广濑武夫头部，广濑武夫毙命海中。此次塞港作战日军仅有一只堵塞船冲到了航道的左侧，对俄国军舰出入港产生了一些影响，但涨潮时大舰仍可以自由出入。第二次堵塞队员中死伤15名。

战后日本侵略者为了鼓吹“武士道”精神，把广濑武夫当作军人的楷模，将其亡灵请进了神社，誉为军神供奉起来。战死的广濑少佐被追晋为中佐，歌颂寻找杉野兵曹场面的军歌《广濑中佐》也被传唱。1910年3月，在东京神田的旧国铁万世桥站（现为交通博物馆）前面为广濑和杉野两人竖立了铜像。

日军第三次闭塞作战“朝颜丸”的船员

四、日军第三次塞港行动

为保证日本第二军在辽东半岛顺利登陆，日军决定第三次堵塞旅顺港口。总结了前两次的教训，这次决定增派 12 只堵塞船，即“新发田丸”“小仓丸”“朝颜丸”“三河丸”“远江丸”“釜山丸”“江户丸”“长门丸” “小樽丸”“佐仓丸”“相模丸”“爱国丸”。以“新发田丸”为指挥船，并在“釜山丸”“小仓丸”“长门丸”三船增加了特殊的爆破装置。第三次堵塞队总指挥为海军中佐林三子雄，全队共计 244 人。

船　名	总吨位	指　挥　官	队员
新发田丸（向导船）	4200 吨	远矢勇之助大尉	22 名
小仓丸	3340 吨	福田昌辉少佐	20 名
朝颜丸	3550 吨	向菊太郎少佐	17 名
三河丸	2320 吨	匝嵯胤次少佐	17 名
远江丸	2380 吨	本田亲民少佐	17 名
釜山丸	2920 吨	大角生大尉	17 名
江户丸	1850 吨	高柳直夫少佐	17 名
长门丸	2120 吨	田中铳郎少佐	21 名
小樽丸	3000 吨	野村勉少佐	16 名
佐仓丸	3700 吨	白石江少佐	19 名
相模丸	2108 吨	汤浅竹次郎少佐	25 名
爱国丸	1650 吨	大冢大郎大尉	23 名

日军第三次闭塞作战的船舶及成员

5 月 1 日 17 时，12 只堵塞船与第一、第二、第三、第五、第六战队五个战队及第二、第三、第四、第五四个驱逐舰队，第九、第十四两个水雷艇队，水雷母舰及其他附属舰只一起编队启航。5 月 2 日午后 17 时到达圆岛。这天风大浪高，东乡平八郎司令征求总指挥的意见是否可行动，林三子雄说：“北风属地风，我认为旅顺港口之波涛必能静稳，今夜一定决行！”19 时 30 分堵塞船队与舰队在圆岛告别出发，驱逐舰队与水雷艇队全速行驶，夜 23 时到达旅顺口外，见俄国舰队与岸防炮台毫无动静。第二、第三驱逐舰队驶向老铁山下，第四、第五驱逐

旅顺港外被击沉的日军闭塞作战船

舰队驶向黄金山方向，中间由水雷艇队进行戒备。堵塞船队于夜24时到达港外。这时忽然刮起了东南烈风，波涛汹涌，船体剧烈摇晃，连船上的救生艇都刮掉了。总指挥林三子雄对参谋说：“冒此风波若更突进堵塞之后，收容队员会很困难，因而徒损人命，虽然本来是不想生还的队员，然而能救出的将士，使其徒死，这绝非上策！所以今夜欲终止此封塞事业，你以为如何？” 远矢勇之助回答说：“此际之进退，一切服从总指挥之意见。”于是林三子雄下令：“今夜中止行动，各船都须引退！”[3]命令“赤城”舰传达各船，然而因风大浪高，各船分离，命令没能全部传达到，有的即使接到了命令也不肯接受而全力向旅顺港驶去。

参与行动的船只最后共有8艘，它们是“佐仓丸” “远江丸” “爱国丸” “江户丸”“三河丸”“小樽丸”“朝颜丸”“相模丸”，共计160名官兵。

当“三河丸”看到港外的十四艇队正受到俄国岸炮发射的炮火的轰击，误认为是前面的堵塞船已突进到港口或闯入港内，就全速向港口突进，被俄国的探照灯发现，炮弹猛烈打过来。“三河丸”破坏了港口的防御器材，闯入了航道的中央位置投锚之后爆沉。“佐仓丸”随后也冲入港口的航道，在电岩附近投锚爆沉，敢死队员全部丧生。继而各船都先后闯进旅顺港口，俄国岸炮的炮火更加猛烈，所敷设的水雷都漂在各船的前后，而堵塞船继续前进。“远江丸”被俄国炮舰和老虎尾炮台射来的炮弹击穿了冷罐气筒，蒸汽外泄，舵机被打坏，罗盘亦被粉碎，发生大火，不能前进，本田决定就地炸沉。“远江丸”被炸坏，又触到了港口的第一道防御器材而受阻——俄军在港口设有两道防御器材，内防材与外防材相距40～50米，防材是和圆木捆绑在一起的。“远江丸”炸沉的位置只堵了港口航道的半部。“江户丸”还没有到达港口就被俄军巨型炮弹击穿了后部，海水大量

位于旅顺港口西侧的闭塞纪念塔

涌入，但船仍然冒着弹雨继续前进到达了港口，找到了适当的位置，投锚炸沉。“爱国丸”在港口附近触到俄国敷设的水雷，虽然爆炸受伤，但仍然向前突进，俄军炮弹又击穿了其左舷侧，命中汽罐室，因而同时爆沉。“小樽丸”和其余的堵塞船一起冒着弹雨，以黄金山射来的探照灯光为目标向前猛进，次日凌晨3时5分突破了港口的防线，深入航道，遭到了俄舰的猛烈炮击。“小樽丸”舵机被打坏，船舵失去了作用，在靠近航道的西岸投锚爆沉。“相模丸”随“小樽丸”后到达港口外，徐行至港口附近，边敷设机械水雷边前进，凌晨3时30分从港口防线的间隙沿岸闯入航道，到达“小樽丸”被炸沉的几乎相同地点时，转向西北，在航道的右半部爆沉。“朝颜丸”还没有到达港口，就被俄军炮弹打坏了舵机而无法航行，便在黄金山附近爆沉了，此船没有一个生还者。

五、日军旅顺港口闭塞作战述评

旅顺港口闭塞作战的本质是日俄战争中，日本海军在正面进攻屡屡不能奏效的情况下，采取闭塞作战以遏制俄国舰队的活动空间。但日军闭塞作战三次失利恰恰证明，没有强大后援力量支撑下的闭塞船在俄军猛烈的防御炮火打击下完全达不到预定目标，缺乏有效炮火压制和掩护的此种封锁是既危险又难以达到预期战略目的的。

在旅顺自沉的17艘闭塞船，全部是日本海军征用的商船（通称“海军租用船”）。除了在舱内装上自沉用的炸药、石块和水泥外，船桥等重要部位加装了防护用的钢板。根据战斗教训的启发，后期的闭塞船上还加装了数门机关炮。

日俄战争爆发时，日本最大的航运公司是日本邮船株式会社，总计拥有各种船舶 76 艘，总吨位约 25 万吨。到 1905 年（翌年）春天之前，除剩下 9 艘 13000 吨船只继续为民用运输外，其余全部被陆海军征用。其中三次旅顺闭塞作战就动用了 10 艘 24000 吨船只，损失 8 艘船。

六、旅顺港口闭塞队纪念碑相关物品的征集

1972 年，在一次外事活动中，上级决定，由驻军工程兵将旅顺港口闭塞碑炸毁。1977 年 7 月 22 日，旅顺日俄监狱旧址博物馆工作人员去老虎尾考察，发现沉没在海里的“福井丸”残锚已被人切割，仅残存一部分。经初步调查，铁锚沉入海里后被在老虎尾养殖海带的铁山渔民切割运走。于是，博物馆经与旅顺口区委宣传部联系，到铁山公社王家村铁匠炉中抢救出了被切割的残锚杆一段、支撑柱两块。

经过博物馆与旅顺海军基地多次沟通，基地同意协助将残锚从海里打捞出来。1978 年 3 月 8 日，旅顺海军基地派一艘拖船将 301 浮吊船拖到老虎尾，经过半天作业，终于把海里的残锚和一通旅顺港口闭塞残碑吊上来。然后，用拖船将浮吊船拖到西港码头。次日，部队出车将残锚和石碑送到旅顺日俄监狱旧址博物馆[4]。

关于旅顺港口闭塞碑的具体立碑时间，中文资料很少。日本的原田敬一在《战争的记忆——关于战场上的纪念碑》中提到：“我检索了防卫厅防卫研修所图书馆收藏的《陆军省大日记》乙辑，在其中的 1911 年到 1919 年这 9 年的文献中，发现了下列公文：

位于旅顺白玉山下的第三次闭塞队纪念碑

“A.1916（大正5）年5月18日 旅顺港闭塞战纪念碑”。A是满洲战迹保存会会长中村觉给陆军大臣大岛健一的申请书，题目是“旅顺战迹建碑申请”，内容如下：“为纪念明治三十七、三十八年战役旅顺口闭塞战，拟建立附页之纪念碑，祈望批准。专此奉请”。附页中介绍，碑址选在“老虎尾灯台南面”“用锚做碑体”[5]。

由此文可以看出，旅顺港口闭塞纪念碑是1916年5月18日，由满洲战迹保存会会长中村觉向日本陆军申请修建的，位置在旅顺老虎尾灯塔南侧，用锚做碑体。根据闭塞纪念碑的碑文可知，此碑在当年10月建成。同时，日军将“福井丸”沉船铁锚打捞出水，在旅顺港口西侧修建一座卷锚机式的纪念碑，铁锚支撑柱上镶有日本海军联合舰队司令东乡平八郎题写的“闭塞纪念”铜牌。在日本殖民统治旅顺期间，每当日本海军舰艇出入港口，都要奏日本海军军歌，面向闭塞纪念碑行军礼。

注 释：

[1] 董志正、田久川、关捷主编：《日俄战争始末》，东北财经大学出版社，2005年版，第165页。

[2]〔苏〕罗斯图诺夫主编：《俄日战争史》，中国人民解放军三七〇〇一司令部译印，1982年版，第137页。

[3]〔日〕海军勋功表彰会编纂：《日露海战记》，1907年版，第124页。

[4] 郭富纯主编：《沧桑岁月——旅顺日俄监狱旧址陈列馆建馆三十周年纪念》，吉林人民出版社，2001年版，第48页。

[5] 刘广堂、关捷、〔日〕中冢明、井口和起主编：《以史为鉴 开创未来——1997年中日关系史大连学术研讨会文集》（上集），大连出版社，2000年版，第99页。

旅顺二〇三高地别称的由来及其寓意

李华家

旅顺二〇三高地，原名后石山，因为它地处石板桥村的后面而得名。日俄战争中日军测得这座山标高是203米，故称作二〇三高地。

一、血战二〇三高地

1904年2月8日夜间，日军偷袭停泊在旅顺港的俄国舰队，日俄战争爆发。5月29日，乃木希典率领第三军从大连湾登陆负责攻打旅顺。他不忘当年甲午战争做旅团长时只用一天就攻克旅顺清军防线的战绩，曾向上司夸下海口：快则20日，迟则1个月，即可攻克旅顺而凯旋。

旅顺俄军要塞司令斯特塞尔辖陆防兵力5.3万人，火炮646门、机枪62挺。在旅顺周边除有由东至西9千米长的海防线外，还修筑了东起白银山、西到老铁山约25千米长的陆防线。8月19日、9月19日、10月26日和11月26日，日军对旅顺俄军整体防线发动了四次总攻击，激战持续了五个月，日军伤亡惨重。战争发展的进程要求日军必须在俄国波罗的海增援舰队到达之前攻下旅顺口，否则后果不堪设想。日本满洲军总司令部参谋长儿玉源太郎，怀揣大山岩的密令，从辽阳赶到旅顺督战，直接参与指挥二〇三高地争夺战。旅顺外围俄军东部、中部

日军占领二〇三高地

防线永久性的堡垒坚不可摧，几次攻击收效甚微。只有西部制高点二〇三高地缺少永久性工事。如果在那里撕开一个口子，就可以用重炮摧毁停泊在旅顺港内的俄太平洋第一分舰队，进而攻占旅顺。为一举攻克二〇三高地，乃木希典调集重兵采用肉弹战术连续七昼夜血战二〇三高地。11 月 28 日晨，日军动用大小口径火炮 60 多门，炮击二〇三高地，高地上的掩蔽部几乎全部被炸平。29 日，日军又以 280 毫米的榴弹炮向二〇三高地倾泻了千余发炮弹。游弋在羊头洼海域两艘日舰从背后炮击二〇三高地。山上硝烟弥漫，血肉横飞，6000 余名俄军倒在血泊中。在俄军马克沁重机枪扫射下，一批批日军敢死队员饮弹丧命。在日军无间距炮火支援中，一批批日军被自己的炮弹炸得尸骨无存。为占领这个山头，打开旅顺的大门，日军伤亡了 17000 余人，其中战死将校级军官 97 人，乃木希典次子乃木保典也战死在高地北坡上。有史料记载，日军在攻陷二〇三高地的战斗中共倾泻了 11000 余发重炮炮弹。

乃木保典战死之所

日本明信片中的乃木希典题诗及“尔灵山”纪念碑

二、尔灵山的真实寓意

旅顺民间一直传说乃木希典指挥攻打二〇三高地时，久攻不下急红了眼，连自己的二儿子都砍杀了，这是宣扬乃木凶残的一种讹传。真实情况是 1904 年 11 月 29 日晚 8 时，乃木希典的二儿子乃木保典少尉，从一六四高地的司令部到二〇三高地前沿传达命令的时候，被流弹击中胸部当场毙命。第二天，当有人把此事转告乃木希典时，他强装镇静地说："是啊，他终于获得了一次为天皇尽忠的机会啦。"而当夜深人静时，乃木希典伤心欲绝。在仅仅半年的时间里，乃木希典的两个儿子一个战死在金州城下，一个战死在二〇三高地上，连丧两子的惨痛是常人难以忍受的。为祭慰其子和那些战死的将士，乃木希典将二〇三取其谐音改作"尔灵山"。夜里用铅笔作了一首汉诗：

尔灵山险岂难攀，男子功名期克艰。

铁血覆山山形改，万人齐仰尔灵山。

这首诗用尔灵山开篇，用尔灵山收篇，实在是耐人寻味。笔者第一次看到这首诗是 40 年前，是时任旅顺日俄监狱旧址博物馆馆长周祥令先生寄给我的。查阅旅顺近代史书籍，凡是写日俄战争的无不提到乃木希典的这首尔灵山诗，众口一词都说是二〇三的谐音。至于为什么要谐音，谐音的寓意是什么，没有进行深入的研究。笔者看来，这并不是简单的谐音。"尔"是代词"你"的意思，"灵"是"灵魂"的意思，连起来对个体就是"你灵魂的山"，对群体就是"你们灵魂所在的山"。作为诗词的用语乃木希典只是不想说得那样直白罢了，用谐音更隐晦些。

一九〇九年十月二十一日，伊藤博文参观二〇三高地

有资料记载：二〇三高地争夺战还在进行时，日军高层内部已经为二〇三高地拟定了至少三个名字：铁血山、儿玉山、旅顺富士山……战地观察员志贺接过乃木希典给他的小字条时，打开一看是用铅笔书写的《尔灵山》

诗稿，他为这首诗感到惊叹，能想到“尔灵山”这个词，乃木希典的诗才堪称神奇了。看了乃木希典写的诗之后，军中高层心领神会，一致认为叫“尔灵山”最恰如其分。

2017年6月，上海外事译协《译友》杂志原资深主编许朋远老先生查阅日本人写的汉诗资料，找到了乃木希典的汉诗《尔灵山》墨迹。资料明确记载二〇三高地的别称——尔灵山出自乃木希典之手。乃木希典根据“二〇三”的谐音写成“尔灵山”作为高地的别称，寓意：众多阵亡者，“你们的灵魂所在的山”。这段文字证明了笔者先前的判断是正确的，日本人对“别称”寓意的分析更具有说服力。

三、战后的二〇三高地

二〇三高地因日俄两军在此厮杀惨烈，伤亡众多，加之日军通过山上的观测校正山下重炮而一举摧毁了停泊在旅顺港内的俄太平洋第一分舰队，于是在日本国内名声大振。

1909年10月20日，伊藤博文在去哈尔滨会见俄国财政大臣之前登上二〇三高地作诗一首：

久闻高地二百三，一万八千埋骨山。

今日登临无限感，空看岭上白云还。

日本著名女诗人《弟弟你不要死去》的作者与谢野晶子也曾登临二〇三高地悼念死去的弟弟。1916年，满洲战迹保存会用二〇三高地上的废钢铁浇铸巨型步枪子弹模型，修建尔灵山塔，日方叫作慰灵塔。塔身上面“尔灵山”三字由乃木希典亲书。在日本发行二〇三高地的明信片中，印有“慰灵塔”和“尔灵山诗”。战后日本政府组织国内大批游客游览旅顺战迹，二〇三高地是首选之地。旅顺局部开放之初，有的日本游客来到二〇三山上，藏在树林中住上一宿，临走时还要从山上带走一抔土，他们为什么要这么做？原因很简单，这里是他们先人战死之地，是他们先人亡灵所在之山。

日俄战争侵华物证“表忠塔”揭秘

周爱民　周祥令

1904年2月，中国辽东半岛的最南端——旅顺口爆发了日俄战争，这场不义之战经过329天的厮杀，俄国战败退出辽东半岛，日军以付出巨大伤亡为代价，夺取了俄国在中国东北的殖民利益。战争给中国人民特别是大连地区的人民带来了深重的灾难。

110年后，即2014年的2月，笔者徒步考察日俄战争在旅顺遗留的旧战场，经过岁月的变迁，昔日战争的废墟有的已被苍松翠柏所掩盖，有的被人为地破坏掉。然而，当年日本侵略者在旅顺白玉山巅修建的“表忠塔”，作为日俄战争侵华的物证，时刻警醒人们勿忘国耻，居安思危，御侮图强。

一、“表忠塔”的来历

1905年1月2日，日俄双方代表在旅顺水师营签署了《旅顺开城规约》，盘踞在大连地区7年之久的俄军宣布投降。同年9月5日《朴次茅斯和约》签署后，日本重新占领大连地区，并开始施行长达40年的殖民统治。1905年年末，作为战争的主要指挥者，日本联合舰队司令东乡平八郎和日本第三军司令乃木希典提议，在日本国内进行募捐活动，筹集经费26万日元[1]，于旅顺白玉山开始修建“纳骨祠”和“表忠塔”，借以美化战事、慰藉亡灵，并开启战后在大连地区的“第一次

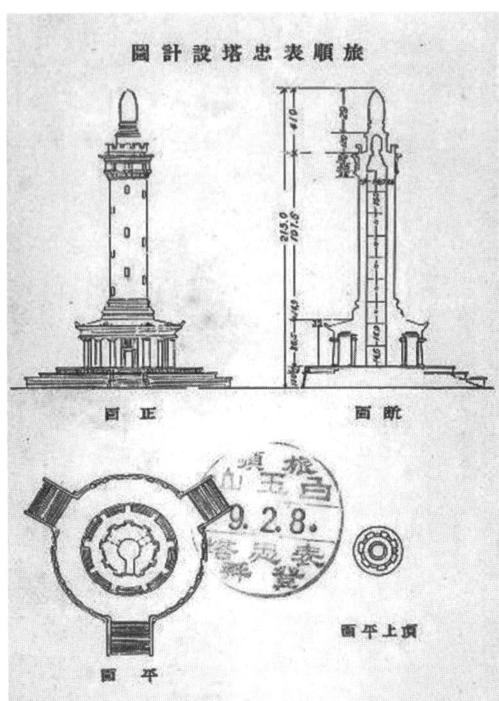

白玉山塔设计图

建碑运动”[2]。

1905年11月至1907年3月，日本殖民当局在旅顺白玉山北巅占地16829平方米，修建了一座日本神社祠院风格的“纳骨祠”，将日军在战争中死亡的22723人的骨灰，存放在祠院内地下3个拱形墓穴里。此后每年6月8日，日本殖民当局便在此举行大规模的祭典仪式和“招魂”、阅兵活动，组织日本陆海军士兵等各界人士参加祭拜活动，通过炫耀“战功”，祭奠亡灵，大肆鼓吹军国主义思想。

“纳骨祠”建成之初，日常管理由关东都督府陆军部负责，但建设用地却归关东都督府民政署管辖。根据日本防卫厅防卫研修所图书馆收藏的《陆军省大日记》乙辑中记载，1917年2月20日，陆军部经理部长官向关东都督府民政署长官发出照会，要求变更“纳骨祠”的用地管辖权。同年3月5日，民政署代理长官佐藤友熊发文同意将用地管辖权归属陆军部。1917年3月16日，双方还签署了《白玉山纳骨祠用地管辖权的变更》[3]，由此可见，随着日本殖民统治的不断深入，陆军部的权势也在逐渐扩大，为关东军的成立起到了铺垫作用。

1907年6月20日至1909年11月12日，日本殖民当局又在旅顺白玉山南巅修建一座“表忠塔”。整个塔的结构设计为圆柱形，由底座、基柱、塔身、塔顶四部分组成，外观设计如蜡烛和烛台的组合，塔顶（烛尖）形状仿照280毫米榴弹炮的炮弹形状，高8.8米、周长3.3米，寓意为祭奠“纳骨祠”亡灵的蜡烛长明不熄，并大肆标榜“为慰战死者英灵，千秋传载其烈迹”。

“表忠塔”的建筑工程设计由日本工学博士石黑五十二和渡边让担任；施工现场由工室主任海军技师兴平清贞负责。为保证筑塔工程的施工质量和顺利完成，日本殖民当局还分别在旅顺和东京设立建塔委员会，委员长一职由日俄战争期间曾担任日本第三军参谋长、时任旅顺要塞司令的伊知地幸介担任。

在筑塔过程中，日本殖民当局从本土运来大量花岗岩、水泥、木材和钢材。日俄战争中，日军为阻止俄军舰队来往通行，采用沉船和大量石头堵塞旅顺口航道。因此，修建塔的底座和台阶时，就将堵塞航道的石头打捞出来用于建筑基石。基柱是由大块岩石叠筑而成；塔身外部的石料是用船从乃木希典的家乡山口县黑发岛运来的花岗岩石；塔身内部由钢筋混凝土浇筑构成；塔内中空，筑有273级铁制螺旋楼梯，是由美国制造的；塔顶设有观景台，可以俯瞰旅顺市区全景，四

白玉山塔动工之前

建造中的白玉山塔（1）

建造中的白玉山塔（2）

周筑有铁质围栏，铁艺图案为太阳旗的放射形状。筑塔工程历时近两年半。

日本殖民统治大连40年期间，在日俄战争时期旅顺的主要战场遗迹先后建神社、立碑塔共计20余处，并被开辟为“圣地”观光点，大搞“战争遗迹参观活动”，特别是“纳骨祠”和“表忠塔”，不仅成为日本军政要员每年“春秋祭”参拜和祭祀亡灵的主要场所，更成为战争遗迹参观线路的必经之地。日本殖民当局还在白玉山南麓上山路的第一转弯处，修建了“第三回闭塞队纪念碑”和衣冠冢，把参加闭塞沉船行动的“朝颜丸”螺旋推进器置于碑前，四周架起炮弹壳与铁索围成的链墙，为日俄战争中堵塞旅顺港而丧命的日军“扬幡招魂”。

二、《旅顺表忠塔记》的作者

“表忠塔”的塔身正面镶嵌着匾额，上书塔名“表忠塔”三个字，是日本皇室伏见宫贞爱亲王所题。此人在日俄战争时曾担任过日军陆军第一师团长，塔名之意是表彰在日俄旅顺要塞争夺战中为效忠天皇而殁的日军官兵。

在塔顶的北面，即朝向“纳骨祠”的方向，镶嵌着高1.2米、宽2.2米的铜牌，铭文刻着《旅顺表忠塔记》。

塔记铭文属阳铸汉字，目前已不复存在，经查阅资料发现落款署名是日本海军联合舰队司令官东乡平八郎和第三军司令官乃木希典。两人联合撰文，概述了日俄战争旅顺要塞争夺战的重要过程。全文如下：

明治三十七年，露国之难做。二月，我海军袭旅顺舰队，轰破其数舰。寻用汽船数十只，乘夜冒炮火、进港口、自爆沈，以杜塞航路者，前后三次。又沈设水雷于港外，游弋侦逻，屡挫敌舰，遂封锁海道，绝其接济。八月，露舰十余只图脱出。我激击之黄海，敌舰溃败四散，其大半遁归旅顺，潜伏不复出。先是，第三军从金州半岛上陆，攘剑山敌。次陷凹字形山、大白山及凤凰山、于大山，又取大小孤山、高崎山，四面进逼，包围全成。于是遣使宣诏旨，令妇儿避难，并劝降，不应。全军乃轰炮齐攻，船队自海上援之，强袭数昼夜。取盘龙山东西二垒，而要塞守御坚固，不可辄拔。更用正攻法，掘堑穿壕，雁行曲折，以渐逼垒下。九月，破龙眼、水师营、海鼠山诸垒。十月，再大举肉薄，夺钵卷山、瘤山、一户等垒，彼我对峙益近接。当此时，北进军既拔辽阳，克沙河，敌增派大兵，且令波罗的舰队继援，旅顺攻略不得不急。十一月三大举进击，剧战数十日，遂拔尔灵山，瞰制港内，敌舰队竟归剿灭，而海军常出入风涛冰雾之间，蒙炮火，犯水雷，以续行封锁。既而坑道作业成，东鸡冠山、二龙山、松树山首垒，相继爆坏。至明年一月，望台又陷，露军不能复支，撤守出降。呜呼，此险要拔矣，虽谓一赖于皇上之威灵，亦岂非将卒忠勇义烈，尽诚奉上之效乎！未几，奉天、日本海海陆连捷，和议卒成。顾旅顺之役，自春涉冬，阵殁者无虑二万三千人。而某等躬从事其间，每追想当时，未尝不慨然于怀也。兹与有志谋，建塔于白玉山顶，以表忠烈于千载云尔。

明治四十二年十一月

海军大将正三位大勋位功一级伯爵

东乡平八郎

陆军大将从二位勋一等功一级伯爵

乃木希典[4]

据《旅顺港史》记载，《旅顺表忠塔记》是“东乡平八郎和乃木希典两人联名起草了塔匾的铭文，然后由日本东京第一高等学校教授盐谷时敏抄写汉文铸于铜牌上”[5]。因此，后来出版的许多资料也都采用这种说法，即塔记由东乡平八

“表忠塔”的塔铭及塔记

郎和乃木希典撰文，盐谷时敏教授负责书写。

多年前，笔者曾到金州博物馆参观，在陈列柜里发现有一本日本殖民统治时期的教科书，展现的内容正是我们要查找的《旅顺表忠塔记》，而且在注释里标明了作者的真名实姓。于是我们向博物馆领导求助，将《旅顺表忠塔记》复印。资料显示，这本教科书的书名是“中等满洲文教科书”（卷一），1940年4月10日由“在满日本教育会教科书编辑部”编辑，系第二版发行。该书第43—46页为《旅顺表忠塔记》全文，共计559个字，记述日本海陆军攻占旅顺口要塞的概况，作者是盐谷时敏。书中注释“盐谷时敏，号青山，大正十三年（1924）卒。此文代东乡、乃木两将军所作。揭在旅顺表忠塔内”[6]。

盐谷时敏何许人也？为什么由他代写塔记？经查据资料所载，盐谷时敏，日本江户时期著名学者，其祖父和父亲都是研究中国文化的汉学家，可谓出生于学术世家。盐谷时敏对中国古文颇有研究，曾在东京第一高等学校担任教授30年，传授汉学文化。清末民初著名学者叶德辉在《岁寒集》中评价其为“伟哉青山叟，屹立成大宗”[7]。

曾有评述，说盐谷时敏精通并善于讲授中国的《左传》，因此由他撰写《旅顺表忠塔记》是顺理成章的事情。至于塔记最终署名东乡平八郎、乃木希典，则是日本殖民者用欺世盗名的做法，为日本军阀树塔立传的真凭实据。

1909 年 11 月 12 日，“表忠塔”修建工程完工。11 月 28 日，日本殖民当局为制造舆论，在旅顺白玉山上举行隆重的落成典礼，伏见宫贞爱亲王、东乡平八郎、乃木希典等 1300 多人参加典礼活动，随后的庆功、奖赏、招魂、祭奠等各项活动相继持续了 28 天。

三、塔形的寓意

“表忠塔”的塔高到底是多少？现在人们通常认为塔高为 66.8 米。许多人好奇地问塔高的寓意是什么。笔者查找日文资料发现，大都记载为 218 日尺或 218 英尺。日本殖民当局于 1909 年 11 月 28 日公布的《旅顺表忠塔说明》中记录，塔全高 218 尺。为什么是 218 这个数字？其来历是取自每发 280 毫米榴弹炮弹头的重量 218 千克。日本军国主义者认为 280 毫米榴弹炮在日俄战争中是他们取胜的法宝，俄国驻旅顺陆防司令康特拉琴科就是被这种榴弹炸死在东鸡冠山北堡垒的。因此，为了炫耀武力，暗藏杀机，不仅选取这个数字，而且塔尖造型就是一枚放大的 280 毫米榴弹炮的弹头。

塔高若按 218 日尺计算是 66 米，若按英尺计算就是 66.4 米。为了得到塔高的确切数据，我们曾邀请旅顺市政管理处的高级工程师李鑫带两名技术员对塔高进行了实地测量，得到的数据是从地平面到塔尖共计 65 米。2004 年 4 月，《旧明信片中的老大连》一书由旅顺日俄监狱旧址博物馆和大连市近代史研究所编辑，文物出版社出版发行，书中有一张“旅顺表忠塔设计图”，此图分“断面、正面、顶上平面、平面”四部分[8]，其中断面图清晰地标注塔高为 215 日尺，合 65 米。

四、“表忠塔”的历史变迁

1945 年 8 月 15 日，日本战败投降。8 月 22 日，苏联红军进驻旅顺。当苏联红军得知“表忠塔”的来历后，准备将其作为战利品拆迁到莫斯科重建，以雪俄国在日俄战争中惨败的国耻。拆迁工程实施前，苏联红军征求中国工程技术人员的意见，因施工难度太大，被中国工程师拒绝。

既然塔无法拆迁，苏联红军就要求铲掉“表忠塔”三个字和塔上铜牌铭文。关于塔名和铜牌铭文何时被铲除的，我们曾采访老工人盖仁春，据他回忆：1949 年 3 月至 9 月期间，旅顺建设科工人正在友谊公园修建解放塔，突然接到旅顺市长孔祥林的通知，让建设科派人到白玉山把塔名和塔顶铜匾上的字铲掉。于是，建设科领导派盖仁春等几个人上山，几天便完成了这个任务。同时，将塔顶观景台围栏的太阳旗放射状图案用水泥改成五角星图案。

至于“纳骨祠”骨灰的下落，有传说“日本投降后，被日本人带回国内”。我们经过调查核实得知，1952 年旅顺城建部门急用石材重修解放桥（即中华人民共和国成立前的日本桥），经有关部门批准将“纳骨祠”拆除，骨灰移到海岸桥北原日本西本愿寺（此庙现已拆除，仅剩石砌钟楼）存放。1966 年“文化大革命”初期，旅顺房产部门将骨灰运到三里桥销毁。当时，房产保管员韩少学捡到一个空的木质骨灰盒，后来交给旅顺日俄监狱旧址博物馆收藏。

1951 年，旅顺市政府决定将塔改名“白玉塔”，并请时任国家政务院副总理黄炎培题写塔名。1985 年，白玉塔作为“日俄战争遗址和帝国主义侵华物证”，被列为市级文物保护单位，并依山更名“白玉山塔”，塔名由旅顺图书馆裴文翰题写。1988 年，在白玉山北巅，被拆除的“纳骨祠”原址，建起一座“海军兵器馆”。1953 年，毛泽东在“南昌”舰上题词“为了反对帝国主义的侵略，我们一定要建立强大的海军”时用过的桌椅就陈列在这里。而今，旅顺白玉山塔已被列为省级文物保护单位，成为重要的国防教育和爱国主义教育基地。

“表忠塔”

注　释:

[1]〔日〕原田敬一:《战争的记忆——关于战场上的纪念碑》。《以史为鉴 开创未来——1997 年中日关系史大连学术研讨会文集》，大连出版社，2000 年版，第 103 页。

[2]〔日〕原田敬一:《战争的记忆——关于战场上的纪念碑》。《以史为鉴 开创未来——1997 年中日关系史大连学术研讨会文集》，大连出版社，2000 年版，第 102 页。

[3]〔日〕原田敬一:《战争的记忆——关于战场上的纪念碑》。《以史为鉴 开创未来——1997 年中日关系史大连学术研讨会文集》，大连出版社，2000 年版，第 101 页。

[4] 在满日本教育会教科书编辑部编辑:《中等满洲文教科书》卷一，1940 年版，第 43-46 页。

[5] 岳水文编著:《旅顺港史》，海军旅顺基地后勤部军港处，1995 年版，第 229 页。

[6] 在满日本教育会教科书部编辑编辑:《中等满洲文教科书》卷一，1940 年版，第 43 页。

[7]《日本三君咏》。《叶德辉诗文集》，岳麓书社，2010 年版，第 505 页。

[8] 旅顺日俄监狱旧址博物馆、大连市近代史研究所编:《旧明信片中的老大连》，文物出版社，2004 年版，第 185 页。

水师营会见所释疑

李华家

旅顺水师营不但在国内小有名气，而且在国际上也有一定的知名度。究其原因主要有两个：一个是1715年清政府曾在这里建立水师营营地，存续时间长达165年；另一个是1904年爆发日俄战争，这里是旅顺战场日俄两将军会见的地方。时至今日，每年都有部分日本人来此参观。而几乎所有涉及日俄战争的文章、专著都绕不过水师营会见所。但稍有遗憾的是，人们在细节上出现了说法不一的现象。本文就水师营会见所存有异议的问题做一点探讨。

一、两将军会见为什么选择在水师营

1904年6月26日至7月30日进行的旅顺要塞外围战中，水师营沦落为日军占领地。按战争中不成文的规矩，一般是投降者必须上门受辱。水师营处在柳树房屯日军第三军司令部和俄军要塞司令部的中间地带，只是柳树房屯到水师营的路途要略远一些。那么为什么不在柳树房屯第三军驻营地会见，让斯特塞尔直接到第三军司令部拜见乃木希典？旅顺柳树房屯距旅顺城里路途遥远只是原因之一，更重要的是乃木希典根本不想让斯特塞尔知道他是在远离战场的一个偏僻的小村庄里指挥作战，不想让斯特塞尔看到柳树房屯作为第三军司令部的五间茅草房和村旁防炮火的掩体。就是因为第三军司令部远离战场，乃木希典曾受到满洲军总司令部参谋长儿玉源太郎的训斥。

旅顺水师营老街市

有的材料上讲，乃木希典是在

水师营指挥作战，所以选择在水师营会见。这完全是一种杜撰。在整个旅顺争夺战期间，第三军司令部一直没有离开柳树房屯。那里山峦阻隔，地势隐蔽，是俄军炮火无法波及的地方。柳树房屯西北方向有旅顺北部制高点凤凰山，登上山顶可以俯瞰旅顺整个攻击线。乃木希典于山上设立战时指挥所，就在那里指挥作战。稍有战争常识就可知道，乃木希典绝不可能把指挥所设在毫无遮拦且在俄军炮火有效射程内的水师营。

二、乃木希典会见斯特塞尔迟到是有意让其坐冷板凳吗

说到两将军之会见，有文字是这样记述的："1905 年 1 月 1 日下午俄方派军使到日军第三军军部送投降书。1 月 2 日下午，日俄双方代表在水师营就投降问题举行谈判，并决定 1 月 5 日两军最高领导人在水师营会见。水师营位于旅顺城区北 4 千米，龙河右岸。原为清朝水师驻地，清末水师营撤销，逐渐发展为居民村镇。在日俄交锋的战乱中，水师营村遭到严重破坏，唯有西北街 29 号一处民居保存完好，原因是日军总攻旅顺口时，选此民居做第一师团的卫生队包扎所，现在作为两军首脑相会的地址。原定相会的准确时间为上午 11 时整。败军之将俄军司令斯特塞尔规规矩矩地于 10 时 45 分便来到会场，而日军头目乃木希典以胜利者自居，有意冷落俄方头目，在 11 时 30 分才傲慢地出现，让斯特塞尔空等了半个多小时。两人各怀不同的心情，寒暄一番后，共进午餐，合影留念。"这段文字有两个问题值得商榷。一是"唯有西北街 29 号一处民居保存完好，原因是日军总攻旅顺口时，选此民居做第一师团的卫生队包扎所"。根据目前发现的老照片来看，水师营的房屋损毁比较严重，有的房盖被炸飞，有的院墙被震倒，但绝不是唯有西北街 29 号一处保存完好，那一趟街都保存完好。而且，绝不会是因为做卫生队包扎所就可以免于俄军的炮火。二是乃木希典固然有以胜利者自居的心理不遵守时间的问题，但在此前，他已派谈判全权代表少将参谋长伊地知幸介等人提前到水师营做好接待工作，根本不存在让斯特塞尔一人尴尬地坐冷板凳这么一说。柳树房屯距水师营路途较远，交通方式是骑马，迟到半小时也就不足为奇了。

三、斯特塞尔向乃木希典赠送的是什么马

关于斯特塞尔向乃木希典赠送战马一事，很多材料是这样记述的：当日下午

两将军及其幕僚会见后合影留念

斯特塞尔的坐骑——阿拉伯白马

1时20分会见结束。斯特塞尔知道乃木希典非常珍爱战马，临别时说道："我有一匹阿拉伯名马愿送给你做纪念。"乃木希典说："感谢，但在此场合我不能接受。请以战利品交给我方，接收部队会再转交给我的，我会精心喂养。"有的文章分析这是乃木希典故意羞辱斯特塞尔，充分表现了战胜者的傲慢。在笔者看来，乃木希典是按战争程序办事的。作为战败方的战马已经是战胜者的战利品，斯特塞尔本没有权力送人，这只能说明斯特塞尔的蠢笨和对乃木希典的巴结。需要说明的是，有的版本把斯特塞尔送给乃木希典的阿拉伯白马说成是西伯利亚名马，这是不准确的，西伯利亚没有什么名马。而阿拉伯马体形优美，运步富有弹性且耐久力强，很适合做战马。

四、用作会见所的房子究竟是谁家的

在旅顺近代史研究的文章中有关水师营会见所原房子的主人有两种说法：一说是刘宽一，一说是李其兰。同一座房子两家主人之说，自然令人质疑。为一探究竟，笔者曾先后三次就有关问题实地调查走访并寻找到房主的后人，取得了第一手资料。

2016年12月16日，笔者同大连市近代史研究所原研究员王珍仁再次到水师营，就会见所当年房子的主人进行第三次确认。

家住水师营西大街东面距会见所百米远的刘明福老人告诉我们，他们家爷爷辈兄弟三人，当家的是他大爷刘宽一。当时把房子卖给日本人做纪念馆的就是他大爷。刘明福的爷爷排行老二叫刘宽礼。刘宽礼生前对他的儿子刘信立等人讲，日俄战争时，日军攻打旅顺，他赶着马车去城里拉大粪，因为挡了攻城日军的路，一个骑着高头大马的军官从后面追了上来，对着他的脑袋一刀斜劈下来，他俯身趴在车沿上才躲过一劫。每当日军对旅顺要塞发起进攻时，刘宽礼就用马车拉着一家老小到旅顺北边石灰窑村亲戚家避难，战事停了再回来。就在他们全家外出躲避炮火时，他们家的五间草房被日军用作了卫生队包扎所，后来用作了会见所。

日俄战争结束后，日本殖民当局把5间草房买下来做纪念馆。当时老刘家上房和东厢房共计10间房子。刘宽一提了一个条件——要给他们兄弟三人每人批5间房身地。现在，在会见所东边100米处有15间瓦房，中间一处带有老门洞的就是那时批的房身地。

做纪念馆之前的农家

笔者曾拜访刘明福老人，想弄清楚日本人给了多少钱把老房子买下了。老人说，究竟给了多少钱他爷爷没有说，不管给多少钱，日本人要买你敢不卖吗？在与刘明福老人交谈中得知日俄战争中旅顺争夺战非常惨烈。当时的松树山被日军炮火炸得像采石场一样，他们家建房用的石头就是从松树山直接捡回来的。

新中国成立后，刘宽礼发现有人写会见所的文章说房子是李其兰家的，感到非常不理解。他对后人说，他们老李家的房子是在大道的东面，我们老刘家的房子是在大道的西边，中间有一道之隔，会见所是在路的西边，怎么可能是老李家的呢？按理说，把房子卖给日本人做纪念馆不是一件光彩的事情，有人想隐瞒还来不及，但刘宽礼却让他的儿子到旅顺档案局要求把这个错误纠正过来。为什么会出现一座房子两家主人之说的情况呢？原因是写文章的人没有深入调查研究。

五、会见所展馆是原先的老房子吗

1905 年 1 月 5 日，斯特塞尔同乃木希典会见之后，用作谈判的会见所被日本殖民当局买下做纪念馆，属于军事用地。1945 年 8 月，苏军进入旅顺后，水师营会见所改为坦克部队后勤部，在那里饲养奶牛和养马匹并兼做仓库。1955 年苏军撤出至 1976 年 9 月，房子由驻军接管，其间 3 次换防。后来租给水师营供销社经销农业资料。

苏军驻旅顺期间对日俄战争遗迹大都保护得较好，但有 3 处苏军是不允许存在的。一处是高耸在白玉山上的“表忠塔”。苏军进城不久就招募技术人员准备将其拆毁，但由于当时技术设备条件落后，只好放弃。第二处是二〇三高地西边的炮兵观测所纪念碑。日军重炮就是通过那个观测所指示的方位，将旅顺港内的太平洋分舰队的舰船击毁的。现有照片表明，苏军将纪念

带有东厢房的水师营会见所

改为水师营普通学堂的水师营会见所

20 世纪 90 年代复原的水师营会见所

碑上 280 毫米榴弹炮弹头拆了下来。第三处是水师营会见所。这里是日俄战争俄军战败投降签字的耻辱地。苏军在此做了两件事情：一是将院内的水师营会见所纪念碑推倒至墙角。1958 年水师营村将石碑运往水库工地。二是将会见所的老房子拆掉，在原址加长加宽新建瓦房，用作部队的库房。

1997 年，有关部门将日俄两个帝国主义既争夺又勾结、妄图瓜分中国的物证——水师营会见所，作为反面教材，按原样恢复并向公众开放，让人们从中吸取深刻的历史教训。

当年，苏军拆掉老房子扩建时，原有的地基没有动。重修会见所展馆时发现了原来 5 间老房子的基石还在，就在原基石上按照修旧如旧的原则，重新修建会见所展馆。现在我们看到的会见所展馆建材是将在乡下买来的一处老房子的材料迁移过来的。为复原院里西边的拴马树，曾先后从营城子双台沟和水师营东北沟两次购进大枣树，但都没有栽活。

六、水师营会见所留下了哪些纪念物

日俄战后，日本政府为炫耀旅顺争夺战的战绩，创作了歌曲《水师营会见》，制作和发行了与水师营会见所相关的各种纪念物。

1. 乃木希典酒壶

乃木希典酒壶是当年水师营会见所纪念物之一。当时发行量很少，有一定身份的人才可以收藏。长城街道钟家村有一户王姓人家，早年在日本人家里做杂役，见到日本主人家收藏了一个乃木希典酒壶，还有两个带文字的小酒杯。1945 年 8 月，苏军进驻旅顺后，这家日本人逃离旅顺没来得及拿走，就被做杂役的王姓人家收藏了。1992 年夏天，笔者见到这个保存完好的小酒壶并为之拍照。正面是水师营会见所全景浮雕，背面是陷进去的乃木希典雕像，雕工细腻传神。笔者把照片带到辽宁师范大学历史系送给田久川教授鉴定。田教授看了照片之后说，这是很少见的会见所纪念物，近代史展馆应该收藏。笔者把田教授的意见转告给旅顺日俄监狱旧址博物馆领导。旅顺一个搞文物收藏的年轻人听说了这件事情，花 1500 元将其买走了。

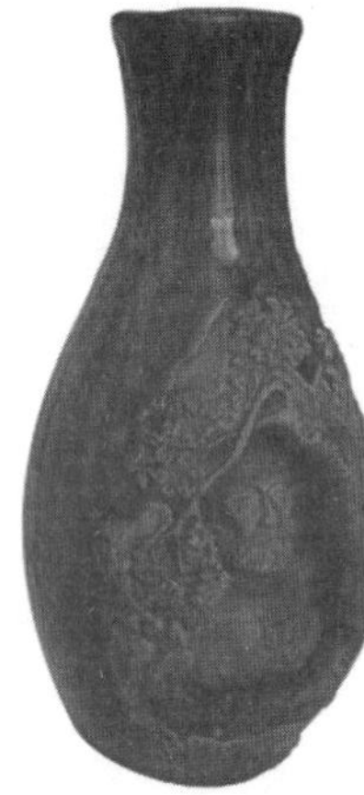

乃木希典酒壶

铜质纪念币

浮雕金属挂盘

2. 铜质纪念币

水师营会见所在日本殖民统治时期作为展馆之初，发行过一种铜质的纪念币。纪念币上铸有乃木希典和斯特塞尔站立会见的场面，下面有“水师营の会见”和“1905 年”的字样。重修会见所之后，展馆仍然想发行这种纪念币，但找不到当年的模具。因为上海正规厂家制模价格昂贵，纪念馆负责人只好找到民间艺人王瑞功为其制作模具。现在所见的这种纪念币已不是当年之物了。

3. 浮雕金属挂盘

这种浮雕金属挂盘重 255.6 克，直径 15.32 厘米。主画面是水师营会见所的老房子和石碑，下边写有“水师营”字样，盘子周边布满日本的皇室之花——菊花。这种浮雕金属挂盘做工精良，难得一见，是日俄战争又一见证物。

4. 文房用具——文镇

文镇即指写字作画时用以压纸的小物件，现今常见的多为长方体，因此也称镇纸、压尺。这个用作纪念物的镇纸正面是会见所房屋和院里的石碑，背面是参与谈判的乃木希典和斯特塞尔的浮雕像，中间的日文大意是：“昨天的敌人，今天的朋友，交谈中一切都化解了。”

5. 写真帖及明信片

战后，日本为对青年学生进行忠君爱国的思想教育，宣扬日本军队和军事行为的正当性和永久性，把乃木希典、水师营会见所等内容编入课本。与此同时还发行了大量不同版本的写真帖及明信片。

文镇的正面、反面

写真帖

大谷光瑞与旅顺博物馆

王振芬

年轻时候的大谷光瑞

在旅顺博物馆丰富而独具特色的馆藏文物中，大谷探险队收集品因其数量众多、价值珍贵而占有重要的地位，也正是由于这些藏品，大谷光瑞与旅顺博物馆结下了不解之缘。

大谷探险队收集品是以日本西本愿寺第二十二代住持大谷光瑞个人命名的一宗文物资料。大谷光瑞（1876—1948），日本京都府人。日本西本愿寺第二十二代住持、探险家，为第二十一代西本愿寺住持明如的长男。他 10 岁剃度，学习院毕业后，留学欧洲。1898 年与贞明皇后（大正天皇之妻）姐姐九条筹子结婚。1899 年和 1906 年两次来中国游历考察，自 1899 年起赴伦敦游学三年。1902 年（明治三十五年），大谷光瑞利用留学归国之便，以探寻佛迹为名，组建大谷探险队，前往巴基斯坦、阿富汗、印度、中国新疆等地，考查古迹，搜集文物，是为大谷探险队的第一次探险活动，也是大谷光瑞本人唯一亲自参加的探险。在这次活动期间，大谷光瑞因父亲明如上人去世，回国继位为西本愿寺住持，法号镜如上人。

日俄战争后，大谷光瑞派西本愿寺弟子和僧人橘瑞超、野村荣三郎、吉川小一郎又先后进行了第二次（1908—1909 年）和第三次（1910—1914 年）探险，主要在中国新疆的吐鲁番、楼兰、库车、和田和甘肃敦煌等地，获得大量出土物，系古丝绸之路上遗存的珍品。

1904 年，第一次大谷探险队所获文物的一部分曾经在京都帝室博物馆（今

大谷光瑞在旅顺的旧居

京都国立博物馆前身）展出，这部分文物1944年经木村贞造之手购买后，交由现在的东京国立博物馆收藏。1915年，首个大谷收集品图录《西域考古图谱》出版。该书由大谷收集品在二乐庄整理和展示期间邀请京都大学的学者们编辑而成，其中部分文物后来遗失或散落，其中包括296年（西晋元康六年）竺法护的《诸佛要集经》写本最重要的题记部分。同年，大谷光瑞本人到中国旅顺选择了一处俄式住宅，1916年开始寓居旅顺，他将一部分收集品带在身边，这部分应该是其以上分散之后的大谷收集品的全部，包括他个人的藏书在内。先期大谷光瑞只是通过驻地在大连的日本满铁将文物寄存在当时的关东都督府满蒙物产馆里，1929年作价卖出，从而正式成为旅顺博物馆的藏品。在这期间，1916年至1921年，橘瑞超曾经在旅顺对文书部分进行初步整理，1927年，文书中的胡语文书部分全部拿到上海，请俄国梵文学者米罗诺夫进行了整理和编号。也有一部分文物或者由橘瑞超或者因其他我们现在不知道的原因又运回日本，再次分散，部分文物收藏在龙谷大学。1925—1935年，《关东厅博物馆大谷家出品目录》形成，作为附录收入1937年出版的《新西域记》中。这个目录与博物馆1929年正式登记大谷收集品的文物账的目录并不相同，这大概是因为此时博物馆内部正在发生变化，图书馆正在从博物馆中分离出去，而原来的藏品存放于三个地方，文书、佛经等在图书室，部分文物在展示，其他文物1925年之前存放在考古分馆。1950年后，敦煌经卷大部分划拨到北京中国国家图书馆，只留下未经整理装裱的10件。之后，博物馆对这部分藏品进行统一登记，原来分别登记的文书经卷与其他绢片、雕塑、干尸等第一次登记在一起成为一个整体。

多年来，我们始终有个理解上的误区，一提到大谷探险就是上述的三次中亚、西域之行，实际上，早在英国留学期间，大谷光瑞就深入冰岛，做了极地探险。在三次中亚探险前后或期间，大谷光瑞还派人对中国的云南、四川等地进行了考察，在三次探险往返途中还对内蒙古、中原各地、长江沿线进行了考察；而1912年开始，大谷光瑞还与西藏十三世达赖喇嘛通过互派西本愿寺弟子和西域僧侣为留学生从事西藏地区考察。所以大谷收集品是以中亚、西域文物为主，涉及包括内蒙古、西藏、云南等诸多中国地域的文物资料。大谷探险队到底获得多少文物，现在已经无法做出确切的统计，有待于今后更深入研究。

第一次探险结束后，大谷光瑞将所获文物一部分放置在京都西本愿寺内，另一部分存放在京都帝室博物馆。由于所获文物数量庞大，1909年，在大谷光瑞主持下，西本愿寺在大阪和神户之间的武库郡六甲山新建了一座别邸——二乐庄，主要作为存放、整理大谷收集品的场所。据现在保存下来的一份当时大谷收集品的整理记录《书画装裱记录》来看，当时的整理包括清点编号、分类装裱、拍照，在这份记录中看到的是丝织品、纸质品的整理情况，并不见其他文物的整理情况，但大谷收集品在二乐庄存放期间曾经进行了两次公开展示，展品中包括了大谷收集品的所有类别的文物，其他类文物也应该在此期间进行了相应整理。1914年，西本愿寺由于多年大规模地考察探险、修建二乐庄，而且在日俄战争期间还有资助活动等，耗资巨大，引起了严重的财政赤字，直接导致1914年5月17日大谷光瑞辞职。此后二乐庄被变卖，大谷收集品被分散。

大谷光瑞探险队在西域

从现在的收

藏情况来看，大谷收集品主要分散为三个部分，一部分现收藏于日本东京国立博物馆，这部分原存放在京都帝室博物馆（1904 年在此展示），1944 年由日本人木村贞造购买，后捐赠给博物馆。第二部分是 1915 年由橘瑞超开列目录，卖给了时任朝鲜总督的寺内正毅，现收藏于首尔韩国国立中央博物馆。第三部分则由大谷光瑞本人带到旅顺，现收藏于旅顺博物馆。这部分当中另有 8000 多件包括大谷文书在内的文物后来又被橘瑞超带回日本，现收藏于日本龙谷大学。

1914 年大谷光瑞辞去住持职位后，开始了其海外游历和布教的生涯，并选择中国的旅顺作为其在中国的居住地。1915 年大谷光瑞在旅顺新市区买下了一所俄国式建筑，先将其大量藏书（这部分藏书后被统称为“大谷文库”）经由上海运抵旅顺，1916 年，将其保留的大谷收集品也一并运到旅顺，并以寄存的方式存放在刚刚建立的关东都督府满蒙物产馆，该馆就是现在旅顺博物馆的前身。

旅顺博物馆与大谷光瑞有直接关联的收藏品应该是两部分，主要是上文提到的大谷收集品，还有就是大谷文库的部分藏书。下面我们将分别加以介绍。

就馆藏来说，中亚和西域文物始终是大谷收集品的主体，由古印度石刻和发现于中国新疆、甘肃的古丝路文物两大部分组成。

古印度石刻是指古印度地区从 1 世纪贵霜王朝至 12 世纪的波罗王朝时期以佛教艺术为主的石质造像，地域范围为现在的印度本土、巴基斯坦和阿富汗部分地区，共计 106 件。佛教艺术早期阶段以巴基斯坦和阿富汗交界处的犍陀罗河谷命名的犍陀罗艺术中的典型题材佛传图——仙人托梦、八王分舍利和释迦说法等精品，还有丰收女神像所具有的北方游牧民族面部特征和造像手指间普遍存在的缦网（佛的三十二相之一），表明了早期佛教艺术的族属起源和对佛的形象的最初理解。萨尔那特是古印度王国的夏都，造像石质以红褐色加黄色斑点为特征，艺术风格上以贴体的湿衣表现出佛在体格上的壮硕和雄伟，馆藏中一件仅存手抚大腿部分的造像残件，可以让人想象出佛所具有的超出常人的伟岸，但通过戴在无名指上的戒指这样一个细节刻画又表现出了佛的柔美和与生俱来的贵族之气。6 世纪始，密教在印度流行，波罗王朝时期的佛教艺术中多塔和千佛的造型，前者多为供奉用的小塔，后者则多位于佛座周边。馆藏波罗王朝时期最著名的造像

旅顺博物馆展出的大谷光瑞旧藏

是一铺释迦佛和文殊、观音菩萨三尊组成的一佛二菩萨类型造像，观音手持莲花、文殊肩顶经书的造型已经趋于定型化，其优美的站姿是中国佛教造像中“S”形的来源。耆那教是印度古老的宗教，也是佛教艺术形成的一个重要因素。馆藏石刻庵摩罗果（中国称余甘子）雕刻的正是耆那教的圣物。所以说，馆藏大谷收集品中的古印度石刻不仅是古印度佛教艺术发生、发展的写照，也囊括了同一时期古印度存在的其他宗教艺术品。就目前收藏情况来看，它们是中国国内唯一的一宗收藏。

旅顺博物馆收藏大谷收集品中数量最多的是发现于新疆和甘肃两地的纸质文书，现在学术界已经给了它们一个学术术语，叫“大谷文书”。旅顺博物馆的大谷文书由四部分组成。

一、有关当时社会生活各个方面的社会文书档案，由于新疆地区特有的干燥炎热的气候条件，许多被完整地保存下来，但更多的发现时是作为二次使用的墓葬中的纸靴、纸棺、壁画等冥品，在甘肃敦煌的藏经洞寺院的废弃档案则是用于修补破损的经卷。社会文书中最著名的是发现于克孜尔千佛洞的《唐建中五年（784）孔目司帖》，记录了龟兹地区一位名叫白俱满央离的织户，以布代替夏天差役的事情，反映了唐代新疆地区的税收情况。

二、新疆境内古丝绸之路南北通道上发现的汉文佛经残片，以吐鲁番地区为主，共计 26000 多片。其中最有学术价值的是 14 片 296 年（西晋元康六年）《诸佛要集经》写本残片。虽是小的残片，但却是已知现存世界上最早的汉文写本，是研究早期佛经传译、书写历史的珍贵资料。其次学术价值极高的是有“承阳三年”（427 年）年号的《菩萨忏悔文》残片。共 3 片，承阳是沮渠氏北凉曾经使用过的年号，但不见于任何历史典籍中，仅仅以“承阳二年”的方式出现在一件吐鲁番出土的户籍文书（现藏于德国）和一件供奉石塔（发现于甘肃酒泉，现藏于酒泉市博物馆）上，旅顺博物馆收藏的这件残片不仅是唯一使用“承阳三年”年号的资料，为考订北凉年号的使用提供了第一手材料，而且从佛学的角度，该写本是早期菩萨戒律和禅观思想研究的珍贵资料。

旅顺博物馆展出的大谷光瑞旧藏

三、来源于敦煌藏经洞的佛教经卷。大谷光瑞带到旅顺的敦煌经卷有 700 件（包括藏文佛经）之多，中间有部分遗失，1954 年经时任文化部文物局局长王冶秋的批准，将 620 件经卷（其中汉文 410 件）上交给文化部社会文化事业管理局（现存北京国家图书馆）。旅顺博物馆仅存 10 件，在这些经卷中，958 年（后周显德五年）《六祖坛经》写本是世界上仅存三个完整的敦煌本《坛经》中学术价值最高的，堪称禅宗研究领域中的“宝典”。

四、西域语文书。西域语是对古代新疆各绿洲国家所使用的各种语言的通称，包括于阗语、吐火罗语、突厥语、古梵语等，当时新疆地区官方用语为汉语，但由于民族成分多元，不同地区不同族属也有自己的语言，特别是佛教经典从中亚传过来之后，作为中转地的新疆地区，首先转译成当地语言，再传到中原内地。也有的佛经在翻译成汉文回流到新疆后，为便于当地人诵读，又加注当地语言，成为双语经典。在这批西域语佛经残片中，我们现在已经发现和识读了《妙法莲华经》与古印度原典最接近的梵文写本。

除上述文书外，旅顺博物馆收藏的大谷收集品还有其他类别繁杂的诸如丝织品、钱币、雕塑品、木俑和泥俑、佛教绘画等，被称为“大谷文物”。丝织品中以信众奉献给寺院用于还愿的绢质佛幡数量最多，而以唐代才出现的夹缬类丝绸最有研究价值。钱币中多为同时期中原地区通行的货币，说明当时中原政权的势力所及和两地贸易交往的畅通，但是出土于和田地区的“和阗马钱”，圆形无廓，上铸马的侧身像，钱文用当地使用的佉卢文和中原汉字两种文字，具有西方、中亚、中原内地多种文化因素。吐鲁番地区出土、由唐时高昌王国发行的“高昌吉利”钱，完全是中原系统的钱币，现在世界上存量有限，旅顺博物馆有 3 枚。雕塑品以和田地区出土的陶塑动物最为精致、传神，有猿猴、骆驼、马，大小不一，姿态各异。而以残片形式存在的、原来应是实用陶器上的贴塑装饰，多为受到犍陀罗艺术影响的佛教图案，说明古代和田地区是最早接受佛教文化的地域，对于研究佛教艺术的早期东传具有重要意义。

最早对吐鲁番地区的高昌古墓进行挖掘的是大谷探险队，旅顺博物馆藏大谷收集品中的大量木俑和泥俑就是墓葬中的随葬品，有文官、武官、仕女、乐伎，相貌服饰都与中原地区唐代墓葬中的随葬俑相接近。高昌古墓还出土了绢质的《伏羲女娲图》，伏羲女娲是汉民族传说中的人文始祖，在高昌古墓中出现，说明这一地区人们奉汉文化为正统的认同心理。

旅顺博物馆收藏的大谷文物中佛教绘画名品众多，有新疆木头沟的《铠装王者像》，表现了世俗王者对佛的虔诚信仰。《阿弥陀净土变相图》虽然是仅存奏乐伎的残件，但其灵动的线条、层次分明的色彩，充分体现出了画者高超的艺术手法，画面下方的发愿文包含四句七言的唱词，是唐代后期兴起的俗讲的写照。馆藏另外一件《带景教符号的地藏菩萨麻画》是目前国内唯一有关回纥高昌时期三教（佛教、摩尼教、景教）并存的绘画作品。被称为《印沙佛》的捺印佛教版画，本是佛经中的插图，其制作方法是后来印刷术的雏形。

以往我们将大谷收集品作为大谷光瑞与旅顺博物馆的唯一关联，但近年我们又在原馆藏的图书资料中发现了大谷文库的部分藏书。大谷光瑞 1915 年迁居旅顺后，几乎将其全部藏书运来了，一部分通过满铁交由当时的大连满铁图书馆，以明清珍本小说为主，现收藏于大连图书馆。另外一部分原收藏于关东厅博物馆图书阅览室，后来由于该阅览室独立出去成为旅顺图书馆，就相应成为原旅顺图书馆馆藏的图书，约为 3500 册，多为西文原版书，现在这部分图书已经遗失。旅顺博物馆收藏的大谷文库图书，是 1929 年关东厅博物馆图书阅览室独立之后，博物馆建立了自己的图书室，当时又重新登记入藏的，包括西文书62册和统称为“支那书”的中国部分地区地图27册。值得一提的是，在这些地图册上均加盖有“大谷光瑞藏书”印章，经过比对，与大连图书馆大谷文库的藏书印是相同的。

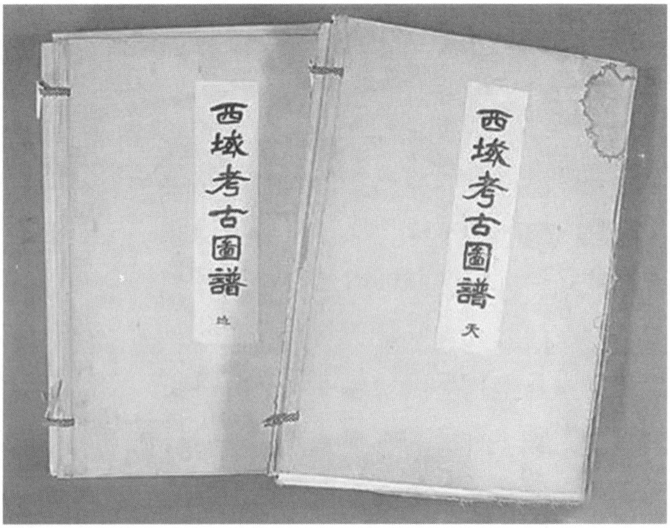

《西域考古图谱》

旅顺的大谷光瑞故居位于旅顺博物馆以北2千米远的山坡上，站在故居的阳台上，可尽情俯瞰博物馆的屋顶、庭院。据资料记载，大谷光瑞在旅顺居住期间，一有闲暇，即携小童来馆鉴赏中国古代陶瓷器。1945年8月15日，日本战败投降，大谷光瑞滞留大连，寄住大和旅馆（今大连宾馆），1947年3月回国，1948年10月4日病逝。

唐延寿命菩萨像（来自新疆雅尔湖）

旅顺博物馆收藏的大谷收集品，就其整体意义上讲，现在统计出确切数量是一件有相当难度的事，因为经过近一个世纪的变迁，旅顺博物馆经历了日本殖民时期建馆、苏联红军接管和中国政府收回的沧桑巨变，博物馆的经营理念、文物藏品的管理方式都发生了变化，大谷收集品除主体成为馆藏文物类别中的关内考古品外，还有部分分散于其他类文物如石刻、外国文物、陶瓷器等中。但无论如何让人欣慰的是，大谷收集品几经沧桑变故，终于永远地留在了旅顺博物馆。

文物藏品是博物馆开展业务工作的基础。多年来，旅顺博物馆在精心保存和保护大谷收集品的同时，开展相关课题研究，并取得了令人瞩目的成果。大谷收集品以其无可争议的文物价值和学术价值成为旅顺博物馆最重要的馆藏之一，旅顺博物馆也因拥有这些馆藏为国内外同行所关注。

唐泥塑彩绘仕女俑（出土于新疆阿斯塔那—哈拉和卓墓地）

松室重光与旅顺博物馆主馆建筑

刘立丽

一、俄国选址建基

1898年3月，对中国东北觊觎已久的俄国强租旅大，并随之开始了对旅顺市区的殖民规划。旅顺市区以龙河为界，东为旧市街，西为新市街。旧市街是当时中国人的聚居区，多为一些旧式的中国民房。而新市街（今太阳沟一带）则人烟稀少，除有一个小村落外，多是未开垦的土地，并且面向大海，尤其适于建造欧式房屋。因此俄国统治者选择将新市街作为政治、经济、文化和金融中心所在地。

1899年12月，俄国首任总督阿列克谢耶夫上任以后便主持制定了《旅顺新市街设计方案》，即在旅顺新市街中央部位修建一个大型广场，周围建设官署、银行、邮局等设施，广场南端拟建“将校集会所”，其庭园与通向海边的公园（旅顺植物园）相连接，另外在公园东西两侧建设市立旅馆（后为日本“关东州”厅）及市立剧场等建筑。方案中提到的“将校集会所”即今天旅顺博物馆主馆馆址所在地。1901年5月，该方案获沙皇批准后迅速实施，“将校集会所”图纸也开始着手进行设计。随着图纸的完成，“将校集会所”作为当时新市街的重要建筑之一便开始投入建设之中，然而，随着1904年日俄战争爆发，这一工程只完成了基础部分而被迫停止。

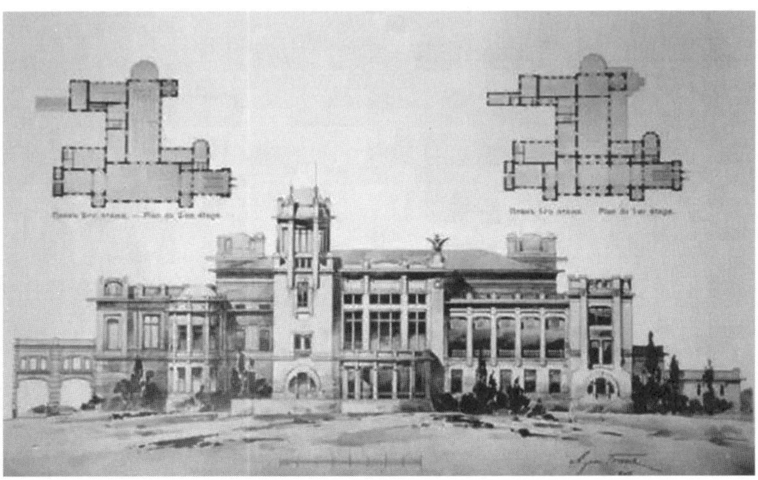

俄国建筑师冯•哥根设计的将校集会所图纸（1）

关于俄国时期“将校集会所”的建造

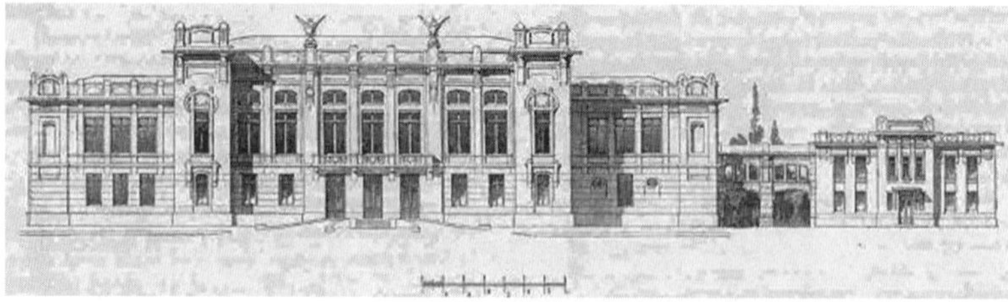

俄国建筑师冯·哥根设计的将校集会所图纸（2）

情况，据目击者回忆：“我17岁（1915年）从山东来到旅顺，在一家玻璃店当伙计。有时到太阳沟一带干活，亲见俄国人修建旅顺博物馆的工地。当时房子的地基已经全部铺完，并已开始用花岗岩大石块垒墙……有的地方垒了两层，还有的地方露着地基，还未垒墙……地基内积满了水，每到夏天长满没膝高的杂草，成为一片沼泽，里面还藏了许多青蛙。到了冬天便结成一片冰。”[1]

那么，这张还没有来得及完全付诸实施的图纸，它的最初面貌是什么样子的呢？多年来，旅顺博物馆一直致力于馆史研究和相关资料的收集。经过多方努力，2012年，我们从俄罗斯科学院俄罗斯历史研究所征集到了这张珍贵的图纸照片，使我们得以知晓旅顺博物馆建馆前的最初面貌。这张图纸发表于1902年9月1日《俄罗斯建筑杂志》上，从图纸上的文字说明来看，设计者是俄国建筑师冯·哥根，完成时间是1902年，图纸下方有建筑师本人亲笔签名。图纸包括建筑北向立面、南向立面及楼内部一、二层平面图三部分，内容清晰明了，建筑的外部特征与内部结构清晰地呈现在人们面前。

这里需要注意的是，俄国统治时期，该建筑是作为将校集会所来设计的，设计理念和功能性与博物馆并无关联。功能的转变是在日本统治时期发生的。而从1937年日本统治时期的展厅陈列平面图来看，当时馆舍的内部结构基本保持了原来的设计，所改变的只是建筑的外部特征和细节装饰。虽然由于历史原因，这张图纸没有完全付诸实施，但从一定程度上来说，它可以称得上是旅顺博物馆的第一张建筑图纸。

二、日本人建馆

1905年，日俄战争以俄国战败宣告结束，从此，日本取代俄国开始对大连地区进行长达40年的殖民统治。日本侵占大连后，在加强其政治统治、军事占领、经济掠夺的同时，在城市建设上按照俄国统治时期的规划继续实施和发展，陆续兴建一些医院、学校以及市政文化等设施，以期在思想上达到同化中国人的目的。旅顺博物馆正是伴随着日本殖民者的文化侵略而产生的。

日本殖民统治时期的旅顺博物馆

和日本占领台湾初期兴建的台湾“总督府”博物馆一样，旅顺博物馆建立之初并没有固定的场所。为彰显其殖民统治的“成果”，1915 年在旅顺千岁町（今万乐街 33 号）原华俄道胜银行银行旅顺分行旧址临时成立“物产陈列所”，展出图书及少量文物，从而形成了创建博物馆的基础。1916 年 11 月迁入松树町（今列宁街 22 号）新馆址，并于 1917 年 4 月 1 日正式对外开放，这一天后来被确定为旅顺博物馆的创建日。

旅顺博物馆主馆的正式建设始于 1916 年。当年 11 月，关东都督府投资 20 余万日元，决定在原俄国“将校集会所”建筑基础上建博物馆。经过两年时间工程基本完工，其间一些展柜在展厅内陆续制作，部分文物藏品也陆续入藏，并于 1918 年 11 月 12 日正式对外开放。

旅顺博物馆主馆是一座典型的近代折中主义风格建筑，融古希腊、古罗马、文艺复兴时期和东方建筑特色为一体。正立面以顶部塔楼为中心呈对称分布，正门包括古希腊建筑样式的门廊、爱奥尼亚柱式及混合柱头，半圆形正门门廊上方点缀樱花图案并以橄榄枝组成的花环围绕。飞檐上方筑有古罗马建筑中常见的三角形山花，山花内装饰有舒展的莨菪叶及花环簇拥着的宝珠。建筑内部各房间设计典雅别致，北大厅天棚顶为木作式纵横方形分隔，四出斗拱，东西两壁与三楼房间通透相连，南大厅天花为拱券顶，南北两壁的孔雀浮雕栩栩如生，体现了中西合璧的特点。室内的展柜也依馆舍风格而设，高大威严，气宇非凡，这种四面采光的设计方式在国内已不多见。

20 世纪 20 年代到 30 年代初，旅顺博物馆又做了基本框架的调整组合，形成了以本馆（主馆）为龙头的纪念馆、图书馆、动植物园四馆合一的综合性博物馆，但本馆的建设和发展仍是重中之重。

综观俄、日的设计理念，日本人所建的博物馆虽然内部结构变化不大，但在外观上存在很大不同。此时俄国图纸中的附属建筑已不见了，只保留一座主体建筑。从建筑细节上来看，俄国图纸中南北立面的俄式风格已不见踪影，顶部塔楼的位置也改成了居中而立，并且在外壁增加了繁缛华美的装饰。可见，虽然囿于当时历史条件，只是在当时俄国打好的地基上续建，但设计师还是进行了重新设计，所表现出的就是 20 世纪初“西学东渐”时期日本的建筑特点。从规模上讲，日本改建的博物馆建筑没有俄国设计的那般恢宏、气派，但从建筑本身来讲，造型庄重典雅，精雕细琢，堪称近代建筑的优秀代表。

三、对旅顺博物馆设计者的考证

那么，这座建筑的设计者是谁？他又与旅顺博物馆有着什么样的渊源？

自“明治维新”以来，日本本土掀起全面学习西洋文化的“脱亚入欧”思潮。日本许多著名大学都聘请西洋建筑师前来讲学，甚至派遣学生到欧美去学习。20 世纪初，先后来到台湾和旅大地区的建筑设计师前田松韵、松室重光、野村荣一等人，都在明治时代受到过西洋体系的建筑教育，崇尚古典复兴思潮，他们的设计虽然是在殖民地区，但是无论其创作思想还是建筑形态，都是日本本土建设的延长线。关于旅顺博物馆的设计者，目前有两种说法，一种说是前田松韵，一种说是松室重光，且是前者的说法多年来一直占主流。

“前田松韵说”主要是依据博物馆保存的一份《关东厅博物馆建筑年代与设计者》图表，其中在“当初建筑名”一栏，填写“关东厅博物馆（旧俄国陆军将校集会所）”；“建筑年”为“露治时代”；“设计者”为“关东厅内务局土木课（改修）、前田松韵”；“备考”下标“《满洲建筑协会杂志》《关东厅施政二十年史》”。

前田松韵，1880 年生于日本京都，1904 年毕业于东京帝国大学建筑学科，1905 年 2 月 22 日被当时的大连军政署委任为工程师，是日本官方在大连最早从事建筑活动的知名建筑师。他在大连从事建筑的时间很短，1907 年 10 月即回国，在东京高等工业学校建筑学科任教。他在旅大地区留下的较重要的作品有大连民政署（今辽沈银行大连分行），旅顺关东都督府高等及地方法院（今旅顺日本关东法院旧址陈列馆）、大连日本桥（今胜利桥）桥头及栏杆等。[2]

根据前田松韵的活动轨迹，结合相关资料，笔者认为“前田松韵说”尚待商榷。首先，从时间上看，上文提到的前田松韵的三幢代表性建筑的兴建时间都在1906—1907年，而旅顺博物馆则兴建于1916年，相差10年之久，此时前田松韵早已回到日本，在时间逻辑上不符。其次，从建筑风格看，大连民政署属于哥特式文艺复兴风格建筑，旅顺关东法院虽然同属于新古典主义的折中主义风格，但从装饰细节上看，与旅顺博物馆也有很大差别，不像出自一人之手。而且前田松韵回国执教后发表的文章及著作中虽多次谈及自己设计的建筑，却没有提到旅顺博物馆，这也是疑点之一。再看图表本身，虽然在设计者栏明确写有“前田松韵”，但这张表格的内容是后填上去的，竣工时间填写也有误，还有修改的痕迹，并且有的地方打上了问号，可见其随意性和不确定性。基于以上，笔者认为旅顺博物馆的设计者并非前田松韵。

那么，旅顺博物馆的设计者是松室重光吗？

松室重光（1873—1937），1897年毕业于东京帝国大学建筑学科，历任京都技师、九州铁道技师，曾参与过日本京都诸多建筑的建设。1908年3月，松室重光接替前田松韵来连就任关东都督府土木课技师一职。在1908年至1916年的8年时间里，松室重光是民政部土木课内唯一具备设计师资格的技师，因此这期间由关东都督府建设的官厅舍、学校、公共建筑大多是由他设计的。1917年松室重光升任土木课课长，并在此后担任了满洲建筑协会的首任会长，1922年辞职回国。

松室重光

如果仅从时间上讲，旅顺博物馆兴建于1916年，与松室重光的经历正好相符，然而在有关松室重光在大连从事建筑活动的资料中，提及最多的却是位于现在中山广场的大连市役所（现工商银行大连分行）和关东递信局（现大连市邮政局），而关于他与旅顺博物馆的资料却寥寥无几。最能提供直接证据的是《满洲建筑》创刊号，因为版本的原因，在国内也未查阅到，这也成为其不确定因素之一。

为找出旅顺博物馆与松室重光的联系，笔者到中山广场考察了大连市役所与关东递信局这两幢建筑，并查阅了大量资料。在这个过程中，越来越感觉到“松室重光说”是正确的，可是无奈所查资料或转载或引用均无出处，并非确凿可信。“功夫不负有心人”，在一次次寄予希望又一次次失败后，最终还是找到了相关的证明，在关东局文书课编的《关东局施政三十年业绩调查资料》第 576 页，西泽泰彦的《海を渡つた日本人建筑家》第 36 页，石田润一郎的《关西の近代建筑》第 35 页，都清晰地记录着旅顺博物馆的设计者是松室重光，并且把它与大连市役所、关东递信局一起并列作为松室重光的代表作品。以上足以说明旅顺博物馆的设计者就是松室重光。至于所见材料较少的原因，或是由于博物馆所处的地理位置，或是因其功用性质所致，抑或是当时报道得不全面，但不可否认的是，旅顺博物馆与松室重光另外两座代表性建筑一样，以其精湛的设计而散发着独特的魅力。

既然是出自同一设计者之手，在设计上必定有很多相似之处，这既体现了建筑的时代特征，也体现了设计师个人的喜好。从旅顺博物馆、大连市役所、关东递信局三座建筑的对比来看，建筑顶部居中高耸的塔楼，正门上方的三角形山花、建筑墙体的“辰野式”[3] 横条装饰带、楼体上方外伸的屋檐及檐下檩木状装饰等，无论从外部造型还是装饰特征都有很多相似之处，凸显着松室重光的建筑风格。

松室重光与旅顺博物馆颇有渊源。他除了是旅顺博物馆主馆建筑的设计者外，还曾为旅顺博物馆捐赠过文物。在旅顺博物馆日本大账中清晰记录着 1917 年松室重光将其在旅顺南山里、牧羊城等地的采集品捐赠给旅顺博物馆。他个人对文化的偏爱也是他在设计博物馆时倾注全力的原因之一，因而才会留给我们这样一座建筑精品。

四、余论

1905—1945 年，日本在侵占大连期间兴建了大量的民用建筑、公共建筑，其中主要建筑几乎全由日本建筑师、技师设计。这时期大量的外来建筑活动和建筑文化，反映了大连城市建设的殖民地性质。在这些外来的建筑文化中有消极的因素，也有先进的设计观念，其中也不乏优秀的建筑。旅顺博物馆主馆作为大连地区近代优秀建筑的代表，展现着迷人的魅力。日本战败至苏联接管的几年间，博物馆基本维持原状，对外开放。中国政府接管后，在各级政府的关照下，本着“修旧如旧”的原则，旅顺博物馆主馆虽经历多次维修改造，但建筑外观和内部结构仍然保留着原有的风貌。时至今日，旅顺博物馆主馆已经是一件宝贵的文化遗产，是全国重点文物保护单位。

世纪之交，在大连市政府的支持下，旅顺博物馆进行了整体改造。2001 年落成的分馆与主馆毗邻，立面设计仿照主馆建筑风格，内部则采用现代化展览分区形式，在流动与错落的组合中，形成有序而富有变化的展示空间。旅顺博物馆于 2008 年获评首批国家一级博物馆。如今，它以其独具魅力的建筑、富有特色的藏品、丰富的展览、扎实的科研而深入民众心间。

注　释：

[1]《旅顺博物馆修建情况目睹点滴》。《旅顺口文史资料》第一辑，1992 年版，第 98 页。

[2] 李伟伟、王晋良编著:《特色与探求——城市建筑文化论》，大连理工大学出版社，1999 年版，第 13 页。

[3] 辰野金吾是松室重光的老师，他的“红墙白条”的设计是“辰野式”的典型特征之一。

肃亲王善耆与“满蒙独立运动”

王珍仁

一

1931年9月18日夜，由关东军一手制造的“柳条湖事件”按期实施。9月19日晚，日本军部参谋本部第一部部长建川美次少将立即与板垣征四郎、石原莞尔、花谷正、片仓衷等关东军的参谋们密会，为下一阶段的军事步骤商讨对策。9月22日，一致形成一份《解决满蒙问题方案》。该方案的主导方针就是要迅速地建立接受日本支持，以东北四省和蒙古为领域，以宣统帝为元首的中国政权，使其成为在满蒙各民族的乐土。其要领是“由新政权委托日本帝国掌管国防外交，管理交通通信等主要部门”，并规定“元首及由我帝国掌管的国防外交等所需经费由新政权负担”[1]。

为促进拥立溥仪的工作，关东军于10月10日决定派出奉天特务机关长土肥原贤二大佐赴天津进行策反工作。关东军之所以选定土肥原的根本原因，就是早在1924年10月，冯玉祥将军发动北京政变，把溥仪赶出了皇宫。溥仪先在日本驻华公使馆里待了3个月。1925年2月，土肥原将溥仪偷偷护送出北京并住进了天津的日租界。正是土肥原这一富有“远见”的行动，为其后来的成功奠定了基础。

而此时居住于日租界内的溥仪，内心极欲复辟往日的权位，但又担心受掣于日本政府，一时决心难定。就在这时，土肥原携带一笔巨款来到了天津。11月3日，土肥原见到溥仪。他以关东军要员的身份表现出“诚恳的语调”“恭顺的笑容”和随机应变的口才，极力说服溥仪前往东北。至于如何离开天津到达东北，土肥原大包大揽地说一切由他安排。土肥原的鼓噪，顿时打动了一心想重登皇位的溥仪的心，使他决心按照土肥原的意图行事。尽管此时在溥仪身边的一些清朝遗老们持反对态度，但这些于溥仪均毫无作用。为坚定溥仪离开天津的决心，土肥原又玩弄了一系列把戏。他指使日本间谍祁继忠在送给溥仪的水果筐里放置

土肥原贤二

溥　仪

炸弹，并附有恫吓信，致使溥仪感到此时的天津乃是一危险之处，恨不能立刻离开。11 月 8 日，土肥原策划“天津事件”，11 月 10 日，日本人吉田忠太郎从天津协昌里的“静园”成功地将溥仪及其亲信郑孝胥父子带走。溥仪一行从天津大沽乘日本商船“淡路丸”出航，13 日到达营口。由前去迎接的甘粕正彦、上角利一等人带到汤岗子稍事休息，后乘车抵达旅顺大和旅馆。溥仪在大和旅馆期间，完全处于一种被软禁的状态。日本驻奉天（今沈阳）总领事林久治郎在给日本外务大臣币原喜重郎发出的电报中就清楚地说明了这一点：“军司令部通知本官，宣统帝已于 13 日午前 10 时抵营口……看来已被断绝与外界的往来，处于软禁状态，目下正与关东厅交涉中”[2]。

在土肥原策划溥仪逃离天津半个月后，土肥原及板垣等人又把诱使婉容皇后抵达旅顺的任务交给了川岛芳子（金璧辉）。当时日本驻北平的矢野真参事官于 11 月 26 日向日本外相发出如下电报：“从宣统皇后的亲信人口中获悉，最近川岛芳子受板垣关东军参谋之委托，以男装打扮秘密来津，企图将皇后接到满洲。皇后对芳子有所怀疑，经向土肥原问询，已得知此人系军方所派，故将于近日乘船赴满。”[3] 1931 年年底，溥仪和婉容从旅顺的大和旅馆搬到旅顺肃亲王府居住。而这时的肃亲王府绝非昔时可比，除了仅有三个格格居住于此外，已不见当年灯盏高悬、宾朋满座之景。溥仪于此居住两月有余，直到 1932 年年初，前往长春就任伪满洲国傀儡元首。

二

说到肃亲王，人们首先想到的是清太宗皇太极的长子豪格。因其为大清帝国立下显赫战功，故在1636年（太宗崇德元年）被封为肃亲王。后其历代子孙世袭王位，其间因变曾以显亲王称之，至1778年（乾隆四十三年）恢复肃亲王封号世袭，共传九代十位王爵。最后一位肃亲王善耆，生于1866年（同治五年），1898年（光绪二十四年）继承王位[4]。

旅顺肃亲王府

善耆，字艾堂，号偶遂亭主人，化名金晏怡。历任镶红旗汉军都统、军谘大臣、民政部大臣等职。在清王朝八大皇族中最有实力，有子女38人，奴仆600余人。曾占有土地3万公顷，还有牧场、森林、金矿和煤矿等[5]。1912年2月，清帝退位。善耆是唯一拒绝在退位诏书上签字的王族成员。清廷遗老良弼、铁良、溥伟等鼓动善耆组织了一个誓死保卫帝室的“宗社党”，以此来反对清帝退位，对抗革命。善耆曾写过一首诗，曰：“老臣犹在此，幼主（指小皇帝溥仪）竟何如？倘遇上林雁，或逢苏武书。”在这里他把自己比作忠心耿耿的苏武。

肃亲王善耆

早在清帝退位之前，善耆在其挚友日本浪人川岛浪速的安排下于1912年2

月2日由北京坐火车至秦皇岛，然后换乘日本军舰“千代田”号到达旅顺。在途中，善耆赋诗以言志：“幽燕非故国，长啸返辽东。回马看烽火，中原落照红。”用以寄托他的亡国之恨。从此，他就在日本人的卵翼操纵之下，从事复辟清朝和分裂祖国的活动。就在善耆抵达旅顺不久，他的家眷也在日本人的安排下由大沽乘坐日本军舰“镇远”号（原为北洋海军之舰，甲午战争后为日军俘获，编入日军海军舰队）到达了旅顺。这一过程绝非后来的研究者所言“善耆一家百余人先后住到川岛（浪速）在北京的家中，不久，秘密转移到秦皇岛，从那里乘日舰‘千代田’号到达旅顺”，“‘千代田’号原本是甲午战争时被日军俘获的‘镇远’号”[6]；也更不像有的材料所记述的是乘坐日船“渤海丸”到旅顺的[7]。

肃亲王善耆来到旅顺后，即刻被关东都督府都督福岛安正安排到现在旅顺新市区新华大街9号一座砖石结构的俄式二层楼房中。这座建筑在1900年至1904年为俄国商人希尤经营的私人旅馆，1905年至1912年是日本关东都督府民政部长官的官邸。当时建筑前的临街大道被称为“旭川町”。而自善耆及家眷住进后，临街大道被改名为“镇远町”。殖民当局妄图以此来向肃亲王本人献媚，起到安抚的作用，坚定善耆的复辟决心。据说，肃亲王一家在流亡旅顺时生活费每月约需3000银圆，这些钱几乎都是靠川岛浪速筹措来的。1912年7月30日，日本明治天皇驾崩，肃亲王得知这个消息，顿时感到有些“茫然自失”，并在府内设灵堂祭祀，服丧三天。他还曾拿出200银圆给日俄战后建立在旅顺白玉山上的“表忠塔”作为香火钱。从1912年至1922年，善耆在旅顺居住整10年，他在日本军国主义分子的卵翼操纵策划之下，先后开展了两次“满蒙独立运动”，但全部以失败宣告结束。

三

1905年结束的日俄战争给战后的欧洲和亚洲的国际关系带来了微妙的变化。首先是日法两国达成妥协，约定“保全两国在亚细亚大陆相互之地位与领土权”，两国在接近拥有主权、保护权或占有权领域的清国各地“相约互维持其平和安宁”。《日法协约》的订立同时也成为促进日俄、英俄之间协商与妥协的契机，日俄双方交涉重点围绕着双方在朝鲜半岛、中国东北及蒙古地区的占有地位进行，最终签署《日俄协约》。日本承认俄国在中国东北北部及外蒙古的特殊利益；而俄国承认日本在朝鲜半岛与中国东北南部之特殊利益，并占有自长春（宽城子）至旅顺间的铁路经营和沿途大量的附属地利益。但即便如此，仍与日本吞并中国东北的战略构思相差甚远。这在1911年10月26日日本内阁会议所通过的《关于对清政策之件》中就清楚地写了下面内容：

日本对清国“应致力于占有优势地位，并采取永远维持满洲现状之办法”“延长满洲租借地之租借期限，决定关于铁路之各项问题，进而确定帝国对于该地区之地位，以根本解决满洲问题，乃帝国政府所经常筹划而不可懈怠者，如有可乘之机当利用之，采取措施予以解决自不待言……延长租借期限之问题，于我而言属条约上有根据之事项，故对于满洲应暂时维持现状，防止对其之侵害，同时，则应在出现良机之际，逐渐发展我之利权，至于满洲问题之根本解决，则以等待机会对我最为有利，且有充分把握之时方始实施，乃为上策”[8]。

日本政府所企盼的这种良机终于被他们认为来到了，这就是中国所爆发的辛亥革命。它在日本军部和一批政客浪人的眼中，正可以清朝皇帝退位为契机而使满蒙“分离独立”，并且把满蒙纳入日本统治之下。这就是所谓的第一次“满蒙独立运动”。

说到“满蒙独立运动”，就不能不提到日本政客、浪人川岛浪速。川岛浪速1865年生于日本的长野县松本市，是武士的后裔。1886年首次来到中国，而此前，他曾用三年的时间在日本东京外国语学校学习中文。其幼年时代受到超国家主义思潮的影响，研读中国历史地理。来到中国的第一站是上海，他投奔乐善堂，每天“饮酒高论”“纵谈亚洲风云”。当时在浪人中间，多数人把目光瞄向中国西北，对“考察”新疆、青海、西藏等颇有兴致，被称为“西北派”。川岛浪速则显然比这些人更具有战略眼光和洞察力。他认为俄国向伊犁扩张不足为虑，提

日本政客浪人川岛浪速

肃亲王（右）与川岛浪速

出将来“东洋死活的关键在于整个满洲”“从俄国的政策看，将来必然侵入满洲，一旦满洲落入俄国手中，中国、朝鲜则被扼住咽喉，死期必至”。所以，川岛私下又被人们称为“满洲派”[9]。

中日甲午战争期间，他作为翻译官投身行伍，随侵略军到过山东和台湾。1900 年义和团运动爆发后，他跟随日本先遣军进入北京。此时肃亲王善耆在护驾慈禧逃命西安后，又奉命返京打探情况。善耆回到北京，便立即拜访了川岛浪速。第二天，川岛浪速又回访了善耆，两人遂成莫逆。义和团运动被镇压后，“社会治安”问题成了清政府面临的一个严重问题。川岛浪速便向善耆建议由日本帮助中国建立一个培训警察的机构。建议被采纳后，善耆举荐川岛出任北京警务学堂总监，赐四品顶戴花翎，负责京城的警务事宜。在川岛浪速的建议下，清政府还重新恢复设立了工巡局，由善耆亲自担任工巡局的巡抚大臣。川岛浪速的地位也随善耆权力的扩大而水涨船高。在 1906 年年底的一天，善耆亲自登门与川岛浪速畅谈，而后提议：“你我理想抱负既然如此完全一致，在国与国提携之前，应先有人与人的提携，应效‘愿自隗始’，你我是否可结为手足之义？”[10] 善耆的提议，立即得到川岛浪速的首肯，两人遂结为金兰之交。善耆并为川岛浪速向清帝奏请了二品官爵和大绶勋章。

辛亥革命后，日本军部的部分骨干分子和以川岛浪速为核心的大陆政客浪人认为把蒙古和东北从中国分裂出去的时机到了，但这需要在中国寻找一个代理人。非常迷信日本明治维新、一心要效忠大清帝国的肃亲王，自然就成了合适的人选。而川岛浪速在策划“满蒙独立”中，首先选定善耆的另一个原因也是他知道善耆的妹妹正是蒙古喀喇沁王的王妃。喀喇沁王此时也想利用日本的帮助把蒙古变为自己的世袭领地。因此，他们沆瀣一气的野心，也就足以让他们之间的交往越来越深了。而川岛浪速之所以积极策划“满蒙独立运动”，真实的目的在他所撰述的《对支管见》一文中有着完整的表述：

“（1）保持相应势力，抗击俄国的东渐南侵。（2）最终解决中国目前的问题，同时涉足大陆，以为确立日本在亚洲的领导权奠定基础。（3）用向大陆殖民的办法巧妙处理日本内地的人口过剩，保持该地区同母国的密切关系，可以避免像英国那样因殖民地与本土远隔而给将来造成困难和悲剧。（4）以大陆未开发的资源弥补日本本土资源的贫乏”[11]。同时提出“暂且至少必须取得满洲之一部及蒙古东部为我所有”“引导满蒙人达到希望分立，得以形成一国……则可以建立一切政务几乎全靠我国人之知识而运转的组织”[12]。

为保证计划的顺利实施，日本军部参谋本部派来了高山公通大佐、松井清助大尉、多贺宗之少佐等参加。川岛浪速在向军部详细电告满蒙举事计划后，曾提出如下的主张：

“满洲国”（这是目前所能见到的最早涉及“满洲国”的提法）兴起之时，使俄国在北满享有若干利权亦并无大碍，此亦决非俄国将会反对之问题。于外蒙古及伊犁方面，若暂时承认俄国势力之发展，则彼将怀抱深入陕甘四川方面之意图，而把以往指向远东之锋芒转向中央亚细亚，这对于帝国之大陆经营将愈益有利。民国成立之后必然再度陷入于严重混乱之中，当不得已而瓜分时，虽然满蒙已有如在我之手，但此时若无所作为，而只是旁观事态之发展，则不仅我国之对清政策完全丧失意义，东方之主人的资格化为灰烟，将来愈益为列强所轻视，而且国民谴责之声当亦日甚一日，故殷切希望我政府为树立我国霸权，维持东方大局，而做出英明决断。[13]

川岛浪速的计划主要包括有：由肃亲王以家产为抵押筹集钱款；松井清助协助喀喇沁王一起逃离北京去蒙古，组织一支蒙古人的队伍；木村直人和蒙古的巴林王去巴林负责训练军队；多贺宗之负责在满洲置办武器等。善耆则以“大清帝国勤王军总司令”为头衔，在南满铁路沿线的长春、公主岭、铁岭、开原、昌图、辽阳、本溪、海城等城市蛊惑煽动，“能招 50 人者授以尉官，能招百人者授以佐官，且偕赴旅顺，引见肃邸。”[14] 并发出伪谕说：“思我东三省为皇清发祥之基，讵能任贼党所篡夺。”“无论村野隐士、山林豪杰，凡有扶国匡君之志，尽可招抚为军。遇有忠肝义胆之人，尤须破格委任，俾得殚精辅世，竭力答君，剿灭革党，恢复社稷。”[15]

但在具体实施这一计划的过程中，由于军部与政府间政策的非一致性，导致计划难以按期进行。同时，日本军部方面策划的活动，又再度引起外国列强的不满。在各方压力面前，日本外务大臣内田康哉被迫向在中国东北的各级日本官吏发出训令称，只要日本在满洲的特殊权利不受影响，就“依然决心保持不干涉之态度”“对于目前之危机应严守中立”[16]。日本内阁首相西园寺公望也向关东都督府发出训令，要求立刻取缔宗社党人在旅顺的活动。说穿了就是不允许肃亲王善耆在旅顺关东都督府的势力范围内公开抛头露面。由于政府的干预，军部不得不放缓在满洲的行动，但其对蒙古的行动计划依然照常推进。军部为此命令多贺宗之少佐及其部下田口畅、松井清助、木村直人 3 名大尉加快从事谍报活动。在参谋本部的要求下，日本外务省还为这一计划支付了 15 万日元活动资金[17]。多贺宗之则将在公主岭搜集到的武器弹药装满了 50 辆大车，由松井清助前来领取并对外佯称是农业机械。当车队行至郑家屯北部接近蒙古地界时，被奉天将军赵尔巽派出的吴俊升部截获，双方发生冲突。在冲突中有 13 名日本浪人毙命。松井清助（负重伤）与多贺宗之一道被俘，后经日本领事馆交涉才被领回。第一次“满蒙独立运动”至此彻底失败。

1915 年袁世凯称帝引发民众强烈反对，一时间讨袁烽火遍地而起。川岛浪速及军部成员以为中国政局的混乱又为其策划“满蒙独立”提供了大好良机，遂再次谋划建立“满蒙独立国”的勾当。这年夏天，川岛浪速再次迫不及待地与蒙古马队的首领巴布扎布和以善耆为中心的宗社党相勾结，计划举事实现“满蒙独立”。川岛浪速的这个计划得到了预备役骑兵大尉青柳胜敏、预备役步兵大尉木泽畅、原工兵大尉入江种矩等人的支持，同时还争取到柴四郎、押川方义、大竹贯一、五百木良三等“大陆论”

宗社党的乌合之众

者的响应。

1916 年 1 月下旬，在旅顺肃亲王府内经过磋商后决定，青柳和善耆之子宪奎立即启程前往蒙古军队的根据地。随后，川岛浪速又于 3 月中旬将举事总部由旅顺迁向大连方面开展活动。而时任参谋本部参谋次长的田中义一与参谋本部第二部部长福田雅太郎也对川岛浪速的计划非常赞同并参与了筹谋，田中义一派出土井市之进大佐、小矶国昭少佐、松井清助大尉、铃木晟太郎一等主计官 4 人前往中国东北，让他们领导满蒙举事。善耆此时则以东北的土地、山林、牧场、矿山、住宅、水利为抵押，向日本财阀大仓喜八郎借款 100 万日元作为叛乱经费，并约定事成之后，给大仓喜八郎在松花江及其支流流域内的森林采伐权及流放木材、征收租厘权等。善耆利用这笔经费在日寇霸占的貔子窝（今皮口）和大连的寺儿沟等地招收大量匪徒以“大清勤王军”的名义进行军事训练[18]。

围绕“满蒙独立”的筹划，日本外交当局出现了两种不同的意见。同时由于中国东北政局亦出现讨袁的势头，张作霖蠢蠢欲动，窥伺奉天将军一职，且有意东三省独立，从而使日本方面贯彻“满蒙独立计划”政策出现了混乱不清的局面。当时关东都督中村觉等，为按照既定方针实施“满蒙独立计划”，极力反对张作霖的独立计划。4 月 15 日，在旅顺的土井大佐致电因从事谍报活动而正在奉天逗留的小矶国昭少佐，命其不计一切，阻止张作霖的独立计划的进展。由于小矶国昭少佐的刺探，土井大佐得知张作霖的东北政变已经临近，为能够抢在张作霖计划的前头，便于 4 月 18 日把举事的本部从旅顺迁到了奉天。

4 月 19 日，奉天将军段芝贵把东三省实权让给张作霖，逃往北京，张作霖任代理奉天将军兼奉天巡按使。土井大佐决心要抢在奉天省独立之前断然举事。但在当天下午，土井大佐接到了旅顺关东都督府田村参谋要其停止举事活动的电报。随后在 20 日上午，又收到了田中参谋次长的中止命令。关东都督府的西川参谋长还前往奉天，直接命令土井大佐必须中止举事活动[19]。土井大佐为确认日本军部的真实意图，便派遣小矶少佐前往东京。小矶少佐于 5 月 7 日从大连乘船返回东京，前往参谋本部拜访了田中次长和福田第二部长，陈述意见说：“偏僻地方无法抑制，对现状若放任不管，不久则必将自然爆发。而如果爆发，与其被说成帝国的企图应该暴露，或计划的一部分是帝国的野心，则莫如一齐举事，岂不可乎。”[20]小矶少佐在面见田中次长后，误认为田中次长等对此问题的指示与以往中止命令多少有所不同，便给西川参谋长与土井大佐发去电报，说有必要着手坚决实行以往的既定计划。并于5月22日离开东京，25日在大连登陆后，径直前往旅顺肃亲王府，再做筹划。

此后不久的5月27日，奉天发生了暗杀张作霖未遂的事件。当天，张作霖在去奉天火车站迎接自旅顺来奉的关东都督中村觉的归途中，遭到属于宗社党的刺客（三浦丰预备役少尉）投掷炸弹而险些遇难[21]。6月5日，石井外相电训矢田奉天代理总领事称：“阁下与张会面时请说明，日本在满没有想要获得任何利权之意，日本之所希望者为维持满洲之秩序……为维持满洲之治安，增进满洲之利益，对于将军而言，依靠日本乃最为必要且安全之方法，希引导张能一切都向我方说明而无隐瞒。”[22]

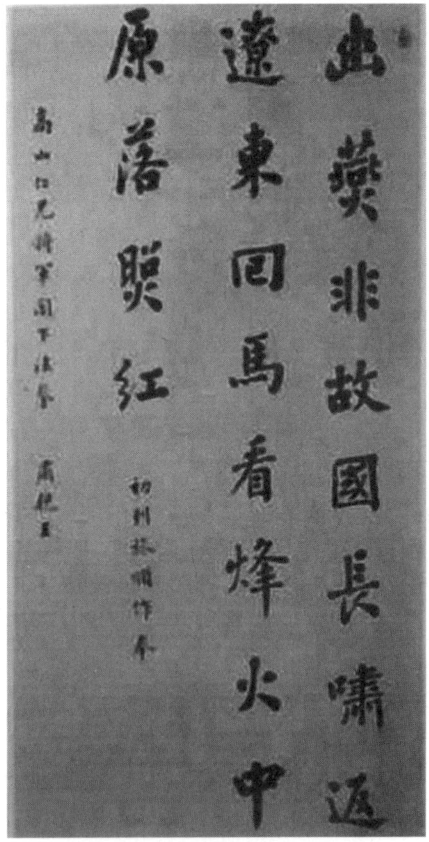

肃亲王墨迹

但在另一方面，土井大佐则根据小矶少佐的电报，决定断然举事，自6月初开始把本部成员派往各个方面，着手进行准备。然而，作为日本军部举事之对象的袁世凯于6月6日突然死去，副总统黎元洪成为代理大总统，日本政府旋即改变方针。当天傍晚，田中参谋次长通过关东都督府参谋长西川，电令土井大佐必须马上停止举事。土井大佐为确认高层的意图而于6月上旬前往东京。在确认由于政府的方针已确定为援助黎元洪后，军部也被迫接受政府方面的意见，所以决定将满蒙举事予以中止和取消。7月6日，返回奉天的土井大佐与西川参谋长及其他成员商议了解散方式，决定了如下方针：

1. 向有关侨民说明大局与举事的关系，晓以不得不解散的理由；2. 作为对准备期间的慰劳而分配金钱；3. 使奉天将军保证有关中国人的生命财产安全[23]。

7月中旬，西川参谋长根据这一方针，将川岛浪速请至旅顺肃亲王府，向他和肃亲王说明了为何中止举事的情况。但是，川岛浪速并未能被轻易说服。8月11日，关东都督府民政长官白仁武向石井外相报告说："大连宗社党2000千余人之解散，虽已有政府之方针，但川岛之辈竟不服从命令。"[24]

至此，政府遂决定派遣曾和川岛浪速一起参与满蒙举事计划的外务省参政官柴四郎和参谋本部中国课长滨面大佐，作为特使前往大连去说服川岛浪速。8月16日，两特使及曾经参与举事计划的上泉德弥（预备役海军中将）、押川方义、五百木良三与西川参谋长商议，决定按照高层的方针解散满蒙举事团。但是，对于大连宗社党的2000余人，决定以后由肃亲王出面雇用，于两个月内依次解散。对于蒙古军，则从西川参谋长保管并预定使用的武器中，发给其约相当于5万日元的武器，使之退至日本势力圈以外，并把这个意思通知给了土井大佐与川岛浪速[25]。

在此期间，预备役大尉青柳指挥的巴布扎布的蒙古骑兵，为支援宗社党人，于7月初从根据地出发，开始南下和东进，于8月13日到达目的地郭家店。同时日本又从大连急调勤王军800人，由满铁运往郭家店以充实巴布扎布的队伍实力。至8月19日早晨，蒙古骑兵得到了预定配发的武器后，接受了川岛浪速的"慰问说服"，于9月2日在日军的护送下踏上返回蒙古的归途。但在3日，该军与日军护送队在东辽河渡口附近的朝阳坡和中国军队发生冲突（"朝阳坡事件"），遂又继续转战蒙古各地。10月初，巴布扎布在林西县城的战斗中被击毙。在此之前——蒙古骑兵到达郭家店的8月13日，郑家屯也发生了日中两军冲突的事件（"第二次郑家屯事件"），日方死伤17名[26]。至此，第二次"满蒙独立运动"彻底宣告破产，川岛浪速也悻悻地返回日本。肃亲王善耆两次谋划均告失败，加之川岛浪速又离他而去，更是郁悒不快，在1919年中秋节他赋诗哀鸣曰：

一自离京国，匆匆已八年。神州风渐转，大地月将圆。

事业依良友，声名愧昔贤。园陵遥捷处，极目起寒烟。

与其1913年的慨叹如出一辙：

忽忽日将暮，秋声不可闻。逋臣无故国，孝子有孤坟。

羸马荒村路，啼鸦断岭云。九歌天问在，浊世任纷纭。

就在这忧愁和哀鸣中，他于1922年病死于旅顺的"府邸"之中。

四

虽然日本军部及大陆政客浪人们所策划的两次“满蒙独立运动”均以失败告终，但其政策和野心丝毫没有改变和收敛。日本关东军后来发动“九一八”事变的目的，就是要把中国东北变成日本的殖民地。1931 年 10 月 2 日，关东军参谋部最高会议根据 9 月 22 日的方案制定了《解决满蒙问题方案》，该方案中提出“以满蒙作为独立国家置于我保护之下，以期实现满蒙各民族之平等发展”[27] 的方针。此句前半部分道出本意，后半部分却只能是一派遮羞布式的谎言。1932 年 1 月初，关东军占领锦州后，认为在东北建立伪政权的时机已到。1 月 22 日，关东军参谋长三宅光治在其办公室召开了所谓“建国幕僚会议”。2 月 16 日晚，关东军又纠集奉天省伪省长臧式毅、吉林省伪省长熙洽、黑龙江省伪省长张景惠及马占山，在沈阳举行“建国会议”。23 日，板垣征四郎返回旅顺将会议的结果告知逗留在肃亲王府中的溥仪，要求他就任所谓新国家的元首“执政”。而一心想当皇帝的溥仪对此显出难色，迫使板垣于第二天将郑孝胥、罗振玉等叫到大和旅馆，让他们传达关东军不可更改的意见。关于这一点，溥仪在其自传《我的前半生》中有着翔实的记录[28]。1932 年 3 月 6 日，溥仪在关东军司令部的安排下由郑孝胥等人陪同离开旅顺肃亲王府到达汤岗子温泉对翠阁，以“等待迎驾”为名做短暂的停留。实际上是关东军要求溥仪在就任“执政”前，在关东军事先拟好的《溥仪致本庄书》上签字。在这封书信里，日本关东军要求溥仪把东北国防、外交、交通等一切大权出卖给日本，并同意日本人在伪满洲国政府机关中担纲要职，进而决定伪满洲国的重要人事安排。关东军在溥仪同意签字后，才允许溥仪前往长春就任“执政”。正是在关东军的操纵之下，溥仪真正地成了日本天皇“精神如一体”“一德一心”的傀儡元首。

伪满洲国的建立实质上是前两次“满蒙独立运动”的继续。其总体方针在川岛浪速致日本军部的电文中早已有端倪，况且“满洲国”三字亦是川岛浪速的发明。这次伪满洲国之所以能够成立，其根本的前提是“九一八”事变导致东三省的迅速沦陷，加之此时关东军的势力已非刚成军之时，羽翼丰满足以与政府中的某些对华政策相抗衡。他们此时只是排除了大陆政客浪人的参与而已。这个明显是由日本用军事力量制造的“满洲国”，在当时立即招致了国际社会的强烈谴责，因为它已超出了列强在东亚的帝国主义利益关系所能容许的范围。这也成为日本在国际社会上招致孤立的决定性契机。

注　释:

[1]〔日〕铃木隆史:《日本帝国主义与满洲》,台北金禾出版社有限公司,1998年版,第422页。

[2]〔日〕上坂冬子:《男装女谍川岛芳子传》,解放军出版社，1985年版,第106页。

[3]〔日〕上坂冬子:《男装女谍川岛芳子传》,解放军出版社，1985年版,第107页。

[4]《半截残碑讲述肃忠亲王善耆一生》。《中国文物报》,2006年7月26日第9版。

[5] 大连市史志办公室编：《大连市志·人物志》，中央文献出版社，2002年版，第43页。

[6]《日本特务与侵华战争》。《日本侵华政策与机构》，社会科学文献出版社，2006年版，第296页。

[7] 瀛云萍:《大连乡土地理》，哈尔滨出版社，2005年版，第307页。

[8]〔日〕铃木隆史:《日本帝国主义与满洲》,台北金禾出版社有限公司,1998年版,第164页。

[9]《日本浪人与中国》。《影响近代中日关系的若干人物》，社会科学文献出版社，2006年版，第34页。

[10]〔日〕上坂冬子:《男装女谍川岛芳子传》,解放军出版社,1985年版,第45页。

[11]《日本特务与侵华战争》。《日本侵华政策与机构》，社会科学文献出版社，2006年版，第209页。

[12]〔日〕铃木隆史：《日本帝国主义与满洲》，台北金禾出版社有限公司，1998年版，第169页。

[13]〔日〕铃木隆史：《日本帝国主义与满洲》，台北金禾出版社有限公司，1998年版，第169页。

[14] 中国第一历史档案馆编:《清代档案史料丛编》第八辑，中华书局，1982年版，第324页。

[15] 瀛云萍:《大连乡土地理》，哈尔滨出版社，2005年版，第309页。

[16]〔日〕铃木隆史：《日本帝国主义与满洲》，台北金禾出版社有限公司，1998年版，第170页。

[17]〔日〕铃木隆史:《日本帝国主义与满洲》，台北金禾出版社有限公司，1998年版，第170页。

[18] 瀛云萍:《大连乡土地理》，哈尔滨出版社，2005年版，第310页。

[19]〔日〕铃木隆史：《日本帝国主义与满洲》，台北金禾出版社有限公司，

1998 年版，第 213 页。
[20]〔日〕铃木隆史:《日本帝国主义与满洲》,台北金禾出版社有限公司,1998 年版,第 213 页。
[21]〔日〕铃木隆史：《日本帝国主义与满洲》，台北金禾出版社有限公司，1998 年版，第 213 页。
[22]〔日〕铃木隆史:《日本帝国主义与满洲》,台北金禾出版社有限公司,1998 年版,第 213 页。
[23]〔日〕铃木隆史:《日本帝国主义与满洲》,台北金禾出版社有限公司,1998 年版,第 213 页。
[24]〔日〕铃木隆史:《日本帝国主义与满洲》,台北金禾出版社有限公司,1998 年版,第 214 页。
[25]〔日〕铃木隆史:《日本帝国主义与满洲》,台北金禾出版社有限公司,1998 年版,第 214 页。
[26] 王芸生编著:《六十年来中国与日本》第七卷，生活.读书.新知三联书店，2005 年版，第 36 页。
[27]〔日〕铃木隆史:《日本帝国主义与满洲》,台北金禾出版社有限公司,1998 年版,第 423 页。
[28] 爱新觉罗.溥仪：《我的前半生》，群众出版社，1981 年版，第 308 页。

“九一八”事变与旅顺关东军司令部

张翠敏

日本关东军一手策划、发动的“九一八”事变是日本大规模侵华的一个重要步骤，是日本军国主义大陆扩张政策的疯狂体现。事变的爆发直接导致了东北沦陷，日本全面大规模侵华。因此，“九一八”事变加剧了中国社会的动荡和分裂，对中国近代史乃至世界近代史的影响是深远的。

那么，如此重大事件的策源地——关东军司令部是一个什么样的机构？事变是怎样策划、发动的？……带着诸多问题，笔者走进了关东军司令部旧址大楼，去追索罪恶的“诞生”脉络，感悟罪证给心灵带来的震撼，接受反面教材对人的教育和启迪。

关东军司令部旧址位于旅顺万乐街（日据时期称千岁町）10号，坐落在风光秀美的新市区（俗称太阳沟，指旅顺龙河以西、濒临海滨的缓丘地带）中心。谈到它，还有一段鲜为人知的历史。

早在1898年，俄国强租旅大，把军政中心设在旅顺，并把旅顺太阳沟作为行政中心建设，这在“关东州”总督阿列克谢耶夫给沙皇尼古拉二世关于1900年及1901年间“关东州”统治状况的奏文里描写得清清楚楚。按规划，新市街的中心位于一个大广场和两个小广场周围，围绕广场设置官衙和其他建筑。这里所说的“大广场”，

位于旅顺的日本关东军司令部

关东军司令部旧址现状

就是指关东军司令部旧址与俄国欲将建设的将校集合所（因故未建成）之间的广场。关东军司令部旧址就是在这一时期修建的。它建于1900年，为近代俄罗斯古典建筑，采取对称结构，一字排开，中部突出。中间三层，两侧均为二层。屋顶原为俄国时期常用的铁皮屋顶，日本关东军统治时期改为瓦顶，建筑面积为2602平方米。该建筑外表比较简洁，装饰简单，一反俄罗斯古典建筑的典型特征，好似长长的堡垒。这个时期建筑的代表特征包括凹凸线脚和厚重的门柱。当年这里是俄国驻旅顺要塞炮兵司令部驻地，别雷少将任司令官。

1904年日俄战争爆发后，这座大楼成为临时战场集结区，楼前曾摆放着火炮和物资。虽然没有明确记载大楼受到战火的损坏，但与之一墙之隔的华俄道胜银行旅顺分行旧址曾受到炮火的袭击，因此可以断定其难免不受战火袭击。

1919年，日本政府实行军政分治，撤销关东都督府，将陆军部改为关东军司令部，日本侵华的急先锋就这样“诞生”了。日本陆军部颁布的《关东军司令部条例》规定，司令官由现任陆军大将或中将充任，直属天皇。司令部内部设参谋部、作战部、法官部、副官部、兵器部、经理部、军医部、兽医部等。至“九一八”事变前夕，关东军司令官的地位似乎从以前的排行老三，一跃位居首位。关东军阴谋策划事变、制造事端，其疯狂浪潮一浪高过一浪，在日本政府和军部的地位不断攀升，权力在不断膨胀，形成一股“势不可当、不可逆转”的侵华狂流。

从1919年到1931年“九一八”事变，历任关东军司令官有：立花小一郎、河合操、尾野实信、白川义则、武藤信义、村冈长太郎、畑英太郎、菱刈隆、本庄繁。司令官任职时间最长不过3年，最短仅有8个月，从关东军司令官的频繁

石原莞尔

更迭可以看出日本政府用心良苦，对侵华急先锋所寄予的“厚望”，无非是让关东军发挥更大的侵华作用，在侵华道路上越走越远。

作为日本远东阴谋策源地、大本营的关东军司令部，先后策划了“郑家屯事件”“皇姑屯事件”“万宝山事件”“中村事件”等。就在关东军司令本庄繁新上任的第二个月，关东军早已密谋的“九一八”事变便爆发了，而事变爆发的数小时后，关东军司令部就结束了它在旅顺的驻地生涯，迁至沈阳东拓大楼，以便更有利于满足侵略东北，进而大规模侵华的需要。

“九一八”事变的核心策动人是关东军参谋板垣征四郎、石原莞尔、花谷正。具体策划步骤是经过反复酝酿，时机成熟才出笼的。石原莞尔在1928年制订的“解决奉天闪电战术秘密计划”，应该说是“九一八”事变的初稿。1930年，关东军司令部属员佐久间亮三花费一年时间完成的“对满蒙占领地区统治的研究”则是谋划奉天事变的“二审稿”。在这些工作的基础上，板垣的“满蒙问题”处理案中的“北满骚扰案”就是要在东北制造反日暴动，作为关东军出兵的借口。虽然尚未出台具体方案，但可以看出，关东军是要不惜一切代价制造事端，最终达到全面侵华的目的。与此同时，东京的参谋本部也在密谋“灭亡满蒙秘密计划”，所以，关东军策划事变不是孤立的，而是有强大后盾支持的。

事变的策源地就在旅顺关东军司令部的参谋部，参谋部是关东军的要害部门，当时还流传“石原莞尔即关东军司令部”之说，可见，石原在关东军司令部的地位，而板垣在关东军眼中是一位“稳重、能成大事的人”。正是这些侵华狂徒脑子里根深蒂固的侵略思想，与日本军国主义的大陆扩张政策不谋而合，从而助长了他们在中国土地上的狂妄行为。在日后出版的关东军要员和侵华罪犯的回忆录中，关东军幕僚们将当时事变策划、阴谋实施、事变爆发等真相暴露得一览无余，将日本关东军贼喊捉贼的卑劣行径暴露在光天化日之下。

本庄繁

三宅光治

且看《板垣征四郎》一书的描述：“九一八”事变当晚11点，关东军司令部参谋片仓衷大尉在家中接到电话,称(污蔑）中国军队在奉天北大营西侧的柳条湖破坏南满铁路，袭击日本守备队（实际是关东军指使实施的贼喊捉贼的闹剧，借机炮轰北大营的中国军队）。他们便连夜召集各部军官，在三宅光治参谋长官邸（今光荣街7号和9号）集合，当时都穿着和服（表示随意，无准备），只有石原莞尔参谋整装而来，令关东军的其他参谋生疑：石原是有备而来。他们的怀疑正好说明“九一八”事变是有计划的、有预谋的，而石原就是策划事变的核心人物之一，所以他早已准备好，急切等待事变的发生。另一位核心人物高级参谋板垣征四郎此时已被安排在沈阳委以重任,花谷正也是策划事变的“铁三角”之一。

当夜，本庄繁司令官正在洗澡，他是在巡视辽阳等地后刚刚返回旅顺，说明本庄繁对事变大局安排妥当，已“稳操胜券”。《板垣征四郎》一书，有这样一段记载:“位于军司令部背后的是漆黑的二〇三高地一带的山峦。那栋两层砖瓦结构的楼房，只是正门口亮着电灯。室内当然都安装着电灯，由于一直处于没有夜间办公的平时状态,所以二楼的司令官办公室和作战课办公室都没有安装灯泡,因此只好都点上了微光跳动的蜡烛。”这段描写，说明当时司令部的重要部门设在二楼，夜间从不办公的办公室在紧急情况下，不得已只好用蜡烛作为照明工具，表明事件重大而紧急。事变后的第一反应是三宅光治参谋长以下军官在作战室集合，而石原莞尔在本庄繁司令未发出命令之前，就坚决主张“立即向全军下达出动、攻击命令”，可见石原在关东军的地位和有恃无恐，以及对侵略战争的迫不及待。本庄繁在深思熟虑后，下达8道命令，标志着日军大举侵华开始。9月19日凌晨，本庄繁率领石原等幕僚们，从旅顺出发，前往沈阳。

关东军指使特务机关对柳条湖铁路自行爆破后，特务机关参与事变者都得到所谓“嘉奖”，可以佩戴规定严格的参谋绦，这在以前是不可能的，因为属于越权行为。这再次证明关东军对事变的重视。事变当时所谓在北大营搜到的王以哲部队的“中国式便笺”，在伪造的日期上出了大笑话，片仓衷和今田新太郎只好烧掉日期，可见荒唐至极。

在事变之前，本庄繁马不停蹄做了充分准备，于9月7日开始巡视大石桥、鞍山、连山关、沈阳、铁岭、长春及辽阳主要部队，并于9月13日向独立守备队发出旨在应对紧急情况的训示：近日匪贼猖獗，严重妨碍铁路运行，甚至多次窥视我附属地，确实令人不胜寒心。对轻视我军威严的此等不逞之徒，应积极采取果断措施，并在完成铁道守备任务之同时，努力为帝国侨民解除不安。这一训示具有强大的煽动性，大有山雨欲来风满楼之势，更是关东军重大事件爆发之前的一贯伎俩，与事变爆发后所表现的各种状态吻合。巡视结束后，本庄繁安排板垣代行司令官之职（这在关东军非作战状态下极其少见），负责沈阳方面一切，石原随其回到旅顺，负责旅顺方面的情况，而在此之前，板垣和石原早已就战局的变化做好相应的安排，与其说不谋而合，毋宁说期待已久。

9月18日，本庄繁在辽阳师团司令部做最后总结说，现在满蒙的形势不安，不许有一日偷安，当万一发生事端时，希各部队务必采取积极行动，要有决不失败的决心和准备，不可有半点失误。这段话实际是战前动员令，把关东军的战略部署提高到一级战斗状态，虽然没有提出具体指挥方案，但却是最高行动纲领。下午2时，本庄繁乘车返回旅顺，晚10时回到官邸，少顷，事变爆发了，而板垣即以司令官的名义下达了战斗命令。本庄繁的侵略扩张思想与板垣、石原等是一致的，所以他刚上任不久，便与他们沆瀣一气，在侵华的指导思想上快速达成一致。本庄繁多次召见石原，谈话中默许他们的作战思想、侵华方案。难怪花谷正对本庄繁的印象是：他作为重大时期的军司令官是个适任的人选，中央人事当局似乎也是经过深思熟虑才确定的，“一旦有事，他一定是可以信赖的人物”。

三宅光治住宅现状

关东军亲自策划、发动事变在日本中央军部也无法阻挡，说明关东军的行径正好符合日本侵华的大局势要求。

“九一八”事变仅仅是侵华的一个重要步骤而已。以本庄繁为首的关东军适应日本政府的需要，成为侵华的急先锋和刽子手，因此关东军和日本政府都是事变的元凶。

战争罪犯、策划事变的核心人物花谷正在《“满洲事变”是这样策划的》一文中写道：1931 年春，制订“柳条沟（湖）事件”的概略计划，制造战争的借口，显系轻而易举，只是问题在于处理善后难。而轻而易举的事件是指爆破铁路经过周密计算后，用相当合适的炸药量，即使火车稍倾斜，也能通过。侵略者的自白充分暴露了关东军的卑劣伎俩，而事先秘密运抵沈阳的两门 240 毫米大炮，竟安装到闭着眼睛也能命中的地步。花谷正还提到，事变原定于 9 月 28 日，由于走漏消息，提前至 9 月 18 日。在侵略者看来，事变经过多年反复酝酿出笼，就要实施成功，即使不是 9 月 18 日，也可能是其他时间，注定要挑起事端，这是由侵略者的本性和野心所决定的。

9 月 19 日凌晨 1 点，在旅顺火车站组成临时专列，3 时 31 分，以本庄繁为首的关东军司令部要员集体乘坐专列，于上午 11 时 55 分到达沈阳，进驻东拓大楼。从此关东军司令部正式迁往沈阳，旅顺关东军司令部大楼完成它的使命，后来成为关东军所属的陆军医院。“九一八”事变后 4 个多月，东北三省沦陷，东北人民在日本侵略者的铁蹄下水深火热，长达 14 年之久，“九一八”事变给东北人民带来深重灾难。

旅大解放后，苏联红军进驻旅顺，这座大楼成为苏军的办公场所。1955 年，苏军撤离后，一直由中国人民解放军驻守。如今这座历史建筑已成为爱国主义教育基地。2002 年，被公布为大连市第一批重点保护建筑，2003 年被公布为大连市文物保护单位，2013 年成为国家级文物保护单位。历史是一面镜子，“九一八”事变给中国人民带来的切肤之痛、刻骨之恨，当永远牢记心中。

参考文献：

[1] 王希智、韩行方主编：《大连近百年史文献》，辽宁人民出版社，1999 年版。

[2] 顾明义等主编：《大连近百年史》，辽宁人民出版社，1999 年版。

[3] 孙邦等主编：《“九一八”事变》，吉林人民出版社，1993 年版。

溥仪在旅顺与日本关东军的交易

李茂杰 陆 续

一、关东军的谋略

溥仪作为中国末代皇帝，企图利用日本关东军首先在东北建立一个复辟的政权，然后再联合关内的复辟势力，实施全面复辟，图谋恢复大清的祖业。

日本关东军侵占中国东北，推倒张学良的东北政权，执行的是日本的国策，即要把东北变成日本独占的殖民地和扩大侵略战争的物资供应基地。关东军只是利用溥仪以往的地位和名声，让他充当伪满洲国的“元首”，并非要协助溥仪建立复辟的地方政权。

两者为各自的目的，在旅顺展开了一场特殊的交易。关东军以武力为后盾，连续实施谋略，并以“新国家元首”为诱饵，迫使溥仪就范；溥仪在日本淫威的压迫下，逐步退却，换得毫无实权的伪满洲国“执政”地位。

日本关东军在与溥仪的交易中，采取了一系列谋略、手段：第一是由土肥原贤二以“新国家是独立自主的，是由宣统帝完全做主的”进行利诱；第二是发动“天津事变”，迫使溥仪尽快到东北；第三是溥仪到达东北后立即对其严密封锁并全面控制；第四是利用汉奸组建伪东北行政委员会，制造“新国家”，“推戴”溥仪为元首；第五是溥仪以“新国家”元首的名义，将“新国家”的“国防委托给日本”并出具“字据”后，让溥仪就任伪满洲国的“执政”。

在关东军的幕僚中，本庄繁决定由高级参谋板垣征四郎负责“新国家”的策划和筹备工作。板垣作为本庄繁司令官的代表，按照关东军的方案，连续会见溥仪，就“新国家”的建立有关事项，向溥仪及其代表郑孝胥、罗振玉等进行说服和灌输。同时，收买臧式毅、熙洽、张景惠、马占山、张海鹏等，使之能够按照关东军所策划的方案，逐步落实。板垣手中有一个撒手锏，一旦说服不成，就拿出“这是军部的决定”。只要这个撒手锏一亮出，这些人就会乖乖地就范，成为日本对中国东北实行殖民统治的鹰犬。

二、溥仪与板垣初次交锋

1932 年 1 月 27 日，关东军司令官本庄繁“为了了解溥仪的真实意图”，召见高级参谋板垣征四郎，命他前往旅顺，与居住在肃亲王府邸的溥仪会面，任务是向溥仪说明：成立“新国家”的缘由；由溥仪充当“新国家”元首；“新国家”的机构设置和人员安排；“新国家”成立后的日、满关系；“新国家”必须与日本签订攻守同盟等问题。同时了解溥仪对“新国家”的态度并对溥仪进行说服工作。当晚，板垣就偕中岛比多吉到达旅顺。

板垣要来旅顺会见溥仪的消息迅即传达给溥仪。溥仪听到这个消息，兴奋不已。他自 1931 年 11 月 13 日秘密潜往东北后的两个多月的时间里，除了在汤岗子住了几天，就被秘密转到旅顺，关东军到底是如何打算的，除了土肥原贤二在天津说过的以外，杳无音信。这次关东军高级参谋板垣征四郎前来，溥仪认为，终于要解决问题了。于是，溥仪立刻召见郑孝胥、罗振玉等人，就有关“新国家”的问题进行磋商，并指令由他们二人与板垣进行具体交涉。此事，郑孝胥在他的日记中有简短的记载：“召见，闻板垣明日到，命郑孝胥、罗振玉先与会议。”[1]板垣到旅顺当晚，在一家日本饭店招待郑孝胥，之后，郑孝胥住进旅顺的大和旅馆。

1 月 28 日，中岛比多吉先到大和旅馆访问郑孝胥，就会谈事项进行安排。上午 10 时，在大和旅馆一号房间，板垣、中岛与溥仪的代表郑孝胥、罗振玉举行会谈。这次会谈，根据郑孝胥在他的日记中的记载，主要谈了以下几个问题：

板垣讲述了“日本与东三省事变之缘起，今大局略定，众意欲联合三省为满蒙自由国，推举宣统帝为大总统，军民分治，立法、行政、司法三权分立，满、蒙、汉、日本、朝鲜人民无分畛域，合为一体”。

罗振玉：“何以不称皇帝？”

板垣：“不便推举皇帝，故先称大总统，七年一任，治安之后再上尊号，于事势为宜。”

郑孝胥：“总统为共和国名称，是否实行共和？设议会否？”

板垣：“立法缩小，不立议会。”

郑孝胥：“总统何权可负责任？”

板垣：“三权分立，而隶于总统。”

郑孝胥："皇帝、总统之名，须加讨论。若权归皇帝而聘用日本名人为最高顾问，必可成中日合作之效。"

罗振玉："皇帝亦可推举。不必总统，反成假共和之局。"[2]

板垣与郑孝胥和罗振玉会见交谈后，觉得没有解决问题，他决定要直接与溥仪进行交谈，以便直接了解溥仪的想法，便于当日的午后3时，来到溥仪的住处，与溥仪直接进行了3个小时的交谈。

板垣："奉关东军本庄司令官之命，向阁下报告关于'建立满洲新国家'的问题。'新国家'名号是'满洲国'，……这个国家由五个主要民族组成，即满族、汉族、蒙古族、日本族和朝鲜族。日本人在满洲花了几十年的心血，法律地位和政治地位自然和别的民族相同，比如同样地可以充当'新国家'的官吏。"

溥仪："这是个什么国家？难道这是大清帝国吗？"

板垣："自然，这不是大清帝国的复辟，这是一个'新国家'。东北行政委员会通过决议，一致推戴阁下为'新国家'的元首，就是'执政'。"

溥仪："名不正则言不顺，言不顺则事不成！满洲人心所向，不是我个人，而是大清的皇帝，若是取消了这个称谓，满洲人心必失。这个问题必须请关东军重新考虑。"

板垣："满洲人民推戴阁下为'新国家'的元首，这就是人心所归，也是关东军所同意的。"

溥仪："可是日本也是天皇制的帝国，为什么关东军同意建立共和制呢？"

板垣："如果阁下认为共和制不妥，就不用这个字眼。这不是共和制，是执政制。"

溥仪："我很感谢贵国的热诚帮助，但是别的都可说，唯有这个执政制却不能接受。皇帝的称谓是我的祖宗所留下的，我若是把它取消了，即是不忠不孝。"

板垣："所谓执政，不过是过渡而已。宣统帝是大清帝国的第十二代皇帝陛下，这是很明白的事，将来在议会成立之后，我相信必定会通过恢复帝制的宪法，因此目前的执政，不过是过渡时期的方法而已。"

溥仪："议会没有好的，再说大清皇帝当初也不是什么议会封的！"

板垣："阁下再考虑考虑，明天再谈。"[3]

板垣这次与溥仪的代表以及他本人的会谈，陷入僵局。板垣没有搞清溥仪的真正意图，于是决定第二天再次会见溥仪，继续交谈。

1月29日，溥仪首先召见郑孝胥和郑垂，溥仪对他们说：“共和制不宜于亚洲，若举总统，则不能就。”[4] 上午8时，板垣、中岛、罗振玉、郑垂一同晋见溥仪，再次进行交谈。溥仪对于关东军要成立的“新国家”表示赞成，也同意担任元首，但仍然坚持他必须复辟。对于这次会谈，关东军参谋片仓衷在他的“证词”中说，溥仪提出了必须复辟的三条理由：“1. 清室优待条件中，没有废止皇帝尊号。因此，现在仍然是皇帝。2. 满洲民众的素质低，需要实行帝政。3. 帝政制度组织一般内阁，并设置皇帝直属机关的政治机构，亲理万机。”[5] 溥仪提出的这三条表明，他不仅要当清室复辟的“皇帝”，而且要“亲理万机”。

在这次会谈中，板垣还着重向溥仪提出“新国家”要与日本签订一个条约，即将“新国家”的国防、治安等交由日本管理，并在政府机关任用日本人等问题。这些，溥仪都予以答应。

溥仪对于第一次会见板垣所交谈的问题，在他的回忆录中说“2月23日下午，我会见了板垣”[6]，实际上，所谈的内容是1月28日的事情。这是他记忆上的错误。

板垣征四郎会见溥仪后，由于没有搞清溥仪的意图而感到困惑。他对郑垂说：“溥仪如不复辟便拒绝当国家元首是否真意？答应当国家元首，是否非当皇帝不可？或者并不是绝对地要求复辟帝制，结果还是答应出任‘新国家’的元首？”这时，郑垂的一句话使板垣如梦初醒。郑垂说：“现在的溥仪，可能是在出仕之前只是谈一下希望和意见罢了。”板垣说：“如此说来，溥仪是答应出任‘新国家’的元首了，我可以复命了。”[7]

板垣征四郎这次与溥仪的会见，完成了关东军司令官本庄繁交给他的两项任务，即说服溥仪出任“新国家”的元首，要求溥仪与日本签订条约。就溥仪来说，这是他到东北后一直被封锁的几个月以来，第一次直接与关东军司令官代表的交谈。通过这次交谈，他对关东军扶植他当“新国家的元首”之事确信无疑。而关东军让溥仪出任“新国家”元首的最基本条件，是溥仪必须以东北主权为代价并与日本签订“攻守同盟”。

三、关东军加紧策划“新国家建国”活动

关东军司令官本庄繁为了加快“新国家”的成立，指令幕僚，自2月5日至

25 日，连续召开 10 次“新国家建设的幕僚会议”，出席会议的有关东军参谋长三宅光治，高级参谋板垣征四郎，参谋石原莞尔、竹下义晴、和知鹰二、片仓衷等，研究决定“新国家”建设的事项，主要是拟订发表三省联合“独立宣言”，成立东北行政委员会，发表“‘满洲国’建国宣言”；决定国家政体、国号、首府、国旗、成立日期；决定溥仪为国家元首；新国家箝入日本人官吏掌握实权；决定在内蒙古东部地区建立兴安省；研究拟订《溥仪致本庄书》，即“新国家”将国防等重要事项“委托日本管理”以及溥仪就任仪式等问题。这些事情在关东军幕僚会议上做出决定，然后只是在“四巨头”会议上表面上征求意见，实际上就是议论议论罢了，最后还是由关东军拍板，并向他们说“这是军部的决定”。

2 月 16 日，关东军将奉天伪省长臧式毅、吉林伪省长熙洽、黑龙江伪省长马占山和东省特别行政区长官张景惠等“四巨头”以及关东军指使成立的自治指导部部长于冲汉、奉天伪市长赵欣伯、伪奉天治安维持会委员长袁金铠等作为代表，召集到沈阳，由关东军高级参谋板垣征四郎主持，先后举行三次会议。“四巨头”齐集沈阳后，立即访问关东军司令官本庄繁，本庄繁对他们的到来表示欢迎，并对其寄予希望，鼓励其为“新国家的建设建功立业”。

第一次会议于 2 月 16—17 日在奉天伪省长公署举行，按照关东军幕僚会议的决定，成立东北行政委员会，由张景惠为委员长，委员有张景惠、臧式毅、熙洽、马占山、汤玉麟、齐默特色木丕勒、凌升。议论东北脱离中华民国中央政权、实施“自治”的问题，决定由张景惠领衔发出“独立宣言”的通电。

第二次会议于 2 月 18 日在张景惠公馆举行，研究以东北行政委员会名义拟订“独立宣言”，议论板垣提出的“新国家”的“国体”等问题。会议中，熙洽力主君主立宪，张景惠、马占山主张共和制，臧式毅也反对君主立宪。最后板垣决定实施共和制。

第三次会议于2月19日在奉天伪市长赵欣伯公馆举行，首先发布“独立宣言”；接着，议论板垣提出的“新国家”国体、国号、国旗、组织法、官制大纲、国家成立宣言、中国方面的重要职员；傀儡政府设在长春，改长春为“新京”；推戴、迎请溥仪为元首；关东军司令部在长春设置办事处等。

总之，关东军召集的“四巨头”会议，所议论和决定的事项，都是关东军事先研究、决定的事项，只不过是以汉奸的名义通过罢了。

四、板垣第二次会见溥仪

东北行政委员会的会议正在进行期间，2月20日，溥仪将在大连的郑孝胥召到旅顺，商讨对日本关东军司令部进行交涉的所谓“措辞大略”。郑孝胥说：“共和，则谢以未达；如议君主立宪，则告以事体繁杂，须研究讨论，果无流弊，乃试行预备，以三年为期。三年之内，惟以独裁君主、集权政府办理一切政务。如议国号、年号，则告以国号不可改，年号或可酌改。”[8]溥仪对郑孝胥的意见示以点头同意，当即“派郑孝胥、郑垂、罗振玉、上角明日同往奉天”，与关东军司令部进行交涉[9]。2月21日，郑孝胥、罗振玉起程前往奉天时，溥仪又对他们发出旨意：“卿等赴奉，当示朕利天下之心。其次，关于我方既定办法，决不变更。且详为释导，以破群疑。钦此。”[10]这次溥仪命郑孝胥、罗振玉等去关东军司令部会见板垣，主要示以溥仪“正统系”的“十二条”，并告诉他们“我要向关东军表明态度，如果不接受我的要求，我就回天津去”。恰好这时关东军司令部来电话请郑、罗二人去会谈，“于是我便叫陈曾寿为我写下必须‘正统系’的理由，交给他们带给板垣，叫他们务必坚持，向板垣说清楚我的态度”[11]。

郑孝胥、罗振玉等到达奉天后，立即会见板垣。关东军参谋片仓衷参加了这次会谈，他对这次郑孝胥、罗振玉会见板垣情况记载如下：“郑孝胥父子、罗振玉父子等在上角利一的陪同下，午后3时来奉，来到沈阳馆，板垣参谋就‘新国家’问题加以说明。(板垣、和知、片仓各参谋与甘粕氏在场)他们坚持主张帝制说。”[12]这里，片仓衷说“他们坚持主张帝制说”，是指郑孝胥、罗振玉都向板垣申述了溥仪希望实行帝制的愿望。

2月22日，板垣来到郑孝胥的住处，向他出示了关东军草拟的“官制”以及“人民保障法”，并让他旁听东北行政委员会的会议。这次会议还是议论国体事项，吉林、内蒙古代表坚持实施君主制，其他人则是主张先试行共和制，将来改为君主制。当晚，郑孝胥回旅顺向溥仪复命，他在日记中写道：“召对，极言当借力试行，上乃定为摄政一年之策。”[13]

本庄繁鉴于郑孝胥、罗振玉等转达溥仪坚持帝制的态度，以及行政委员会会议的争论，觉得有直接向溥仪说明关东军态度的必要。于2月23日，派板垣乘飞机第二次到旅顺，当晚，向溥仪说明“四巨头”会议以及东北行政委员会决定的事项情况。板垣向溥仪通告了“新国家”的国体为民本制，国号为“满洲国”，元首为“临时执政”，年号为“大同”。溥仪听后，只同意国号和年号，对于国体、元首没有表态。事后，溥仪命万绳栻告板垣：“不允民本制及临时执政二事。”[14]板垣听后“仰天不答久之”。双方经过反复的协商，处于僵局之时，板垣拿出撒手锏说“这是军部的最后决定”。此时，郑孝胥派郑垂奏报溥仪“力请勿驳”，溥仪方觉大势已去，不得不表示“暂为维持”[15]，并再次命万绳栻告板垣，板垣这时才松了一口气，立即用电话向本庄繁复命。

关东军司令官本庄繁一直担心溥仪的态度，在板垣与溥仪交谈期间，曾两次给板垣打电话询问交谈情况。这时，已经进入关键时期，一旦溥仪不应，那就表明关东军和日本陆军省的决策失败，后果不堪设想。对此，郑孝胥在日记中写道：“暂许之议，10时乃定，危险之机，间不容发。盖此议不成，则本庄、板垣皆当引咎辞职，而日本陆军援立之策败矣。”[16]

五、溥仪要求与板垣第三次会见

人事安排问题是一个使关东军头痛的问题，既要使用那些日本能够支配的汉奸，又要照顾到方方面面，究竟使用哪些人更合适。虽说人事任命主要是关东军做决定，但这时也还多少能够听取溥仪以及郑孝胥的意见，提出了一个初步的方案。这时的溥仪也提出有关人事问题，要与板垣商谈，其中之一就是让郑孝胥出任国务总理。为此，溥仪向关东军提出要再次会见板垣。2月29日，板垣到达旅顺，就“满洲国”政府中央机构的人事安排问题，与溥仪进行第三次会谈。

双方经过一番商讨，板垣征四郎与溥仪在人事安排上大体取得了一致的意见。“满洲国”政府的人事安排如下：

国务总理	郑孝胥
参议府议长	张景惠
副议长	汤玉麟
监察院长	于冲汉
立法院长	赵欣伯
民政部总长	臧式毅
财政部总长	熙　洽
军政部总长	马占山（后为张景惠）

郑孝胥

财政部长	荣　厚
实业部长	张燕卿或丁士源
交通部长	丁鉴修
外交部长	谢介石或汪荣宝
司法部长	林　棨
侍从武官长	张海鹏[17]

当晚，板垣在旅顺把上述安排用电报发给关东军司令部。3 月 1 日，板垣征四郎回到关东军司令部后，直接就这次与溥仪协商的结果，向司令官本庄繁报告。

至此，关东军司令官本庄繁代表日本天皇、政府、军部，由其幕僚策划的伪满洲国的大政方针、机构设置、人事安排等基本就绪，并且，编制了溥仪就任执政的具体方案。

“新国家”成立的准备事项大体就绪后，就是确定“建国”的日期了。关东军经过反复研究，最后决定以 3 月 1 日作为“满洲国”的“建国日”，并执意要在这一天发表“建国宣言”。对于关东军的这个举动，日本驻奉天总领事馆一直在注视着，经常将关东军的活动情况以电报的方式向外务省报告。1932 年 2 月 26 日，日本驻奉天总领事森岛守人致外务大臣芳泽谦吉的电报中说：“3 月 1 日，为清朝纪念日（爱新觉罗在抚顺方面歼灭敌军奠定清朝基础之日），军方希望，务必要以同日为期发‘建国宣言’。”[18] 2 月 29 日，森岛再一次提到“3 月 1 日对于清朝乃最为有意义之纪念日”，且关东军“特意选择这天发表‘建国宣言’”[19]。这里提到的清朝纪念日，是指历史上后金在萨尔浒（今辽宁省抚顺市大伙房水库南岸）之战的胜利日。1616 年（万历四十四年），爱新觉罗·努尔哈赤在赫图阿拉（今辽宁省新宾满族自治县境内）建立后金政权、即汗位后，明朝政府于 1619 年派兵 10 万人分四路进攻后金。努尔哈赤集中八旗兵 6 万人，从 3 月 1 日至 5 日，在萨尔浒一带展开激战，连续击败明军主力。萨尔浒之战，奠定了后金的坚实基础。此后，努尔哈赤正式宣布后金政权不再是明朝的属臣。

关东军之所以选择 3 月 1 日宣布伪满“建国”，意在表明这个“新国家”是清王朝后人自己建立的，以此掩盖日本侵略和制造伪国家的罪责。

六、溥仪签署《溥仪致本庄书》

关东军在策划“新国家”的过程中，为了避免世人出现日本攫取“新国家”的国防的舆论，就采取了由溥仪向关东军司令官提出“委托事项”，而关东军司令官则是接受“委托”的策略。

1932 年 3 月 6 日，板垣征四郎第四次会见溥仪，是溥仪就任“满洲国执政”前的最后一次会见。这次会见的地点是在满铁经营的汤岗子温泉旅馆。如果说以前三次会见溥仪都是就“新国家”的性质、元首、组织机构、人员安排以及“国号”“国旗”等问题进行交谈，那么，这次会见，则是让溥仪就将“满洲国”的国防“委托”给日本一事，履行必要的手续，即由溥仪出一份字据。这是溥仪充当伪满洲国元首的基本条件。而实践这个基本条件，则是日本的国策。虽然，日本军队已经侵占了东北，并实际攫取到东北的一切权益，但是，日本还要求在文书上加以确认。为此，他们决定分两步实施。第一步，是秘密签署攻守同盟。第二步，是日本天皇派出特命全权大使与伪满国务总理正式签订《日满议定书》。为了实施第一步，关东军让“新国家”首脑“单方面向关东军提出要求”，给关东军司令官一个字据，关东军司令官则采取“受理此要求”的方式。而“新国家”首脑的这个“要求”，则是由关东军单方面拟定的，“新国家”的首脑只是签字而已。日本的这种做法，在世界条约史上，是绝无仅有的。关东军在溥仪就任“满洲国”元首前要溥仪履行手续这种谋略，连续出现在日本的文件中。

1932 年 1 月 4 日，日本驻奉天代理总领事森岛守人，就《关于军司令部幕僚对东三省新国家建设之意见》致外务大臣犬养毅的电报中说：

当地军司令部幕僚的腹稿是，抓住最近机会促使其组织东三省“新国家”，其主权者同我方最高代表之间缔结秘密攻守同盟协定，国防全部委任给日本，外交形式上‘新国家’设外交部，但其最高职员全部采用日本人，要使其在军部内部指令下行动。[20]

森岛所谓的“主权者”是指溥仪，而缔结秘密攻守同盟则是指双方的换文，即《溥仪致本庄书》以及《本庄致溥仪信》。

2 月 13 日，森岛守人致外务大臣芳泽谦吉《关于将国防委任给日本之手续》

的电报，有如下一段文字：

作为派出机关同“新国家”之间有关国防签订密约，其结果必然是干犯天皇大权。鉴此，关于国防委任给日本，参议府半数以上成员由日本人担当，任命日本人官吏，以及前记诸种事项必须正式签订条约一事，决定采取由“新国家”单方面向（关东）军司令官提出要求，而作为军司令官只受理此要求之方式。[21]

2月21日，关东军参谋长三宅光治召集满铁、关东厅、海军以及总领事馆长官的秘密会议，就建立“新国家”的方针问题进行说明，其中说：“新国家”之“国防委任给日本，需向军司令官提出一份字据”[22]。

3月6日清晨，按照关东军的安排，溥仪偕夫人婉容在郑孝胥等人的陪同下，于午前7时30分从旅顺的临时公馆出发，在沙河口车站乘坐火车，9时8分开车，当日下午1时49分到达汤岗子车站，下榻温泉旅馆对翠阁。溥仪前往长春就任“执政”的途中，要在汤岗子做暂时停留，这也是关东军司令部刻意安排的。一是等待由汉奸张景惠等人组成的迎驾团，盗用“人民代表”的名义前来迎驾；二是关东军要溥仪签署密约，即在“溥仪提出的字据”上签字。

在溥仪由旅顺起程的当日，板垣征四郎也从沈阳的关东军司令部出发，前往汤岗子，他带来由他起草的《溥仪致本庄书》的中文译稿、“新国家”政府人员组成名单以及关东军给溥仪的20万日元献金。板垣征四郎先于溥仪到达汤岗子，等待溥仪的到达。当溥仪一行到达时，板垣首先以关东军高级参谋的身份，到车站迎接溥仪。溥仪等在对翠阁安顿完毕后，板垣立即会见溥仪秘密办理“溥仪提出字据”签字事项。板垣拿出《溥仪致本庄书》，向溥仪说明了必须履行“委托”的手续后，由郑孝胥用毛笔抄清，然后再由溥仪进行签字画押。郑孝胥在3月6日的日记中写道：“板垣来觐。缮致本庄繁书。”[23]

片仓衷在《满洲事变机密政略日志》中记载：“板垣来到汤岗子迎接溥仪后，开始会谈，决定了“满洲国”的最后人事安排。然后溥仪在由板垣早已和幕僚们研究、自己拟定的所谓《溥仪－本庄换文》上签了字。”[24] 这个“字据”就是所谓的《日满密约》。

在溥仪与关东军司令官本庄繁的关系中，最直接、最根本的交易，要数《溥仪－本庄换文》了。

首先，这个文件是由关东军高级参谋板垣征四郎与其他参谋亲手拟定的。《秘录·板垣征四郎》中是这样记载的，即在此之前，板垣与关东军的幕僚研究由他亲自起草拟定的《溥仪－本庄换文》，然后翻译成汉文。这个“换文”的基本内容1月末在旅顺访问溥仪时就已经提出。

《溥仪致本庄书》的全文如下：

敬启者：此次满洲事变以来，贵国为竭力维持满蒙全境之治安，以致贵国军队及人民均受重大之损害。本执政深怀感谢。且确认关于此后敝国之安全及发展，贵国之援助并指导，实有绝对之必要。为此，对于下列各项，特求贵国援助：

一、敝国关于日后之国防及维持治安委诸贵国，而其所需经费均由敝国负担；

二、敝国承认，贵国军队认为国防上必要，将已修铁路、港湾、水路、航空路等之管理并新路之布设，均委诸贵国，或贵国所指定之机关；

三、敝国对于贵国军队认为必要之各种施设，竭力援助；

四、敝国参议府就贵国之人选有达识名望者为参议。其他中央及地方各官署之官吏，亦即任用贵国人。而其人选，委托贵军司令官之保荐，其解职亦应商得贵军司令官之同意。前项参议之人数及参议总数有更改时，若贵国有所建议，则依两国协议增减之；

五、将来由两国缔结正式条约时，即以上开各项之精神及规定，为立约之基本。

此致

大日本帝国关东军司令官 本庄繁

大同元年三月十日

溥 仪 （印）[25]

而关于《溥仪致本庄书》，在历史资料与著述中，则有不同的说法：

在《秘录·板垣征四郎》中称为《溥仪·本庄换文》；在“满洲国史编纂刊行会”的《“满洲国”史》（总论）中称为《溥仪书简》；在郑孝胥日记中称为溥仪《致本庄繁书》；在日本广播协会取材班编的《“满洲国”末代皇帝》中，则称为《汤岗子温泉之密约》。而辽宁省档案馆编《溥仪私藏秘档》和《日本侵华罪行档案新辑》中都称为《郑孝胥在汤岗子拟交日本关东军司令官本庄繁的密约》等等。

这些文件名称，并不是原来就有的名称，而是后人加上去的。笔者认为，使用《溥仪致本庄繁书》这个名称比较确切。而《溥仪－本庄换文》乃指双方交换的文件，既包括《溥仪致本庄书》，也包括《本庄繁致溥仪的回函》，单指其中一个，不能称为换文。《溥仪书简》，一般是指溥仪的所有信笺，并非专指致本庄繁的这个文件。至于《郑孝胥在汤岗子拟交日本关东军司令官本庄繁的密约》的这个提法，笔者认为是与历史事实大相径庭的。

《溥仪致本庄书》的底稿是在板垣主持下与关东军幕僚所拟定的，郑孝胥在他的日记中写的是“缮致本庄繁书”，而不是“拟”。再者，就目前所看到的史料中，找不出郑垂与《溥仪致本庄书》这件事有任何关系。

而《溥仪致本庄书》一事，溥仪在其回忆录《我的前半生》一书的几个版本中，提法也是不同的。由群众出版社出版的《我的前半生》一书，先后有三个版本。

第一个版本，是 1960 年 1 月的内部发行本，也称“灰皮本”，分上下两册。这个版本是溥仪在监狱中服刑期间所写的反省笔记，溥仪说：“当火车经过汤岗子时，又在对翠阁做了一次旧地重游，并在那里住了一夜。我到了那个地方之后，张景惠和赵欣伯又代表着赝造的所谓民意来欢迎我到长春去当伪执政。”

1932 年 3 月 6 日，溥仪在汤岗子签署的《溥仪致本庄书》，这是他与关东军之间签署的第一个以东北主权换取伪“满洲国”“执政”头衔的文件，溥仪是不会也不可能忘记的。但是，对于他是否签署了《溥仪致本庄书》一事，无论在“灰皮本”和“定本”，都没有提及“汤岗子密约”即《溥仪致本庄书》和《本庄给溥仪的回函》这两个极其重要的文件。

第二个版本是 1964 年 3 月出版的《我的前半生》，亦称“定本”。据说这个版本在出版前，由许多名家审定的该版的第六章第三节即《订立密约以后》中，溥仪所指的“密约”，并不是指《溥仪致本庄书》这个文件，他写道：

早在旅顺的时候，郑孝胥就跟本庄繁谈妥了由我出任“执政”和他出任国务总理的条件。这件事情，郑孝胥直到本庄繁卸任前夕才让我知道。1932 年 8 月 18 日，郑孝胥来到勤民楼，拿出一堆文件来对我说：“这是臣跟本庄司令官办的一项协定，请上头认可。”[26]

溥仪在旅顺时，决定他当伪满洲国“执政”、郑孝胥当国务总理的是关东军，并非是由郑孝胥与本庄商谈的结果。而当时，溥仪就知道这个决定。怎么能说“到本庄卸任前夕”才知道的呢？这里，显然是溥仪没有说真话。

1932 年 8 月 18 日，郑孝胥请溥仪画可的条约，是指《关于“满洲国”政府铁道、港湾、水路航线等管理及敷设、管理协定》和《设立航空会社协定》。这两个协定，是郑孝胥与本庄繁于1932年8月7日签订的。前者共有12条，还有关于铁路及水路的两个附表。

新国家建立后，铁路、通讯、邮政、运输、港湾、电气、钢铁冶炼、主要煤矿、农业（包括林牧业）、金融财政、农业移民等，有必要实际上置于我方统制之下，预定在政府主要部门中作为官吏或顾问采用160名左右日本人。[27]

溥仪在“全本”第六章第三节《“元首”的“尊严”》中，没有说出日期，只是说：“发生了《日满密约》的事件。”“这个密约是8月7日由郑孝胥为代表和本庄繁签订的，过了一个多星期郑孝胥才拿来给我看，叫我承认。”溥仪在这里所说的“密约事件”，都是指1932年8月7日，由郑孝胥与本庄繁签订的两个协定，指的并不是《溥仪致本庄书》。溥仪所说的“密约事件”，不过是发泄对郑孝胥的不满而已，并非是郑孝胥的专断。其实这两个协定，都是根据溥仪签署的《溥仪致本庄书》中的第二、三条而签订的。

第三个版本是2007年1月出版的《我的前半生》，也称为“全本”。在这个版本中，我们才看到溥仪早在1962年就提到了汤岗子《日满密约》的事情。溥仪的这个“全本”，是于1962年6月至10月写成的稿本，而在1964年出版“定本”时，不知何故，将如下这段特别重要的史实删去。溥仪在“全本”中是这样讲的：

我和强盗凶手们的第一个交换条件，是我和本庄繁签订的《日满密约》。在这项交易中，日本人允许承认我为“满洲国”的“元首”，我允许就任“执政”后实行这五项条款：

1. 将“满洲国”的国防及维持治安权委托于日本；

2. 日本军在国防上认为必要时，得以管理“满洲国”的铁路、港湾、水路和空路等，并得增设；

3. 对于日本军所需要的各种设备，“满洲国”须加以援助；

4. 推荐日本的贤达名望之士为“满洲国”参议；

5. 以上各条，作为将来两国向正式条约的基础。[28]

溥仪在“全本”中所说的这个“密约”，与《溥仪致本庄书》的内容基本上是一致的，是符合历史事实的。而从溥仪所说的“我允许就任‘执政’后实行这五项条款”来看，溥仪在3月9日就任“执政”前，在汤岗子签署《溥仪致本庄书》一事，就不容置疑了。

板垣将溥仪签署的《溥仪致本庄书》交给本庄后，本庄繁知道这个文件的重大性，他必须将溥仪签字的《溥仪致本庄书》呈报给日本国政府，并且必须经过议会的审定和批准。日本犬养毅内阁在1932年4月15日的阁议时，确认了《溥仪致本庄书》，而本庄繁在接到国内的指令后，才给溥仪回函的。这就是在溥仪就任“执政”两个月以后的5月12日，本庄繁给溥仪的回函：

执政溥仪 殿

3月10日的尊函确已收悉。

我方对此无异议，谨复。

关东军司令官 本庄繁（印）

昭和七年五月十二日

在《溥仪致本庄书》上签字，明明是于3月6日在汤岗子进行的，那么，为什么本庄繁在给溥仪回函中却说“3月10日的尊函已收悉”呢？

3月6日溥仪还没有就任“执政”，如果签署日期就写3月6日，显然不具有法律效力。3月9日，溥仪正式就任伪职，才具有“执政”的资格，签署的文件才算有效。因此，签署的日期有两种可能，一种是板垣在拟定这个文书时，就直接写为3月10日。一般来说，依照国际惯例，签署国家之间的约章，都是首先填好日期，然后签字。另一种是板垣拟定的《溥仪致本庄书》，让溥仪签字时，在日期只写有“大同元年三月　日”，溥仪签完字后，再填上具体日期。无论是哪种情况，溥仪都必须签字。事到如今，溥仪已经无任何选择，面对由他签字将主权交给日本的关头，签了字，就可以顺利地当上“执政”；如果拒签，后果则不堪设想。关东军什么事情都干得出来，不仅“执政”当不成，就连性命也难以保证。

《溥仪致本庄书》与《本庄给溥仪的回函》合称《溥仪・本庄换文》。至此，关东军司令官本庄繁自上任以来，为日本干了两件大事，一是发动、指挥了作为日本侵华战争开端的“九一八”事变，侵占了东北三省；二是建立了在日本全面控制下的伪满洲国，并掌握了这个“国家”的实权，实现了日本天皇、政府、军部多少年来的梦想。

溥仪在旅顺与日本关东军交易的结果是：溥仪要当皇帝之梦破灭，只是当个“满洲国执政”，这个政权并不是清朝的复辟。

注 释:

[1] 中国历史博物馆编:《郑孝胥日记》第四册,中华书局,1993 年版,第 2362 页。
[2] 中国历史博物馆编:《郑孝胥日记》第四册,中华书局,1993 年版,第 2362 页。
[3] 爱新觉罗·溥仪:《我的前半生》,群众出版社,1964 年版,第 305-306 页。
[4] 中国历史博物馆编:《郑孝胥日记》第五册,中华书局,1993 年版,第 2362 页。
[5]《片仓衷的证词》。《秘录·板垣征四郎》,芙蓉书房,1977 年版,第 64-65 页。
[6] 爱新觉罗·溥仪:《我的前半生》,群众出版社,1964 年版,第 304 页。
[7]〔日〕板垣征四郎刊行会编:《秘录·板垣征四郎》,芙蓉书房,1977 年版,第 65 页。
[8] 中国历史博物馆编:《郑孝胥日记》第五册,中华书局,1993 年版,第 2366 页。
[9] 中国历史博物馆编:《郑孝胥日记》第五册,中华书局,1993 年版,第 2366 页。
[10] 中国历史博物馆编:《郑孝胥日记》第五册,中华书局,1993 年版,第 2367 页。
[11] 爱新觉罗·溥仪:《我的前半生》,群众出版社,1964 年版,第 300-301 页。
[12]《满洲事变机密政略日志其五》。日本现代史资料 7《满洲事变》,みすず书房,1972 年版,第 388 页。
[13] 中国历史博物馆编:《郑孝胥日记》第五册,中华书局,1993 年版,第 2367 页。
[14] 中国历史博物馆编:《郑孝胥日记》第五册,中华书局,1993 年版,第 2368 页。
[15] 中国历史博物馆编:《郑孝胥日记》第五册,中华书局,1993 年版,第 2368 页。
[16] 中国历史博物馆编:《郑孝胥日记》第五册,中华书局,1993 年版,第 2368 页。
[17]《满洲事变机密政略日志其五》。日本现代史资料 7《满洲事变》,みすず书房,1972 年版,第 395-396 页。
[18]〔日〕外务省编:《日本外交文书选译——“九一八”事变》第 1 卷第 2 册,1977 年版,第 148 页。
[19]〔日〕外务省编:《日本外交文书选译——“九一八”事变》第 1 卷第 2 册,1977 年版,第 156 页。
[20]〔日〕外务省编:《日本外交文书选译——“九一八”事变》第 1 卷第 2 册,1977 年版,第 77 页。
[21]〔日〕外务省编:《日本外交文书选译——“九一八”事变》第 1 卷第 2 册,1977 年版,第 107 页。
[22]〔日〕外务省编:《日本外交文书选译——“九一八”事变》第 1 卷第 2 册,1977 年版,第 123 页。
[23] 中国历史博物馆编:《郑孝胥日记》第五册,中华书局,1993 年版,第 2369 页。
[24]《满洲事变机密政略日志其五》。日本现代史资料 7《满洲事变》,みすず书房,1972 年版,第 408-409 页。
[25] 满铁经调会:《满洲国关系条约集》,1934 年,打印本,第 9-11 页。
[26] 爱新觉罗·溥仪:《我的前半生》,群众出版社,1964 年版,第 321 页。

[27]〔日〕外务省编：《日本外交文书选译——“九一八”事变》第 1 卷第 2 册，1997 年版，第 123 页。

[28] 爱新觉罗·溥仪：《我的前半生》(全本)，群众出版社，2007 年版，第 244 页。

旅顺周氏兄弟的慈善义举

李华家

一、周家的善义公堂所：复州湾都有人过来戒毒

旅顺水师营高家村北面蟠龙山下，有一座老式四合院建筑，而今只剩下一处正房。这座看上去不起眼的建筑，就是有近百年历史的周家善义公堂所旧址。这座建筑原占地约 400 平方米，分为上房和东西厢房，上房正屋稍高，两边略低。老式四合院带有门楼，门楼上镶嵌紫檀色的牌匾，刻有“善义公堂所”5 个金色大字。牌匾下是两扇厚重的红色木质大门。院里栽种各种花草树木。正屋有四扇木质拉门，屋里中央供奉三尊金晃晃的佛像，里边整齐摆放着长条木凳和桌子。

据考证，周家的善义公堂所建于 1917 年。修建善义公堂所一来是为了自家看管坟地，二来是做些社会公益事业，劝导人们多做好事、远离毒品，这与周家兄弟仗义疏财、救危扶困的性格非常吻合。

周氏兄弟合影
左为周文贵，右为周文富

正屋西边的房子里住着一位吉林来的先生，姓高名成功，他是善义公堂所的管家。他有一个特殊任务，就是在善义公堂所里免费讲课，劝导人们爱国、行善、孝敬父母、戒烟戒毒。当年，周家的这个戒毒所远近闻名，老辈人都记得，不光本地人在此戒毒，连复州湾都有人过来戒毒。凡是来周家善义公堂所戒毒的都住在西厢房里，灶房开在东厢房。周家免费戒毒，提供药品，管吃管住。

家住在附近的孙月英老人说，那

些戒毒人开始非常痛苦，毒瘾上来大呼小叫，他去附近地里干活都听得很清楚。1928年周文贵去世后，旅顺、水师营一带有钱的大户人家，每年都在善义公堂所里摆斋一次，杀猪宰羊，捐钱捐物，戒烟戒毒，一直到1945年。

新中国成立后，村里用善义公堂所里的桌椅板凳开办扫盲学习班。1958年，村里建集体大食堂，缺少木料，就把正屋两侧稍矮一点房子的木料全部拆走，只剩下中间三间正房和东西两侧厢房。

大连顺兴铁工厂的车间

现在房子的主人叫陈长平，他的父亲陈淑荣当年从山东日照“闯关东”来大连码头做苦力，因不堪劳动重负和日本人的打骂，逃到小南村。新中国成立后，村里安排他们住在善义公堂所的西厢房里，后来因孩子多住不下，村里又安排住上房。再后来又来了两户人家住在东西厢房。1977年厢房和门楼一起被拆掉了。正房虽然还在，但前面被重新造面，房上的泥制小黑瓦已被换成现代的水泥瓦。只有从屋檐下排列整齐的青砖还可以看出老房子的气息。山墙和后墙还保持原貌，可以看出年代的久远。

善义公堂所里当年的老物件几乎都不在了。在院里西墙角存放着一块非常珍贵的汉白玉石碑的碑首，这是当前发现的唯一的碑首。上面有精美的雕花和镂空的门洞，上书一副富有哲理的古对联，上联是：地理凭天理；下联是：心田即福田；横批是：福地长春。这是“熟知地理通天理，补种心田即福田，德者何处不牛眠”前两句的缩写。这副对联的中心意思是劝人为善，种什么因，结什么果，如果不循天理、不为善，再好的风水宝地也没有用。正是基于这种朴实的传统思想才有了周家的许多善意之举。这块碑首的发现为我们研究周家善义思想的根源提供了佐证。

二、周家兄弟的善意之举：关乎国家民族、黎民百姓、人才培养

周文贵儿时家境贫寒，少年辍学，深感文化浅薄的困难。因此，他十分同情

贫苦子弟，对才智出众却无力升学的人，经常给予资助，使其学以成才。1912 年，周文贵在哈尔滨担任工会总理时，与人合作创办东华学校（现哈尔滨第二中学），提倡工业教育。他资助瞿夫仁、苗剑秋、于连瑛、王秉锋、丁文渤等 10 余人出国留学。苗剑秋作为张学良的副官兼机要秘书，力主抗日，在促成张学良发起“西安事变”过程中起到一定的作用。这是慈善家为国家民族培养人才的善意之举。

众所周知，周家兄弟于国于民都是讲义施善的典范。1915 年，哈尔滨人民为反对“二十一条”，发起爱国储金运动，在同乐戏院召开市民大会。周文贵爱国心切，登台演讲，慷慨激昂，当场用钢刀将自己左手无名指砍断，血书“储金救国，勿忘国耻”八个大字，以示爱国热忱，当场献金 3 万元。在他的带动下，与会的人纷纷捐献钱物。这是一个爱国者对国家民族的善意之举。

1914 年、1920 年和 1925 年，旅顺地区频遭自然灾害，农民饥寒交迫。周家兄弟先后出资 10 余万元，由东北购进 28 节车皮玉米、高粱，分三级逐户按人口赈济旅顺方家、水师营、王家店、营城子等地的受灾农民。周家兄弟还亲自发放粮食。老旅顺人都说，是“周官”救了旅顺老百姓，没有“周官”不知道要饿死多少人。周家每年冬季在西岗开设庇寒所，庇寒所内建对面火炕，以供从山东来大连逃荒的灾民栖身；庇寒所里还配备施粥场，有时候一天食粥的多达千人。他们每年还要向大连宏济善堂捐款救助孤寡老人和孤儿。这是两位慈善家对黎民百姓的善意之举。

1920 年，周氏兄弟为旅顺王家店村民发放赈灾救济粮

三、周文贵出殡：旅顺万人空巷

周家的坟地就在善义公堂所的西南边约百米处。1917 年农历正月二十五，周母吕老太太自觉大限已到，梳洗后便坐着去世了。周家用的是高档木料精雕细刻做成的坐棺，修成 3 米多高的花岗岩立坟，在东北境内极其罕见。周文贵为尽孝道，在坟地守灵 100 天。有一韩姓人家为其做饭，周文贵为答谢韩家，让其儿子去工厂学徒，后来扶持韩家在大连建起自家的铁工厂。

当地老人都知道这样一个传说。当年，周家的买卖越做越大，又不听从日本人，竟敢和日本人把官司打到东京使其败诉。这让日本人非常忌恨，千方百计打压周家的生意，甚至采用破坏风水的卑劣手段。日本人从沈阳请了一个风水先生，住在蟠龙山天仙圣母殿，他每天都来坟地周边转悠。大约一周之后，那人想好一个破周家坟地风水的馊主意，便回去复命。这个办法就是在周母坟前不远处修鱼池。其实过去有钱的人家在坟前修鱼池是常有的事，都深不足米。但是这个鱼池与众不同，又大又深，据村里老人回忆，鱼池能有 20 米见方，深有 5 米，也就是在周家祖坟前形成一个大坑，让周家无路可走。日本人找周文贵的朋友对周文贵说，若在他家祖坟前修一个大鱼池，他家的生意将是如鱼得水，越做越好。周文贵不知是计，便同意修鱼池。就在村里老百姓挑水往鱼池里灌水放龟的时候，周家接到周文贵在海上遇难的消息。

1928 年 10 月 9 日，周文贵乘船去复州湾煤矿，在金州城北三十里堡西海湾突遭狂风袭击，舢板颠覆，周文贵落海遇难，终年 52 岁。噩耗传来，大连、旅顺哀声一片。大连小岗子周家大院两万人前来吊唁。出殡那天，旅顺万人空巷，百姓夹道哭送，坟地里几千人跪拜周棺。送殡的人都是当年得到周家接济的人，他们从四面八方赶过来。可见周家的善意之举感天动地。

这是老百姓自发参加的旅顺历史上规模最大的葬礼之一。当年，孙月英老人的公爹王明熙参加了葬礼，他对后人说，坟地里人山人海，前面灵柩都到了墓地，后面送葬的队伍还在旅顺城里。1931 年春天，周文富不堪重压，心力交瘁，抱病身亡。兄弟俩都安葬在母亲的坟前。坟地里竖立高大的功德碑，栽种龙柏等名贵树木。周边镶有欧式铁铸栅栏，正面是顺兴铁工厂制作的大铁门。

四、周家坟墓今安在：历史的遗憾

周家坟在历史上曾发生过盗墓案，但是盗墓人没有得手，坟墓最终毁于“文化大革命”的“破四旧”。

1917年，周母下葬不久，一天夜里，有两人来盗墓，一人望风，一人撬墓。住在善义公堂所里的看坟人陈忠孝，听到坟地有声音，便抄一杆红缨枪奔了过去，见一人正在撬动周母的立坟，便一枪刺了过去，那盗墓贼越过栅栏逃走。第二天，看坟人见坟地上有血迹，便一路循着血迹找到水师营西边……自此，当地人都知道看坟人厉害，没有人再敢来盗墓。

位于水师营高家村的周文贵母亲吕氏墓

周家墓地的碑首

1966年春天，当年修坟者的后人来了十几个，他们知道周家坟里有东西，便用撬杠撬动周老太太的立坟，但怎么也撬不动。原来，周家当年为了防盗，坟墓是用铅密封的，在坟墓上盖里面悬挂了8块铅块。后来有人用炸药将坟墓炸开，坟中的金银财宝被“拿”走，碑石被生产队用来盖仓库、建磨坊。周文贵悬坟中厚重的套棺木料，被生产队拿去做牲口槽。多年后，牲口圈起火，牲口烧死了，用棺木做的牲口槽也都烧毁了。当年坟墓被炸后，孙月英老人到坟地看过，他清楚地记得坟地里到处都是散落的尸骨。老人深有感触地说，周家做了很多善事，不应该扒人家的坟啊！20世纪70年代初，砖厂到坟地取土，自此周家坟就像当年周家炉一样永远地消失了。东北近代民族工业先驱的坟地，尸骨无存，只留下一个土坑。

改革开放之后，周家后人先后几次来高家村寻找墓地和碑石，探访善义公堂所。他们在村里老人的指点下，拜土为坟，举行了简单的祭祀活动，追念他们在中国近代民族工业史上有过辉煌业绩的先人。

旅顺南路与沿途八景碑刻

崔再尚

一、旅顺南路的修建

1905年9月5日，日俄两国签订《朴次茅斯和约》，日本获得了旅大租借权。1906年9月1日,关东都督府在旅顺成立，日本开始对大连进行长达40年的殖民统治。日本殖民统治大连后，从巩固殖民统治、加速掠夺资源出发，大力发展城乡陆路交通运输。日本人难波胜治在《旅大道路概说》中声称:“修筑道路一天也不容迟缓下去，自1905年成立关东民政署以来，虽然经历了关东都督府、关东厅、关东州厅等行政机构的变迁，但对道路修建这项政策都始终如一地严守这个不变的铁则。”

日本租借旅大之前，旅顺、大连间的主要交通工具是铁路，公路崎岖不平，交通不畅。日本殖民统治旅大后，两地间的行政、经济方面的交流日益密切，原来的公路变得十分拥挤，这就迫切地需要加强旅顺与大连间的交通建设。1921年，关东厅长官山县伊三郎决定开辟一条沿着黄海海岸线从旅顺至大连的新道路，当时称为“大连汽车道路”，即现在的旅顺南路。这条道路从1921年10月动工，经过3年的建设，花费135万日元，于1924年10月竣工。道路采用沥青铺设路面，是大连至旅顺的第一条黑色路面，不论线型选择、工程结构设计、技术标准，还是施工工艺等，都具有当时较高的水平。旅顺南路经过星个浦（今星海公园）、南海岸、小平岛、黄泥川、龙王塘、盐场等到达旅顺。道路分为汽车道路的柏油路

修建中的旅顺白银山洞

面和马车道路的碎石路面。道路在修建过程中，修筑了老座山和白银山两条隧道，凌水河、龙王塘、盐场三座桥梁，增设道路标志。与此同时，道路两旁种植了胡腾、白杨、枫树等树木。

在旅顺南路修建过程中，日本殖民当局廉价强买筑路用地，以压缩费用。如星个浦（今星海公园）一带土地每坪[1]时价 7 ～ 8 元，征用时只给 5 ～ 6 角。对整个线路每坪只按 1 角 2 分～3 角 8 分收买。同时采取政治欺骗的高压手段，警察、宪兵全部出动，将不肯卖地的为首者诬为主谋，加以拘押镇压。最后强行推进施工，挖掘耕地，造成既成事实，沿线村民群众叫苦不迭。工程中，大肆克扣工人工资。由日本工人承包的这些工程，雇用中国工人给付的报酬极低，只有同工种日本工人的 1/7。此外，全部路基土石方工程，也像警备道一样，强制征调沿线村民赋役。道路修成之后还由警察胁迫村民负责道路维护修缮。该道路建成以后，在普及警备道路网的基础上，从 1925 年起，又对警备干线道路进行了改建，以达到汽车可在道路上自由行驶的较高标准要求。[2]

这时期道路宽度也有重大变化，从星个浦到小平岛间道路的宽度是 10.9 米，其他地区 9 米，尤其是汽车道路和马车道路宽度不一。旅顺南路共长 35705 米，其中有 27678.5 米的道路路宽 9 米，汽车道路宽度 5.4 米，马车道宽 3.6 米；有 8026.5 米的道路路宽 10.9 米，汽车道路为黑色路面，宽度为 7.3 米，马车道宽 3.6 米。修建中型桥 4 座 227 米、小型桥 9 座共长 125 米，隧道 2 处共长 418.22 米[3]。

1924 年 10 月，旅顺南路竣工后，日本殖民当局成立旅大自动车株式会社，开始经营大连至旅顺间客运业务，日往返 8 次，单车座位 21 人，年客运量 3 万余人。

旅顺南路的修建对日本殖民当局在行政、经济、旅游等方面统治大连地区有着独特的价值与意义。在行政方面，旅顺南路的修建加快了旅顺与大连的交通联系，使得行政命令能够及时、快速传达至各地方行政机构，加强其殖民统治；在经济方面，旅大南路的开通节约了各产业的运输费用，使得时令产品能够快速销售，工业、商业得到了巨大的发展。在旅游方面，经由旅顺南路，人们能够欣赏到沿途的风光，领略大海的气息，消除旅客的疲劳，与此相比，就连日本国内的京滨道、阪神道也大为逊色。

二、旅大八景碑刻的设立

1926年，为庆祝“关东州”施政20年举行庆典，满洲日报社在报纸上开始募集旅大八景的景观地点，并选择纪念碑石建设，为一些喜欢旅游的人提供方便。1928年，日本殖民当局根据自然景观，在公路沿途设立了八个景点标石。后来，人们习惯将其称之为“旅大八景”。八景主要是：黑石礁、凌水寺、小平岛、蔡大岭、老座山、龙王塘、玉乃浦、白银山。

旅顺南路一景

黑石礁位于大连滨海风景区西段，因海边有黑色礁石而得名。这里沉积着厚达600余米的黑石灰岩。地壳构造运动中，海岸上升，许多瑰丽多姿的礁石拔地而起，像宝塔，似雄狮，形态各异，神奇莫测，成为大连有名的“海上石林”。

凌水寺位于凌水街道栾金村凌水河畔，寺庙建于明代，1747年（乾隆十二年）及1788年（乾隆五十三年）重修，始具规模，是大连西部地区著名庙宇。中华人民共和国成立前，每年农历四月初八日庙会，香客、商贾云集，呈现一番热闹的景象。凌水寺背环山，面黄海，周围多苍松古柏，风景幽静。有正殿3楹，东西禅房各5间，后殿供石雕罗汉18尊，茂密的山林给古刹增添了许多神秘的色彩，每年的庙会又是一番热闹的景象。

小平岛位于大连西南的黄海之滨，是伸入海中的小半岛，长约2千米，宽1千米，面积2平方千米。这里原本与陆地隔离，因泥沙淤积，后与大陆相连接。东北部最高海拔为76米，有东、西二港口，东港口外有4个坨子。该半岛曾称“小滨岛”，亦称“比顽崖”，今以其平面图似“平”字，故称“小平岛”。岛西南端建有灯塔。在大连港未建之时，这里是繁荣的码头和古镇，清政府和俄、日殖民统治当局在此设立海关。

蔡大岭位于龙王塘街道黄泥川村，南临黄海，北依峰峦，主峰海拔200米。

旅顺南路之龙王塘水库

凌水寺

此处有崇山峻岭、陡崖峭壁，林深树茂，清泉奔流，田园、果树与菜畦层次错落，农村小舍平布在山沟旁，一派恬静的农村风光，是消暑度假的好地方。

老座山的山上长着槲树、柞树和松树，每到秋季山菊盛开，树叶染黄变红，在蓝天白云的衬托下，另有一番风光，旧称“柞树红叶”。

1921 年 10 月，日本殖民当局在老座山下修建黄泥川隧道，1922 年建成。隧道由老座山半腰穿过，建在山顶以下 66.6 米处，全长 254.52 米，洞高 5.55 米，宽 7.4 米，隧道衬砌：立墙高 1.85 米，用 30 厘米 ×30 厘米 ×60 厘米预制混凝土块砖砌，起拱线以上用红砖衬砌。洞口拱圈外侧面镶砌花岗岩料石。隧道北侧有宽 1.2 米的人行道；隧道内壁每间隔 30 米有照明灯一盏。隧道外 15 米处，分别设有三角形指示灯，引导、控制行车。1922 年隧道建设完工，关东厅长官山县伊三郎为东、西两个隧道口题名，东侧道口为“黄泥对月”，西侧道口为“老座宜风”[4]。原来的题词均镌刻在隧道口顶端，现在已经被凿掉。

龙王塘是久负盛名的风景区，龙王塘水库位于龙王塘官房村龙王河狭窄处，建于 1920 年，竣工于 1925 年。龙王塘水库公园种植有樱花、星花玉兰等树木，闻名全国。每当春光明媚、万物复苏的时候，这里便成了樱花的王国、芳香的世界，湖光山色，百花怒放，使游人流连忘返。日本殖民统治当局修建旅顺南路的时候，修建了龙王塘钢筋混凝土大桥。

玉乃浦位于龙王塘街道盐厂新村，现称“塔河湾”，是著名的海水浴场。从盐厂新村至鲍鱼肚村为海湾沿岸，海湾呈敞口式，湾口向南，西起龙王庙村，东至松树嘴，长约 4 千米。海湾中段大湾头一带为沙砾岸质，沙底岸滩，洁白的沙滩、清澈的海水，给消夏戏水的游人带来无尽的快乐。玉乃浦桥于 1921 年动工，1924 年竣工，当时桥头立有石碑，上面刻有“旅大八景玉の浦”的铭文。1957 年 10 月 11 日，旅顺南路修建的“玉乃浦桥”改称“塔河湾桥”，“旅大八景玉の浦”碑石拆除。

玉乃浦景碑

白银山是旅顺南部的天然屏障，它隔绝了旅顺通往大连的道路。1921 年 10 月，日本殖民当局开始动工修建白银山隧道，1922 年完工。隧道建于白银山山顶以下 67 米处，由半山腰穿过，全长 163.7 米，宽 7.4 米，洞高 5.5 米，其中北侧有宽 1.2 米的人行道。隧道内壁每间隔 30 米有照明灯一盏。1922 年隧道建设完工，关东厅长官山县伊三郎为东西两个隧道口题名，东侧道口为“白银开利”，西侧道口为“老铁通津”。原来的题词均镌刻在隧道口顶端，现在已经被凿掉。

三、旅大八景碑刻之现状

新中国成立后，旅大八景的石碑陆续被拆除。目前保存下来的旅大八景碑刻有蔡大岭、玉乃浦、凌水寺三块。旅大八景蔡大岭和旅大八景玉乃浦两块碑刻在旅顺日俄监狱旧址博物馆收藏。旅大八景蔡大岭的碑刻为石灰石质地，自然呈不规则锥形，上部两侧稍凸起，碑刻上面有“旅大八景蔡大岭”的碑文，高 163 厘米，宽 80 厘米。1991 年，旅顺日俄监狱旧址博物馆在旅顺南路黄泥川景点采集。

旅大八景玉乃浦的碑刻为灰绿色花岗岩质地，自然呈不规则锥形，腰部两侧稍凸起，碑刻上面有“旅大八景玉の浦”的碑文，高 165 厘米，宽 85 厘米。1991 年，旅顺日俄监狱旧址博物馆从旅顺南路塔河湾景点采集。

蔡大岭景碑

旅大八景凌水寺碑刻上窄下宽，呈梯形，上面刻有“旅大八景凌水寺”的碑文，石碑高 120 厘米、宽 70 厘米，下方宽 30 厘米，上方宽 15 厘米。此碑是 2007 年在修建大连市高新技术产业园区创业大厦门前的黄浦路时挖掘出来的。

2000 年，大连市政府对旅顺南路进行拓宽改造，由原来的双向二车道拓宽为双向四车道，旅顺南路成为旅顺到大连路程最短、路况较好的重要通道。旅顺南路改造建成后，对沿途风光和景点做了统筹安排，已经成为连接大连和旅顺的一条秀丽的滨海公路，沿路优美的风光正迎接着四面八方的来客。

注　释：

[1] 坪，日本传统计量系统尺贯法的面积单位，主要用于计算房屋、建筑用地面积。1 坪约等于 3.3 平方米。

[2] 顾明义等主编：《大连近百年史》（下），辽宁人民出版社，1999 年版，第 1257 页。

[3] 旅顺日监狱旧址博物馆、大连市近代史研究所编：《大连近代史研究》第 5 卷，辽宁人民出版社，2008 年版，第 345 页。

[4] 大连市旅顺口区史志办公室：《旅顺口区志》，大连出版社，1999 年版，第 349 页。

旅顺第一份党报《民众报》的创刊

周爱民

旅顺日俄监狱旧址博物馆收藏有一台日制顶回转平台印刷机，1996 年经国家文物局专家组鉴定为一级文物。这台印刷机机身长 2.68 米，宽 1.75 米，高 1.37 米，由电机、架体、平板、滚筒、转动机、皮带、连杆、胶辊等部件组成，是旅顺监狱原 15 个工场中至今唯一遗留下来的机器。如今，这台制造于 20 世纪 30 年代的印刷机静静地陈列在旅顺日俄监狱旧址博物馆的展厅里，但其背后蕴藏的故事却记录着一个时代翻天覆地的变迁。

1945 年 8 月 15 日，日本宣布无条件投降。8 月 22 日，苏联红军空降兵分别在旅顺和大连机场着陆，解除日军武装。这标志着旅大地区的解放。1945 年 10 月，中共中央东北工作委员会副书记韩光根据中共中央东北局的指示“抢形势”“搭架子”，带领张致远、沈涛、郎玉林等人来到大连，在苏军的支持下，成立中共大连市委，并着手组建各县区党组织。刚刚获得解放的旅顺口，人民在欢庆胜利，但各种反动势力猖獗，纷纷趁混乱之际窃取权力。中共胶东区委根据中共中央关于建立和开辟东北根据地的指示精神，先后派遣郭壮、王泽民、王世明等人来到旅顺，积极争取苏联红军的支持，得到广大人民群众的热烈拥护，于同年 10 月成立了中共旅顺市工作委员会，使中国共产党在旅顺地区建立了稳定的机构。

当时的印刷机

为了适应新形势的发展，扩大人民群众对中国共产党的了解，中共旅顺市工作委员会在组建的同时就对新闻宣传工作非常重视，选派殷杰着手筹办印刷厂。劫后重生的旅顺百废待兴，组建印刷厂首先就必须有印刷机和懂技术的印刷工人。

旅顺当时有一个农业进步社印刷厂，可以提供一部分机器设备，但还需要大型的印刷机。此时，旅顺监狱已经被苏联红军接管，大家就想到了监狱原印刷工场的机器设备。据旅顺印刷厂老工人回忆，1945 年日本投降后，为了印刷《民众报》，他们从旅顺日俄监狱的印刷工场拉回一台日制顶回转平台印刷机和一台裁纸机。机器设备解决了，印刷厂又从社会上招收有印刷技术的工人，为尽快出版报纸做好充分准备。

1945 年 10 月上旬，胶东区党委派沈西牧到旅顺，肩负起创办报纸的重任。沈西牧到旅顺后，立即开展报纸的编辑与出版等筹备工作。1945 年 11 月 23 日，中共旅顺市工作委员会出版了市工委机关报——《民众报》，这是旅顺历史上第一份党报。

苏联红军对旅大地区实行军事管制，表面上看这里是一个没有任何党派的地区，但实质上是共产党领导的一个特殊解放区。为了不让国民党插手旅顺，引起麻烦，中国共产党在旅顺的斗争策略必须特别讲究。《民众报》对外出刊的名义是由旅顺民众联合会主办，而实质上是由中共旅顺市工委主办。当时《民众报》的办报方针和指导思想是：紧紧依靠党的领导，充分利用苏联红军驻守的有利条件，以实行人民民主政治为目的，策略地宣传中国共产党的政治主张和方针政策，鼓舞人民群众积极参加民主革命斗争；同时，揭露国民党反共反人民的罪恶面目及其发动内战的阴谋，宣传反奸清算斗争，提高群众阶级觉悟，跟着共产党，翻身闹革命。

《民众报》创刊之初，报社的组织机构主要分为编辑部、印刷厂两部分。殷杰担任社长，主要负责行政事务和印刷厂的工作；沈西牧担任编辑部部长，主要负责报纸内容的编辑、采访等工作。另外，设立总务科负责行政事务，隋志思担任科长。当时编辑部工作人员很少，根据沈西牧的回忆，除了他做编辑之外，还从旅顺当地招聘了几位学生协助抄写稿子、整理材料。为了加强报社力量，中共胶东区委又将邵默夏、茹光标、任巩等

民衆報

《民众报》图片

人调到旅顺，使报社工作人员逐渐增多；后来又成立了通联科，负责对外宣传，邵默夏担任科长。

旅顺市工委对办好《民众报》极为重视，1946 年上半年，在书记吴善昌的请求下，北海地委增派秘书室主任杨希萍来旅顺担任宣传部部长，兼报社社长。沈西牧和殷杰担任副社长，主要负责日常工作。在不断加强报社领导力量的同时，旅顺市委还向各级党组织发出了《关于加强党报通讯发行工作的指示》，要求广大党员、干部积极为党报撰写文章、新闻稿件，帮助和支持记者做好采访工作，做好发行工作，充分发挥党报的宣传和指导作用。

《民众报》创刊时为三日刊，每期出版发行 4 开 2 版，1945 年 12 月下旬改为双日刊，1946 年 9 月 25 日改为日刊，每期出版发行 4 开 4 版，发行份数也由最初的千余份，迅速增加到近万份。报纸的新闻稿件，最初是每日派专人到大连日报社取。1946 年中期，报社建起了电台，电讯新闻稿就全靠自己收录。当时电台有工作人员五六人，其中四人是日本人，主要负责收译电讯稿件和机务工作。苏军政治部对《民众报》的出版监督很严，每日出版的报纸都必须提前一天组版打出大样，经苏军派出的新闻检察官逐字逐句审查，不同意发表的文章当即撤掉，换上新的稿件，苏军认可后才能发表。苏军对《民众报》的出版要求是：不准在报上暴露旅顺有中国共产党的存在，不准出现谩骂国民党政府和蒋介石的文字。

《民众报》办报初期不太注意苏军政治部的要求，对“新华社”发出的解放战争前线的胜利消息，以及谴责和揭露蒋介石反革命阴谋的文章，总想全文转发，引起苏军政治部的不满，曾几次责令报社将发售出去的报纸全部收回销毁。苏军政治部主任还亲自约请旅大地委书记韩光和旅顺市工委书记王其人到报社谈话，对报社总编辑沈西牧提出严厉批评。此后，报社成员十分注意报道方式的灵活性和策略性，宣传口径上严格掌握分寸，不再单纯照搬解放区的做法，特别是对电讯稿的处理，在主要刊登“新华社”电讯稿的基础上，也适当采用“美联社”“路透社”“共同社”“中央社”的电讯稿。刊登“新华社”的电讯稿时，对稿件的文字处理上也非常注意，如提到“蒋介石”一律改用“×××”代之。有时，为了避免版面上“新华社”字样太多，删去应有的电头，而以地名取代，如“晋察电”“重庆电”“太行电”等。这样既坚持了党的政策，也起到了宣传作用，又照顾了苏联红军外交政策上的需要。

旅大地区解放初期，由于遭受国民党的严密封锁，人民群众生活十分困难，各方面的消息也特别闭塞。《民众报》采取灵活和策略的运营方式，及时发表市工委和市政府对各项工作的指导性意见，突出报道反奸清算、减租减息、分配官地、开展大生产运动中的先进人物和事迹，重点宣传典型、传播经验，对提高人民群众的政治思想觉悟、激发人民群众的生产热情、推动经济的恢复和发展起到了一定的指导作用。特别是1946年1月至7月开展的诉苦算账反汉奸（简称反奸清算）斗争，中共旅顺市工委在《民众报》上集中刊登反奸清算斗争的消息、通讯、纪实、评论20多篇，运用典型事例，宣传中国共产党的主张、政策和策略，使人民群众及时了解斗争的方向和成果，对反奸清算斗争的深入开展具有指导作用。杨希萍和沈西牧等人凭着记忆，还将在胶东解放区演出的以反封建为主题的话剧《雾》整编出来，在1946年春节期间，民众与报社工作人员一起登台演出，受到人民群众的热烈欢迎。

1946年6月，蒋介石撕毁《双十协定》，对中原解放区发动进攻，全面内战爆发，形势发展关系到整个中华民族的前途命运，解放战争成为人民群众非常关注的问题。《民众报》及时报道国内外的形势发展、解放战争的进展情况等大家关心的热点问题，同时，重点报道有关粉碎国民党的严密封锁，积极开展群众性生产自救运动，政府有效稳定市场，安定人民生活等消息，解释党和政府的方针、政策和法规，鼓舞了广大人民群众的斗志，使大家积极投身到建设和平、民主、繁荣的新旅大的伟大事业中。

1946年下半年，殷杰调离民众报社，梁山担任编辑部部长，沈西牧全面负责报社的工作。此时，报社的工作人员约有50人，其中编辑部有20余人，印刷厂和行政事务人员有30人。1947年5月10日，《民众报》完成了历史使命，与大连《新生时报》合并，改版为关东公署的机关报《关东日报》。同年5月20日，《关东日报》创刊。

《民众报》虽然历时短暂，存在时间不足一年半，但在社会大变革时期，作为社会变革的舆论先导，对促进人民群众的思想解放、推动社会的进步发展，具有重要的历史意义。

旅顺工科大学走出来的中国学生

张旭涛

一、旅顺工科大学的缘起与概况

1905年日俄战争结束后，日本占领旅顺。1909年5月10日，日本明治天皇颁布第133号敕令《旅顺工科学堂官制》，经时任内阁总理大臣桂太郎、外务大臣小村寿太郎签署，利用俄国海军在旅顺太阳沟的兵营设立旅顺工科学堂，兴办高等教育，设有机械、电气、采矿、冶金、土木、航空（旅顺工科大学增设）等专业。旅顺工科学堂共毕业13届学生。

1922年3月31日，日本大正天皇颁布第160号敕令《旅顺工科大学官制》，经时任内阁总理大臣高桥是清签署，旅顺工科学堂升格为旅顺工科大学。至1945年8月，旅顺工科大学共毕业19届学生。

1945年8月15日，日本宣布无条件投降，第二次世界大战结束。8月25日，旅顺工科大学举行了最后一次大学毕业典礼。9月5日，旅顺工科大学校园被苏联红军接收。此后，旅顺工科大学本部开始从太阳沟一路辗转向东迁移，从正心寮到关东神宫，离开太阳沟迁往旅顺旧市街的国民学校，随后又迁往大连。最终，旅顺工科大学本部于1945年11月30日在大连停止办学。至此，日本政府在中国设立的，与当年东京工业大学、大阪工业大学并称为“三工大”的旅顺工科大学，在存在了35年之后，正式退出了历史舞台。

旅顺工科大学

二、旅顺工科大学的中国学生

至 1945 年，旅顺工科学堂、旅顺工科大学的累计在校学生人数为 3300 多名，其中，中国学生为 276 名，占总人数的 8%。

这 276 名中国学生中，包括来自中国台湾的学生、朝鲜族学生和来自中国大陆南、北方的学生。根据 2003 年 12 月份的统计，毕业于旅顺工科学堂的有 52 人。旅顺工科大学学生 224 人，其中毕业生 127 人，本科在学 29 人，预科在学 21 人，预备科在学 10 人，中途退学的 37 人。新中国成立以后，在国内各大学任教授、院长、校长、研究所所长的学生有 51 人，约占全部中国学生总人数的 40%。

他们当中的许多人，在艰难困苦之中不忘读书，勤学苦读时不忘救国，在复杂而曲折的人生旅途中保持着读书人的风骨和气节。正因为有了无数这样的读书人，中华文明才会屡经摧残而魂魄不散，九曲回环而文脉不断。本文仅选取四名中国学生加以重点介绍。

1.“不忘初心”郝景盛

据旅顺工科大学校友韩树钰回忆：“1946 年冬，我在鞍山市政府工作，在例行的总理纪念周的会上，听东北大学农学院院长郝景盛教授的关于振兴林业的讲演。他开篇讲道：‘我和鞍山这个工业城市是有缘分的，原先我抱着工业救国的志愿考进旅顺工大，因为五卅惨案，日本兵占领济南车站杀害中国人阻止北伐，引起全国的公愤。我当时在工大组织旅顺学生、市民罢课、罢市的反日游行，被工大井上禧之助校长开除。以后我去德国改行学林。’”

郝景盛

郝景盛如此轻描淡写的介绍，略去了自己波澜壮阔的人生。他当年经河北省立第七中学校长的推荐，于 1924 年进入旅顺工科大学。有着强烈爱国情怀的他，为了富国强兵，选择了造船专业。1925 年，因为在旅顺组织反日学生运动，郝景盛被旅顺工科大学开除，“驱逐出境”至天津。

同年，郝景盛考入北京大学，于1931年从生物系毕业，在此期间他奔走于中国西北各地广泛考察和研究植物。1934年，郝景盛赴德国留学，先后就读于柏林大学理学院和爱北瓦林业专科大学攻读博士学位，1937年以论文《青海植物地理》获柏林大学自然科学博士学位，1938年以论文《用生物化学方法断定林木种子发芽率之研究》在爱北瓦林业专科大学获林学博士学位。他是该校百年历史中所授予学位的第二十一位博士，也是获此学位的第一位中国学者。

1939年年初，郝景盛全家辗转香港、河内，抵达当时的抗战大后方云南昆明。他在云南省建设厅林务处任职，兼任中山大学林学教授，后至重庆，在中央大学森林系任教授，任在昆明的北平研究院植物研究所所长。在此期间，他撰写了《中国林业建设》《森林万能论》《中国木本植物属志》《林学概论》《普通植物学》《中国裸子植物志》等大量的著作。

韩树钰在鞍山见到郝景盛，是他刚从西南到达东北不长时间。抗战胜利后，这位一心报国的科学家，因为向往东北林业研究，接受了当时东北大学校长臧启芳的聘请，出任森林系教授兼农学院院长。但是，好景不长，1947年，郝景盛在保护进步学生的问题上与校长意见不合，结果学生是否被开除尚不可知，他这教授兼院长却被解聘了。

新中国成立后，郝景盛于1954年出任中央林业部总工程师。这位抱着富国强兵梦想走入旅顺工科大学的青年学子，最终成为中国著名的林业学家、植物学家，他是中国系统研究杨柳科和裸子植物分类最早的学者，是农林牧全面发展的早期规划人和开拓者。尽管他的学业和事业在东北地区两度遭遇挫折，但他在中国较早提出东北红松人工更新为主、合理采伐的科学方案，为东北地区林业的可持续发展做出了重大的贡献。

2. 炮兵专家金镇

《旅顺工科大学中国同学纪念资料集》中收录有旅顺工科大学中国同学名录，关于金镇，仅简短地记载了他于1924年（第十二届）毕业于旅顺工科学堂（旅顺工科大学前身）采矿科，曾任国民党沈阳市市长。

那个时代的国民党沈阳市市长背后一定有故事，笔者根据这个线索展开了搜索。慢慢地，金镇模糊的身影变得立体起来，他果然是一个非同寻常的人物。

金镇是辽阳人，1924年旅顺工科学堂采矿科毕业后，投笔从戎，于1927年10月—1929年7月就读于日本陆军士官学校第二十期炮科。他的士官学校炮科同期同学中，有清末肃亲王的十六子宪方，有抗战名将罗广文。

从日本陆军士官学校毕业以后，金镇曾在张学良身边工作，后作为炮兵专业人才赴位于南京汤山的中央炮兵学校，在那里先后担任专职教员、练习队长、教育长等职。

在抗战期间，金镇远赴印度，在史迪威将军麾下的中国驻印军担任炮兵总指挥。这位东北军出身的将军，当他身处缅北热带雨林之中，面对着终日不绝的滂沱大雨、野人山上中国远征军的遗骸，在指挥炮火向着胡康河谷与孟拱河谷猛烈轰击的时候，不知道他眼前是否浮现过白山耸立、黑水长流？在那遥远的异域他乡，享受缅北反攻胜利喜悦的一刻，不知道他脑海中是否想起自己曾经求学的美丽海滨小城旅顺，光复指日可待了呢？

金镇所在的中国驻印军，经过两年的浴血奋战，横扫缅北日军劲旅，全歼了曾制造南京大屠杀惨案、号称“丛林作战之王”的第十八师团，与再度杀出国门的中国远征军会师芒友。

1945年2月20日，金镇被授予国民革命军少将军衔。这个当年行走在被日本殖民统治的旅顺街头的少年，多少次心中热血沸腾。他放弃了采矿专业，选择了炮兵专业，成为中国当时最好的炮兵教育家和军事理论家，最终，把自己融入民族解放的战争之中，驱除日寇，光复中华。

1947年，国民政府将沈阳市升格为行政院直辖市，金镇于1947年6月25日出任国民党沈阳市市长。

3. 敌工英雄张有萱

张有萱，曾用名张茂林，是土生土长的旅顺人。与郝景盛不同，尽管素来有些桀骜不驯的张有萱在校期间与日本同学屡有拳脚较量，但并没有被学校开除，他顺利地于1937年从旅顺工科大学机械工学科毕业。

旅顺工科大学的宿舍里当年流行老生欺负新生的恶习，被称为“寮骚动”（英文称为storm）。

面对着对中国同学的“寮骚动”，张有萱领人与日本同学理论，“谈判”破裂后，“中”“日”双方爆发“战争”，张有萱等人与日本同学展开拳脚较量，最终“日方”战败“投降”。此后，中国学生只要在自己的床头挂上一个红毛毯，日本学生在“寮骚动”时就会自动识别，只祸害日本同学而不再敢打骂侮辱中国学生。这个风俗一直延续到 1945 年学校停办为止。

性格彪悍的张有萱，不仅敢打日本同学，还敢跟日本殖民当局的警察派出所的巡捕打架，双方在派出所内比量完“武术”之后，又展开了“辩论赛”，那些巡捕“武斗”斗不过张有萱，“文斗”更不是这个工科大学高才生的对手。一次，就在这些巡捕理屈词穷之时，路过此地的张有萱的同学乔传珏，冲进派出所，一把拉起张有萱扭头便走。据说，旅顺工科大学学生的身份，在当年的日本人心目中，地位是相当高的，“盲目崇拜”大学生的巡捕们眼睁睁地看着两个高才生就这样大摇大摆地走掉了。

工科大学预科毕业后，所有的学生都可以获得去日本参观的机会，他与乔传珏等四名同学决定不去日本，去北平游览自己祖国的河山。面对着北平鼓楼“国耻展览馆”陈列的自鸦片战争后帝国主义侵略中国的历史，四个亲身饱尝亡国之苦的年轻人潸然泪下，同行的同学乔传珏在 1985 年回忆时，仍记得纪念馆门口的对联：“大好河山频年蚕食鲸吞，触目不胜今昔感；强权世界到处鹰瞵虎视，惊心莫当画图看。”横批是：“还我河山。”

1937 年，张有萱从大连乘船潜渡到山东，后辗转至山西太原，在那里，他先后两次找到八路军办事处，申请加入八路军。八路军办事处的人一看，来自敌占区的日本大学毕业的本科生，身份有不明之处，故坚决不收。眼看报国无门的张有萱在绝望中又进行了第三次努力，这次老天爷对他开了眼，他引起了周恩来的注意，从而走进革命的队伍中。

张有萱投笔从戎，历任八路军敌工干事、一二九师司令部二科参谋、前进纵队敌工干事、鲁南军区政治部敌工科科长等职，参加了冀南敌后游击战、响堂铺歼灭战等战斗。就读旅顺工科科大学时练就的熟练日语，使得张有萱开展敌工工作时如鱼得水，他救活的日本兵秋山良照发起成立了“日本士兵反战同盟”，编辑出版《日本士兵之友》等宣传品。抗战胜利后，秋山良照加入日本共产党，他回忆：“从我的老师宋任穷、刘志坚、陈再道和张茂林（即张有萱）等同志的言行中，我感受到中国共产党的卓越领导……”“我衷心感激中国共产党把我这个顽固的皇军士兵教育成为一名共产主义者。”

抗战胜利后，张有萱回到家乡，历任关东公署工商管理局局长、关东公署工业厅厅长、东北人民政府工业部机械工业管理局局长、国家计划委员会副主任、国家科学技术委员会副主任、国家计量局局长、第六机械工业部常务副部长、中国船舶工业总公司副董事长、中国造船工程学会理事长等职。从一名学子到投笔从戎，从抗日烽火到社会主义的工业建设，他最终为国家制造军舰和轮船，实现了自己投身旅顺工科大学的富国强兵之梦。

1976 年，张有萱在缅怀周恩来总理的一首诗中披露了自己的心路历程：

国破家亡何去从，书生投笔急从戎。

三次请缨志如铁，一朝逢君大道通。

参加八路遂吾愿，振兴中华贯始终。

半个世纪革命路，指引方向赖周公。

今天，旅顺的太阳沟地区，当年旅顺工科大学所在的街被命名为茂林街，门前的一座桥叫作茂林桥。根据旅顺口区地名办记载，此街日占时称横须贺町，光复后改为柳溪街，1949 年命名为茂林街，因街侧有景园，以景林茂盛而得名。街道的命名人可能并不知道，当年真的有一个叫作张茂林的小伙子，每天走过这条街，路过这座桥，就在旅顺工科大学操场上作为足球队的队员挥洒着他满腹的爱国情、报国志。这种巧合，让我们今天更愿意相信，这条茂林街、这座茂林桥，就是专门为了纪念这位乡贤而命名的。

4. 翩翩公子乔传珏

那个与张有萱一起在北平鼓楼的“国耻展览馆”潸然泪下，在纪念馆门口的那副“还我河山”的对联前反复吟咏久久不肯离去，直到几十年后仍然能够将对联内容脱口而出的热血青年，在旅顺工科大学读书期间，他从日本巡捕手中大大方方地领走了“闹事”的张有萱，还用刀片划破了台湾籍同学褚阮进德买来挂在自习室墙上的伪满洲国地图。

乔传珏出生在大连的营城子，是一个家道殷实的“翩翩公子”。尽管如此，在旅顺工科大学读书期间，他也饱尝了亡国奴的痛苦滋味。

张有萱的桀骜不驯给乔传珏带来的是皮肉之苦，他的床铺、书桌则因此被搜查和捣毁。不仅如此，有一次，他在旅顺火车站还被一名日本学生气势汹汹地质问是不是朝鲜人，乔传珏回答说自己是中国人，同时质问对方为何这样问。日本学生勃然大怒，拔出匕首进行威胁，并把乔传珏带到警察派出所进行盘问。旅顺工科大学的学生身份再一次帮助了乔传珏，作为一个有“身份证”的高才生，他再一次化险为夷。

乔传珏

除了人身安全的威胁与屈辱，乔传珏和同学们还得忍受精神上的折磨。旅顺工科大学专门设立了配属校官室，由日本关东军委派军官担任教官。不管中国学生还是日本学生，但凡思想和行为涉嫌“不轨”，就会被整肃，轻则被打骂，重则被抓进宪兵队。

太平洋战争的后期，日本军国主义者向盟军发动了“神风”特攻等自杀式袭击，旅顺工科大学的很多日本学生被征召入伍，乔传珏在旅顺火车站多次看到被征者与家人生离死别、抱头痛哭的景象。

相比郝景盛和张有萱，乔传珏性格更多出几分隐忍。他有爱国的情怀，也有报国之志，也会热血沸腾、金刚怒目，但是理智的他还是能够控制住自己的冲动。旅顺工科大学毕业后，乔传珏帮助张有萱离开旅顺，自己则留了下来。作为旅顺工科大学毕业的高才生，投靠日本人自然会有一份好前程。可是，父辈们的关于旅顺和大连是中国的谆谆教诲、亡国奴的现实屈辱，让他始终能够洁身自好，而不委身日本人。

日本战败投降，在营城子家中隐居的乔传珏，被中国共产党派回老家组建政权的张有萱“三顾茅庐”请出山。两位昔日的同窗好友开始了书写重建旅顺、大连这两个“特殊解放区”的新篇章，乔传珏牵头组建了辽东技术协会并担任会长，又兴办了大连高等工业学校并担任校长。1947 年，关东公署在旅顺成立，乔传珏当选为关东公署副主席。

龙柏才盛，樱花又开，天涯何处是神州？昔日日俄争夺的殖民地的亡国奴，空有爱国情和报国志，也只能是一腔热血空自流。此时，乔传珏的心情一定是百感交集，中国人自己主宰自己的命运，建立起自己的政权，这个昔日的富家子弟，完成了从“翩翩公子”到旅顺工科大学学子的蜕变，完成了由拒绝投靠日本人的有气节的“待业青年”到中国自己建立的地方政府的主要领导的蜕变，满怀报国的志向与豪情，终于可以大展宏图。

三、旅顺工科大学与大连理工大学

1946 年秋天，中国自己的关东工业专门学校（简称关东工专）成立，1949 年 4 月，以关东工专和关东电专（关东电气工程专门学校）为基础的大连大学成立，1950 年 7 月，大连大学建制撤销，大连大学工学院独立为大连工学院，即今天大连理工大学的前身。大连理工大学是中国共产党为迎接新中国建设而创建的第一所正规大学。

旅顺工科大学退出历史舞台后，它的教授、讲师和学生们并没有跟着一起退出历史舞台。除了于 1945 年 12 月分两批遣返回日本的师生外，还有部分教授、讲师和学生留在大连，为中国创立的自己的高等学府授课。大连理工大学及其前身在创办过程中，均聘请了旅顺工科大学的教授、讲师，多名旅顺工科大学毕业的中国学生后来成为大连理工大学的教授。

据旅顺工科大学校友、大连理工大学教授郭永江回忆，他在 1946 年调入关东工专担任物理教员时，还跟同样在关东工专工作的木谷要一教授学习近代物理，为彦坂忠义教授担任课堂翻译和筹备实验的助手。1949 年大连大学成立，工学院又聘请了旅顺工科大学的力学教授桥本顺一郎讲授理论力学。

旅顺工科大学的教授、讲师、学生们与大连理工大学的渊源，被写入《大连理工大学校史》中。旅顺工科大学的教授们则对他们在中国创办的高校中好学的中国学生们留下了终生难忘的印象，锅岛敏教授在 1983 年还专门回忆：“中国学生非常用功，晚上 8 点钟还来请老师答疑，老师几乎每天都要被拖去。我想，日本明治维新时的青年志士，其干劲之大，可能就是这个样子……”

四、当和平的钟声真正鸣响

1972 年，中日邦交正常化，中国人民用博大的胸怀包容日本军国主义曾经给中国带来的所有的苦难。昔日因国恨家仇而存在对立情绪的同学，在此刻化干戈为玉帛，相逢一笑泯恩仇。

1983年，乔传珏率大连市人大访日友好代表团出访日本，在东京举办的旅顺工科大学同窗会上，见到了38年前在旅顺工科大学的日本老师和同学，他的同班同学黑河力（曾任东京三洋电机株式会社社长）将一张保存了近40年的乔传珏在旅顺工科大学本科期间的照片送给他，另一位同学西泽纯三则把印有旅顺工科大学校徽的校巾扎在乔传珏的头上。

这些旅顺工科大学的同窗，借着中国改革开放的东风，开始了经济合作，在日本同学黑河力、仓桥明次（日本三洋电机株式会社副社长），中国同学乔传珏、曲建勋（大连冷冻机厂高级工程师）、张世钧（大连理工大学教授）以及张有萱的共同努力下，最终促成了三洋电机和大连冷冻机厂的合资企业大连三洋制冷有限公司的设立。

1983年，旅顺工科大学毕业生、大连工学院教授张世钧帮助大连铁道学院（今大连交通大学）聘请了旅顺工科大学校友高濑孝夫、奥田聪、福田基一讲授课程。

1985年，张世钧教授与旅顺工科大学校友三上辰喜在大连合作举办了中日合作工业企业管理师资培训班。

1986年，张世钧教授在大连工学院创办了日本问题研究室，即今大连理工大学日本学研究所。

1991年，经郭永江教授介绍和推荐，旅顺工科大学校友高桥昭被聘请为大连理工大学客座教授。

旅顺高公走出来的中国学生

张旭涛

翻开《旅顺第二中学校、旅顺高公中学部校友回忆录（1924—1945）增订本》（以下简称《校友回忆录》）便可知，这所完全由中国学生组成的学校，有着太多的优秀校友，在历史的星空中，散发着宝石般的光芒。

旅顺高等公学校（简称旅顺高公）

一、“中国奥运第一人”刘长春与百岁奥运老人郭洁

刘长春，作为中国参加奥运会第一人，广为人知。然而，鲜为人知的是，刘长春是从旅顺起跑，跑向奥运会赛场的。他是旅顺二中一九二四届学生。

《校友回忆录》中收录了刘长春所作《洛杉矶之行》一文。刘长春在文中回顾了自己1932年代表中国参加在美国举行的第十届奥林匹克运动会的经历，今日读来，历史的风声依旧在耳边呼啸。

“1932年，为了击败日伪阴谋，我作为当时中国唯一的运动员，参加了在美国洛杉矶举行的第十届奥林匹克运动会。”这句话今天看似平淡，实则九死一生。刘长春针对伪满洲国强行派遣其代表伪满参加奥运会，全然不顾生命危险，公开发表声明：“我是中国人，我只代表中国！”随后刘长春历尽艰险，摆脱了日本、伪满洲国军警的围追堵截，挫败了日本人让其代表伪满洲国参加奥运会的阴谋，于7月3日胜利抵达上海。

“7月8日，晴空万里，一碧如洗，到黄浦江畔为我送行的有数千人之多，

刘长春

场面十分感人。”授旗仪式上，刘长春接旗致辞：“我此次出席世界运动会，系受全国同胞之嘱托，深知责任重大，当尽我所能，在大会中努力奋斗！”“这时人群中掌声骤起，洪若雷鸣，实在令人感动。10时整，汽笛一声长鸣，‘威尔逊总统’号邮轮解缆离岸。此时，送行的人们频频挥手，三呼中华万岁，而船上特别挂起的各色纸条回环相系，随风飘动蔚为壮观。”

刘长春尽管最终没有取得奖项，但作为中国参加奥林匹克运动会的第一人而永载史册。他在代表中国人第一次参加奥运会中表现出的自立、自强的爱国精神比获得奥运会的奖项更加伟大，正如他在《洛杉矶之行》一文中所说：“我参加了百米、二百米赛没有跑出好成绩，这使我深感遗憾，而在参加各项活动中得以亲身体会各国人民对我中华之同情却也颇觉欣慰。但是‘为人当自立’，一个人，一个国家，一个民族，如果不能自立，同情再多也只能是同情而已！值得骄傲的是今天我们中华民族已经站起来了！”

郭洁，又名郭清荣，旅顺人，1936年作为铁饼运动员代表中国参加了在德国柏林举办的第十一届奥林匹克运动会。这次奥运会，中国派遣了60多名运动员参会。

新中国成立后，郭洁担任西安体育学院教授。2008年北京奥运会，百年梦圆的时刻，郭洁以97岁高龄，作为当时最年长的奥林匹克运动会运动员，担任最年长的火炬手，传递火炬。2015年，郭洁以103岁高龄辞世，他见证了自己的校友刘长春代表中国人第一次参加奥运会至今的历届奥运会，这位百岁奥运老人生前被誉为中国奥运史的“活化石”。

二、故宫里的博学家杨伯达

杨伯达，曾用名杨希善，1927年生于旅顺。据《故宫里的博学家——杨伯达传》记载，杨伯达认为“我们是生下来的第一天就没有祖国的孩子。当时旅顺是日本军国主义的租借地，实际就是日本殖民地和占领区，而我们这些出生在日本殖民地的孩子被迫接受日本人的奴役教育，天然产生了反日情绪。所以，在这样扭曲的时代培养出的我，表面沉默寡言，实则思想激进”。[1]

杨伯达

内心思想激进的杨伯达，在旅顺高等公学校中学部读书期间，父辈染病相继去世，四叔因参加共产党抗日被日本人枪杀，国恨家仇使他最终选择了八路军。离开旅顺前往山东解放区，杨伯达从此开始了千里追寻，辗转在多个解放区大学求学，历尽千辛万苦，最终随中国人民解放军北平市军事管制委员会的文化接管委员会进军北平，并进入中央美术学院工作。

闻一多的儿子闻立鹏在《故宫里的博学家——杨伯达传》中回忆：“可以说，那是伯达同志追寻真理、追寻理想的序幕，从沦陷区旅顺开始，他到山东解放区，到晋冀鲁豫边区，到邢台，到正定，到北平，他一路追赶、一路风尘，革命生活的历练使他日渐成熟，更加坚毅，最终使他能紧紧抓住机遇，发展自己的才华，去实现自己的人生价值”。

这个评价非常中肯。杨伯达在中央美术学院工作期间，配合全国总工会成功举办了新中国炼钢技术的第一次大型展览会——“鞍钢技术革新展览会”。人生第一个机遇大门向他敞开了，他获得了参观考察苏联20多个博物馆的机会。杨伯达连记带写，归国后写成《苏联博物馆陈列介绍》，被《文物参考资料》(《文物》杂志前身，当时全国博物馆系统唯一的行业杂志）连载数期。当年不似今天，能出国者凤毛麟角，能出国专门考察博物馆并且一下子考察20多个博物馆的人，基本上就是出类拔萃之人了，而在考察之后形成详尽的考察报告，那绝对是珍贵的文献资料。于是29岁的杨伯达，一举成名，成为国内著名的国际博物馆陈列研究专家。1956年，故宫博物院向这位著名专家抛出了橄榄枝。

众所周知，故宫博物院是个举世闻名的巨大宝库。作为中国文物收藏最为丰富的宝库之一，故宫文物丰富，浩如烟海，令人叹为观止，在故宫的专家个个号称一代宗师，初入故宫的杨伯达应该怎样另辟蹊径，在高手如云的专家团队中走一条与众不同的学术之路呢？

杨伯达在故宫图书馆中发现了日文版的《世界美术全集》《玉器》《漆器》《青铜器》等书籍，中国由于多年战乱无暇系统收集整理研究文物，而日本则大量引进西方美术资料，同时又保留了中国文物研究的传统方法。这些日文书仿佛是专门在等待着杨伯达的到来，因为当时的故宫，只有杨伯达一人能够熟练地运用日语。

故宫丰富的藏品，让杨伯达最大限度地做到了理论与实践相结合，他刻苦钻研典籍，带着书中获得的知识去观察、上手实物，研究完实物，带着疑惑再去书本里求证。这种理论与实践结合的研究方法，加上积极主动的学习钻研精神和刻意挑选没有大家研究的领域进行研究的创新意识，最终成就了杨伯达。

寒来暑往几十载，杨伯达从故宫的新人成长为故宫博物院副院长，在古器物特别是玉器、玉文化和玉学的研究领域，走出了一条属于自己的学术之路，成为中国最为著名的玉器、玉学专家和玉文化学者。

三、出使东瀛杨振亚

杨振亚，1943 年考入旅顺高等公学校中学部。1945 年 8 月 15 日日本宣布投降的时候，已是三年级学生的杨振亚正被强迫在大连市甘井子区大华矿业株式会社做劳工。《校友回忆录》中收录了杨振亚撰写的《旅顺高公的片断忆想》一文，清楚地记录当时的情景：“当日本教官听完天皇宣布投降的诏书，垂头丧气地对我们说‘战争结束，解散回家’，同学们都兴高采烈地跳了起来。”“我们可以自豪地说：‘我是中国人了！’‘我们胜利了！’日本人刺痛我们心灵最深的一句话是‘亡国奴’，而这一屈辱历史将永远结束了。”

杨振亚

1988 年 6 月 4 日，杨振亚被任命为中国驻日本国特命全权大使。日本《朝日新闻》《读卖新闻》等媒体报道，“中国首次派出懂日文的‘地道知日派’为第五任驻日大使，既说明中方对日本工作的重视，也反映了两国关系的深入发展”。

1990 年的春天，一位日本老人来到中国驻日本大使馆求见杨振亚，老人“显得很激动，端详好久，第一句话就说，没想到在我任教的旅顺高公，竟出了一位驻我们国家的中国大使，我感到莫大的荣幸和欣慰。”这位老人叫樱井武男，是杨振亚在旅顺高公就读时的英文老师。

从昔日沦陷区任人欺凌的亡国奴成长为新中国驻日本的特命全权大使，这样传奇的人生经历，连日本人都觉得不可思议。在近五年的任期内，杨振亚使用娴熟的日语开展工作，为当时中日两国的友好交往，做出了卓越的贡献。

四、樱桃大王王逢寿

中国人自己培育出的第一个甜樱桃品种，叫作“红灯”。培育出“红灯”大樱桃的人，是土生土长的旅顺人、旅顺二中的校友王逢寿。

回忆在旅顺二中求学的经历时，王逢寿说：“小学是接受启蒙教育的地方，中学是科学工作者接受基础教育的地方，高公中学部（旅顺二中后身），虽然是在日本帝国主义统治下的一个学校，但学校同学间却有一种优良的校风。这里的学生绝大多数是热爱自己的祖国的，所以日本想奴化我国青年的做法，在这里是失败的。我在这所学校就学期间，学习得不够好，但在这里养成了一种不屈不挠的作风……我的头脑并不灵敏，学习并不优良，我之所以获得了一点点的成果，主要是热爱我的事业，坚持不懈地工作。回忆我的前半生，我想学校教育固然很重要，但并不能决定一个人的一切，而青年时代养成的作风，确实是决定一个人一生命运的基础。我希望

王逢寿

青年一代一定要培养爱国主义精神和优良的作风，才是一生最重要的事情。”

1954年，王逢寿建起了中国第一个樱桃圃，从20世纪60年代培育出“红灯”大樱桃这个新品种，到20世纪80年代真正取得成果，历时近30年。

这30年，对于痴心科研的知识分子来说，人生有如过山车，政治运动一个接着一个，王逢寿从高峰被抛到了谷底。“红灯”大樱桃在60年代育成，周恩来总理在大连品尝后赞不绝口，他把“红灯”带到了中南海，请毛泽东主席品尝。在“文化大革命”十年动乱中，王逢寿被关进了牛棚，有的人已经看不到自己还有未来和希望了，但是王逢寿却执着得像“一根筋”，他白天接受“改造”，晚上钻研果树，孩子送饭偷偷给他带来资料，同是果树研究专家的妻子探视时，悄悄带走他的最新“科研成果”，回去进行验证。

这种有如地下工作者接头般的科研，今天看来，有几分诙谐，更多的是令人心酸。在一起“改造”的大连市农科所的老所长悲叹：“逢寿，你说你这么刻苦地钻研，以后还能接着干吗？”是啊，举世皆醉我独醒，举世皆浊我独清，这样的人中国历史上就一个，叫屈原，他无法生存，投汨罗江自尽了。不为流俗所动，在社会风气恶劣、看不到希望的时候还能够坚持自我，靠的是什么精神？靠的就是革命年代称为理想和信念的精神。

30个冬去春来，“红灯”成功了。“佳红”“巨红”“红艳”，一个个新的樱桃品种陆续在王逢寿手中培育成功，他培育的樱桃新品种占全国樱桃栽种总面积的80%以上，一举改变了洋樱桃在中国一统天下的局面。王逢寿被誉为当之无愧的“樱桃大王”。1997年，联合国技术信息促进系统中国国家分部授予王逢寿樱桃系列新品种发明创新科技之星奖。

前人栽树，后人乘凉。知道了王逢寿的故事，我们再看大樱桃，别有一番滋味在心头：件件快递，寄出几许桑梓情思；天涯游子，捧得多少故园春色。这是怎样的浪漫与风雅啊！

旅顺第二中学校的历史沿革大体如下：日本殖民当局于1909年在旅顺设立了旅顺中学校，1921年在旅顺中学校增设中国人班。1924年，旅顺第二中学校正式成立，将旅顺中学校中国人班并入，完全招收中国学生。1932年，旅顺第二中学校与旅顺师范学堂合并为旅顺高等公学校，原二中为中学部。1944年，旅顺高等公学校解体，中学部改为男子高等公学校。1945年8月15日，日本战败投降，旅顺男子高等公学校停办。

旅顺二中有着许多优秀的校友，笔者选了其中四名作为代表，让今天处于物质极大丰富的时代的人们知道，在那样一个山河破碎沦落敌手的时代，有着这样一个爱国情怀强烈、自强不息的群体，他们身上透出的不甘沉沦、奋发向上、有所作为的精神是多么宝贵。

注　释:

[1] 周珺:《故宫里的博学家——杨伯达传》, 江苏人民出版社, 2016 年版, 第 1 页。

近代名人咏旅顺

韩行方　李华家　辑注

旅顺口是一座古老而年轻的城市。谓其古老，因为早在5000多年前的新石器时代中期，就有先民在辽东半岛最南端的滨海地带从事渔猎与农耕，郭家村的出土文物可为佐证。自汉唐至明清，在漫长的岁月中，在这片山海相连的土地上，演绎了几多绚丽多彩的故事，牧羊城、鸿胪井、水师营，至今仍在向世人诉说着往事。谓其年轻，因为作为近代城市的雏形，旅顺是晚清洋务运动催生出的婴儿，是19世纪80年代李鸿章建北洋海军以后"以港兴市"的小城，至今只有100余年。

在中国近代历史上，旅顺口又是一座饱经忧患、备受凌辱、多灾多难的城市。百余年来，这座美丽的小城经历了两次战争的洗劫。在1894—1895年的中日甲午战争中，日本侵略者从金州和大连湾袭来，李鸿章及其幕僚袁保龄、周馥、刘含芳等人"经营凡十有六年，糜巨金数千万，船坞、炮台、军储冠北洋"的旅顺口防务竟不堪一击，"一朝瓦解"；旅顺约两万同胞惨遭日军的野蛮屠戮，此即震惊中外的旅顺大屠杀惨案。在1904—1905年的日俄战争中，两个帝国主义强盗为了争夺我国东北，进行疯狂厮杀，这场战争给旅顺人民带来了深重的灾难。俄国曾强行"租借"旅大7年，日本又殖民统治40年，在近半个世纪的漫漫长夜中，"关东州"成了沙皇与天皇王冠上的一颗缀珠。旅大人民成了亡国奴，陷入水深火热之中，直到1945年8月世界反法西斯战争胜利才重见天日。"一座旅顺口，半部中国近代史"，这一俗谚高度概括了百余年来旅顺口的沧桑历程。

自1840年鸦片战争开始的百余年间，中国沦为半殖民地半封建社会，被帝国主义列强欺凌。旅顺口这块面积仅500余平方千米的弹丸之地，其间被日俄两个强盗狼挚虎攫，轮番蹴踏，正是近代中国百年风雨的缩影。旅顺口，作为近代史诸多重大历史事件的聚焦点，曾经牵动世界各地的普遍关注。君不见有多少介胄武夫曾耀武扬威地踏上这片"兵家必争之地"，有多少文人墨客面对残垣遗垒而感慨不已！

"山川不尽兴亡恨，日日潮头有怒声。"这里我们把近代名人的40余首诗作汇集在一起，并做简要注释。诗歌的写作年代，从旅顺始建军港，到 20 世纪 80 年代，时间跨度恰为百年。本文中收集的诗歌（多为旧体诗），犹如大海之阵阵潮声、朵朵浪花，勾勒出历史大潮的起落兴衰，传递出时代的信息。

滔滔黄渤海，百年史与诗。诗歌的作者所处时代不同，身份观点也有所不同；所选的诗大多为咏史之作，带有一些别样的苦涩与悲情。然而，历史总归是历史，诗毕竟是诗。我们不惮其烦地将这些零散的诗作汇集起来，就是想把多年积累的这些“史与诗”的资料保存下来，以为今人和后人重温历史、借鉴历史之参考。

袁保龄：楹联及诗

白玉山大门联

万派朝宗，会归海若[1]；
两山排闼，形胜天然[2]。

白玉山行宫联

创四千年未有之规，愿成渤海屏藩、留都堂奥[3]；
环九万里无远弗届，漫谈昆明池水、汉武旌旗[4]。

黄金山炮台联

大海澜回，忆从前唐战辽征，往昔英雄垂信史；
高山天作，愿此后镐京丰水，中兴日月丽神州[5]。

袁保龄

袁保龄（1841—1889），字子久，河南项城人，是袁世凯的叔父。其父袁甲三，为清末漕运总督。1882 年 11 月李鸿章委派袁保龄到旅顺主持水陆营务处及旅顺工程局。建港前期许多重大基础工程，都是在他领导下完成的。由于积劳成疾，1889 年 8 月他病逝于旅顺，年仅 48 岁。白玉山，位于旅顺新旧市区中间。1883

年清政府在其东北麓建成军械总库一座，李鸿章亲书门额“武库”二字。黄金山，位于旅顺港口东侧。1880 年冬李鸿章派德国军事顾问汉纳根到旅顺，勘察修建炮台与船坞事宜。黄金山炮台于 1883 年建成，为旅顺诸多海岸炮台之最。联语选自《项城袁氏家集·阁学公集·诗稿拾遗》。

【注释】

[1] 派，江河的支流叫派。朝宗，归往本宗。《尚书·禹贡》：“江汉朝宗于海。”会，汇合。海若，海神，语出《庄子·秋水》，此指大海。

[2] 闼 tà，小门。排闼，推开门。形胜，地理形势优越。

[3] 留都，迁都之后称原来的都城为留都。清顺治帝入关定都北京后，将原来的都城盛京（今沈阳）作为留都。堂奥，房屋的深处。

[4] 昆明池水，指北京西郊颐和园内之昆明湖。明代称西湖。清乾隆年间开拓湖池，并取汉武帝在长安开凿昆明池训练水师故事，改称昆明湖。

[5] 镐 hào 京，西周国都，在今陕西省西安市西南，丰水东岸。此处借指北京。全句大意：旅顺为京师之屏蔽，国家中兴之所系。

病中有感

上相贤劳教水师，支离空复望旌旗[1]。
愿言求艾七年病，好及彻桑三月时[2]。
犹有贾生忧国泪，敢忘祖逖渡江辞[3]。
丈夫未死龙泉在，他日终当斩郅支[4]。

【注释】

[1] 上相，这里指李鸿章。李鸿章在甲午海战之前，对于防御外侮是有相当成就的。

“支离”句是说袁保龄叹息自己未能使旅顺军港彻底完工。

[2]“求艾”句：“求艾”语出《孟子·离娄上》：“今之欲王者，犹七年之病求三年之艾也。”赵岐注：“艾可以为灸人病，干久益善，故以为喻。”后因以“求艾”泛指寻求治病之药。意思是说希望自己的病赶快好起来，重新投入工作。

“彻桑”句：语出《诗经·豳风·鸱鸮》：“迨天之未阴雨，彻彼桑土，绸缪牖户。今女下民，或敢侮予！”说的是，趁着天还没有下雨的时候，赶快用桑根的皮把鸟巢的空隙缠紧，只有把巢坚固了，才不怕人的侵害。彻彼桑土，就是剥掉桑树根的皮。桑土，桑树根。后来，大家把这几句诗引申为“未雨绸缪”，意思是说做任何事情都应该事先准备，以免临时手忙脚乱。诗中在说防御外侮要早做准备。

两句合在一起就是：要寻找到富国强兵的药方，必须有未雨绸缪的打算。事实上，袁保龄在《建海防衙门议》里确实提出了六条很好的方法。这些都被李鸿章采纳了。

[3] 贾生，即贾谊（前 200—前 168），世称贾太傅、贾长沙、贾生。洛阳（今河南洛阳东）人。西汉初期的政论家、文学家。年少即以能赋诗属文闻于世人。后见用于文帝，力主改革，被贬。改任长沙王、梁怀王太傅。梁怀王坠马而死，自伤为傅无状，忧愤而死。引用贾谊典故表达了作者时刻在为国忧虑。

祖逖，字士稚（266—321），范阳遒县（今河北涞水）人，东晋初有志于恢复中原而致力北伐的大将。著名的“闻鸡起舞”就是他和刘琨的故事。北伐渡长江时，中流击楫宣誓：“祖逖不能清中原而复济者，有如大江！”后因朝廷内乱，北伐失败。此句明写祖逖北伐，实写作者念念不忘收复被侵略者强行霸占的国土。

这两句是说看着多灾多难的国家就像贾生忧主一样为国忧愁，忧愁之中岂敢忘记祖逖中流击楫、闻鸡起舞、誓死也要收复国土的爱国之心。

[4] 龙泉，龙泉剑，最初叫龙渊剑，为春秋战国时代欧冶子所铸。典出《越绝书》《晋书・张华传》。相传张华见斗、牛二星之间有紫气，后使人于丰城狱中掘地得二剑，一曰龙泉，一曰太阿。后泛指宝剑。这里以龙泉代指旅顺军港，是防御侵略者的坚兵利器。

郅支，匈奴单于（？—前 36），原名呼屠吾斯，是呼韩邪单于的弟弟，呼韩邪占据单于王庭后，在民间找到呼屠吾斯，立他为左贤王。后来呼屠吾斯自立为郅支单于，大败呼韩邪单于。呼韩邪归顺汉宣帝，借助西汉军队打败郅支单于，占领了匈奴故地，被称为南匈奴。郅支单于则向西攻击，在咸海流域打败乌孙人和康居人，建立了自己的国家，被称为北匈奴，经常骚扰汉朝，为汉西域副校尉陈汤所斩杀。后人常用郅支代指侵略者。诗中以郅支代指对我中华虎视眈眈的俄罗斯和日本以及其他外国侵略者。

这两句字面意义是说：作为男子汉大丈夫，只要不死，一定拿起龙泉宝剑把侵略者的头颅斩下来。实写作者要以坚固的旅顺军港来防御外国侵略势力，保卫京师，保护中华，进而表达了作者的强烈爱国之情。

周馥：诗二首

随北洋大臣阅海军归途成六首（其一）

北溟朝万国，旅顺是冲途。[1]
凿海龙鸣沼，屯营虎负嵎。[2]
四山雄作障，万姓聚成都。
牙爪当关踞[3]，层冰敢渡狐。

李蠡纯检讨讯旅顺风景，占此答之（其一）

北溟西分渡海山，飞轮遥指白云间。
朝宗万派瀛寰水，此是神京第一关。

周馥

周馥（1837—1921），字玉山，安徽建德（今东至）人。初为李鸿章幕下文牍，后晋升为津海关道、按察使、布政使等职。他追随李鸿章一生，是协助李鸿章办洋务、行外交的关键人物。旅顺建港初期，他就参与筹划全局，来往于天津与旅顺之间。1887 年 4 月接替袁保龄主持建港工程，“并联络旅顺、大连湾、威海卫水陆各将领妥筹布置”。

1891 年 6 月（光绪十七年五月），北洋大臣李鸿章视察北洋海军，周馥作为随员全程陪同，后写诗《随北洋大臣阅海军归途成六律》，今选其一。见《安徽东至周氏近代诗选》第一分册。该诗选由周馥之曾孙女、大连一中原教师周季华女士提供。

【注释】

[1] 溟，海。《庄子·逍遥游》：“北溟有鱼。”冲途，重要的道路。

[2] 凿海，指建船坞与军港。屯营，指设炮台并派兵驻守。负嵎（yú），依靠险要的地势。《孟子·尽心下》：“虎负嵎。”

[3] 牙爪，即爪牙，鸟兽的爪和牙，比喻辅佐的武将。当关踞，指把守关隘。

朱铭盘：诗二首

答人问旅顺

君问南苏叹壮游，那知风物逼人愁[1]。
昼中海气晴翻雨，晡后腥风夏变秋[2]。
舟客仰鱼穿浿水，贾人挈妇出营州[3]。
管宁不值公孙度，谁识辽东有旧楼[4]！

杂诗（其一）

白玉山头战骨香，镳钱祭鬼太凄凉[5]。
柳车马革无消息，多少生妻已下堂[6]。

朱铭盘（1852—1893），号曼君，江苏泰兴人，清末诗人，著有《桂之华轩诗集》。曾随庆军统领吴长庆、张光前等军幕16年，1893年卒于旅顺，年仅41岁。第一首写旅顺军旅生涯的苦况，气候多变，人烟稀少，如果不是从军，也不会来到此地。第二首写戍边士卒如不幸葬身异乡，就会造成妻离子散，家破人亡。

【注释】

[1] 南苏，辽金时期今金州名苏州。旅顺在金州之南，故称南苏。风物，一个地方特有的景物。

[2] 昼，白天。晡 bū，申时。

[3] 舟客，船夫。浿 pèi，古水名，在朝鲜半岛。贾，商人。挈，带领。营州，古十二州之一，《尚书·舜典》郑玄注说“舜以青州越海而分齐为营州”，指今辽宁一带。

[4] 公孙度，襄平（今辽阳）人，东汉末据辽东，自立为辽东侯，子孙三世统治辽东50年。管宁，三国魏北海（今山东临朐）人，当时知名贤士，为避战乱，

与同乡好友邴原等由登州渡海经沓渚（今旅顺口）来辽东，受到公孙度礼遇，并筑庐室，讲诗书。值，遇到。

[5] 镵 chán，本义为锐器，活用作动词，意刺。镵钱，凿纸为钱形。

[6] 柳车，指丧车。马革，即马革裹尸，用马皮把尸体裹起来，指军人战死于战场。下堂，指妻子被丈夫遗弃。

袁昶：哀旅顺口（甲午纪事）

金州锁钥东地维[1]，三面倚海背负巇[2]。
戈船作坞军器监，九攻九拒输墨机[3]。
漆城荡荡无不有，一旦雷轰资虏守。
虏嗤主者先遁逃[4]，利器尽入倭奴手。
呜呼海沸神怒号，奔军应伏杜邮刀[5]。
蛇盘鸟笼天险失，夺还何日犁腥臊[6]。

袁昶

袁昶（1846—1900），字爽秋，浙江桐庐人。光绪朝由户部主事转总理衙门章京，办外交事务多年。1900年义和团运动兴起，八国联军进攻大沽，朝议和战，袁昶与许景澄等反对围攻使馆和对外宣战，与慈禧太后等意见相反，7月28日，以“任意妄奏”“语多离间”，与许景澄同时被杀于北京。袁昶长于诗，是晚清浙派诗人的代表，著有《渐西村人集》《于湖小集》等。《哀旅顺口》一诗，表达了作者对甲午战时清军溃败、“主者先遁逃”的谴责和期望收复失地“犁腥臊”的正义感。诗选自《旅大文献征存·卷七艺文》。

【注释】

[1] 地维，古人设想天圆地方，天有九根柱子支撑，地有四根大绳栓系。维，大绳。《管子·牧民》：“国有四维。”全句写旅顺地理位置重要。

[2] 巇 xī，山势险要。全句写旅顺背山临海。

[3] 九攻九拒：典出于《墨子·公输》，讲春秋时期墨翟为了达到止楚攻宋的目的，亲自去楚国，首先劝说公输盘（即鲁班）放弃为楚造攻城云梯的计划，然后面见楚王指出其侵宋之不义，最终使楚王放弃了攻宋的计划。墨子在与公输论战时演示破敌之法，“公输盘九设攻城之机变，子墨子九距（拒）之”，最后使公输盘无计可施。“输墨机”一句，借公输盘与墨翟的典故，指北洋海军凭借旅顺天险与军事设施，已经做好了对付入侵之敌的应变准备。

[4] 虏，对敌人的蔑称，此指日军。嗤，嗤笑。“主者”，指当时主持旅顺船坞工程与防务的清朝道员龚照玙。此人在 1894 年 11 月 7 日日军攻陷金州的第二天，便“潜自便帽絮袍偕卫汝成遁，舟小风浪作，四日始达烟台”。后到天津被李鸿章训斥，勉强返回旅顺，仍畏葸不前。11 月 21 日竟弃船厂不顾，微服杂于溃勇中逃窜，致使旅顺当日下午即陷于日军之手。

[5] 杜邮，古地名，在今陕西省咸阳市。秦昭王怪罪大将白起，命他离开首都咸阳。白起出咸阳城十里，至杜邮，秦王又派使者赐剑令其自裁。奔军，指闻风丧胆仓皇而逃的清军。

[6] 腥臊，恶臭之气。《楚辞·九章·涉江》：“腥臊并御。”比喻奸邪之人，亦指盗匪、外敌等。犁，此处用作动词，指用犁耕地。全句意思是：何时能夺回失地，把奸邪之徒和外敌都除掉。

黄遵宪：哀旅顺

海水一泓烟九点[1]，壮哉此地实天险。
炮台屹立如虎阚[2]，红衣大将威望俨[3]。
下有深池列巨舰[4]，晴天雷轰夜电闪。
最高峰头纵远览，龙旗百丈迎风飐。
长城万里此为堑[5]，鲸鹏相摩图一啖[6]。
昂头侧睨视眈眈，伸手欲攫终不敢。
谓海可填山易撼，万鬼聚谋无此胆。
一朝瓦解成劫灰，闻道敌军蹈背来[7]。

黄遵宪

黄遵宪（1848—1905），字公度，广东嘉应（今梅州）人。晚清外交家、诗人，曾任驻日、英参赞，驻旧金山、新加坡总领事等，著有《日本国志》、诗集《人境庐诗草》。此诗写于旅顺沦陷之后不久。旅顺口不仅形势险要，而且“船坞、炮台、军储冠北洋”，号称“东洋第一坚垒”。然而，如此“坚不可摧”之旅顺口却“一朝瓦解”，岂不令人悲哀！结尾二句寓谴责之意于悲愤之中。

【注释】

[1] 语本李贺《梦天》诗：“遥望齐州九点烟，一泓海水杯中泻。”一泓，一片水。烟九点，从天上遥看中国，九州不过像一片海水中的九点烟尘。此句写旅顺口天然形胜。

[2] 甲午战争时，旅顺设海岸炮台 13 座，陆路炮台 9 座。阚 hǎn，虎吼叫。

[3] 红衣大将，指大炮。“红衣”为“红夷”的转称。红夷大炮，原指荷兰传来的大炮。甲午战争时旅顺清军有各式大炮一百数十门，多为德国克虏伯工厂制造。俨 yǎn，庄严。

[4]1880 年（光绪六年）李鸿章开始经营旅顺军港，1885 年（光绪十一年）建大船坞。深池，指旅顺军港与船坞。

[5] 堑，壕沟，护城河。旅顺形势险要，犹如万里长城的护城河。

[6] 韩愈《送无本师归范阳》：“鲸鹏相摩窣，两举快一噉。”噉 dàn，“啖”的异体字，吃。此句指列强互相争斗，想吞并旅顺口。

[7] 闻道，听说。蹈背来，指敌军从背后进攻旅顺。蹈，踩踏。甲午战争时，日军在花园口登陆，先占领旅顺后路金州与大连湾，1894 年 11 月 21 日旅顺沦陷。

梁启超：舟抵大连望旅顺

虎牢天险今谁主？马角生时我却来。

醉抚危舷望灯火，商风狼藉暮潮哀。

梁启超

梁启超（1873—1929），字卓如，号任公。广东新会人。中国近代著名的维新派领袖，学术大师。1898 年戊戌变法失败后逃亡日本，辛亥革命爆发后归国。本诗写于 1911 年 11 月，当时梁启超由日本乘“天草丸”轮回国，11 月 9 日船抵大连，翌日到日本殖民者占据之旅顺参观。虎牢，古地名，在今河南荥阳，在此借指旅顺。“马生角”本来指不可能之事。“马角生时”指时局发生如此异变（清朝覆亡）之时。商风，秋风，西风。

周学熙：冒雨游旅顺旧台坞感怀二首

光绪初，先公任津海关道兼沿海营务处。频年渡海，与先岳刘芗林公经营旅顺海防。予时率内子归宁。炮台船坞，皆先岳督修，苦心毅力，驻旅十年。后履烟台登莱青道任。甲午旅大、威海沦陷而烟台独全，岂非人谋胜天心耶？至今烟民祠祀之。

卌载先公揽辔临[1]，于今遗垒尚峥嵘。
山川不尽兴亡恨，日日潮头有怒声。

欲访羊公堕泪碑[2]，天寒雾雨正霏微。
怆怀几度沧桑后，犹是当年老令威[3]。

周学熙

周学熙（1866—1947），安徽建德（今东至）人。民国初期北方财政、实业界的著名代表。曾任财政总长，倡行烟酒公卖及清理官产，倡设中国实业银行，并在天津、青岛、唐山、卫辉开办华新纱厂等企业。1927 年曾寓居大连。其父周馥是李鸿章手下重要幕僚，后晋升为津海关道、按察使、布政使等要职。1887 年 4 月（光绪十三年三月）被李鸿章派赴旅顺，接替袁保龄督办船坞工程并兼任沿海水陆营务处。一年之后，海军衙门调他参加编撰北洋海军章程，他离旅赴京，继之由刘含芳担任旅顺建港施工的筹划监督任务。刘含芳（1840—1898），字芗林，安徽贵池（今池州市贵池区）人，他是李鸿章所倚重的军事工程与军械专家，自1882年至1893年，刘含芳在旅顺工作了11年，在旅顺建港之初即协助袁保龄“会办船坞及炮台工程”，旅顺鱼雷营及鱼雷学堂、水雷学堂都是刘含芳一手创办的。1893年赴烟台任山东登莱青道。1895年2月，日军逼近威海，烟台益危，刘含芳作为“守土官”，镇定自若，临危不惧，使烟台得以保全。刘含芳是周学熙的岳父。这两首诗写于1926年，第一首是怀念其先父，第二首是怀念其先岳，选自《安徽东至周氏近代诗选》第二分册。

【注释】

[1] 卌 xì，四十。载，年。从周馥初来旅顺赴任的1887年到1926年，正好是40年。揽，把持。辔，驾驭牲口的嚼子和缰绳。揽辔，手持缰绳，指走马上任。

[2] 羊公，指晋朝官吏羊祜，被封为钜平侯，督荆州军事长达十年，在任开屯田，储军备，政绩卓著，深得人心，死后其部属为之立庙建碑，见者堕泪，杜预将其碑命名为堕泪碑。

[3] 老令威，指丁令威，传说是汉朝辽东人，学道成仙，后化鹤归来。

罗惇曧：旅顺口

我从海东来，陆登大连湾。言寻旅顺口，突兀海门关。
缅昔我天险，北管封喉咽[1]。掎角威海卫，梯栈相钩连[2]。
众山束若箍，海水聚如盆。危峰拒天末，下有蛟龙蟠。
天骄斩我旁，扼吭睨幽燕[3]。大开都督府，森肃气万千。
眼中窣堵波，云是白玉山[4]。嵯峨表忠塔，战骨掩其间。
道旁有茶肆，一妪迎客欢[5]。骈罗碎弹子，列售求客钱。
云是胜俄物，我见增惭颜。昔我建军港，营构垂廿年[6]。
海军置元帅，铁舰如云屯。共道古汤池，寇来不足填。
倭军天上来，不战胆已寒。诸将迫主帅，忍辱书降笺[7]。
巍巍此神皋，授敌痛忍言[8]。和成乃割台，璧归宁瓦全。

弱肉入俄手，殚力求缮完。拜赐十年后，倭辱始一湔[9]。
倭攻累数月，俄守一何坚。并命数万卒，俄败无忝焉[10]。
险宁不足守，我实甘弃捐。夕阳万山黄，回步发长叹。
哀哉美山河，攫裂宁久延[11]。汤汤东海波，郁郁扶桑颠[12]。
精卫不衔石，掩抑涕无端[13]。

罗惇曧

罗惇曧（1872—1924），广东顺德人。名一作惇融，字孝通，号瘿庵。晚年号瘿公。戏曲作家，史学家。康有为弟子。辛亥革命后，历任北京总统府秘书、参议、顾问。袁世凯称帝，拒不受禄。此后流连戏园，与梅兰芳、程砚秋等过从甚密，并为之编写诸多剧本。著有《中法兵事本末》《中日兵事本末》《割台记》《庚子国变记》《太平天国战纪》《中俄伊犁交涉始末》等史学著作。

【注释】

[1] 缅昔，追想往昔。管，钥匙。喉咽，即咽喉，比喻形势险要的交通孔道。

[2] 捔 jué，竞力。角 jué，较量，竞争。栈 zhàn ，栈道。全句大意：旅顺口与威海卫隔海相望，相互竞争又相互支援。

[3] 天骄， 汉朝人称北方匈奴人为“天骄”，此指日本侵略者。1906—1919 年“关东都督府”官衙设在旅顺。鼾 hān，睡着时粗重的呼吸。扼，掐住。吭 háng，喉咙。睨 nì，斜视。幽燕，幽指幽州，古九州之一，战国时属燕国，指今河北、辽宁一带地域。

[4] 窣 sū 堵波，佛教术语，意指佛塔，为梵文音译，此处指“表忠塔”。云，说。

[5] 茶肆，卖茶的铺子。妪 yù，年老的女人。

[6] 廿 niàn，二十。自 1875 年 5 月李鸿章受命督办北洋海防，至 1895 年 4 月甲午战败签订《马关条约》，正好 20 年。

[7] 主帅，指北洋舰队提督丁汝昌。诸将，指营务处道员牛昶昞等投降派。1895 年 1 月日军围攻刘公岛，向丁汝昌送劝降书，北洋舰队雇用之洋人及牛昶昞等亦胁迫丁汝昌降敌，均遭拒绝。最后由洋员浩威以丁汝昌名义起草投降书，

送至日军旗舰“松岛”号。“忍辱书降笺”，过去误传丁汝昌自杀前曾写降书，世间流传之丁汝昌降书系由日人伪造。

[8] 皋 gāo，水边的高地。神皋，肥沃的土地，此指祖国大好河山。授，交给。

[9] 拜赐十年：1895 年 4 月，清朝与日本签订《马关条约》之后，俄国联合德、法“干涉还辽”，迫使日军有条件地撤出辽东半岛，其后俄国取而代之；1905 年日俄战争中俄国战败，日本重新霸占旅大。倭，指日本。湔 jiān，洗刷。

[10] 倭攻累数月：1904 年 7 月 30 日，日军对旅顺俄军完成合围，其后连续发动四次总攻击，至 1905 年 1 月 2 日俄军在投降书签字，历时 5 个月零 3 天。如果从 1904 年 2 月 8 日日本舰队突袭沙俄舰队算起，则长达 329 天。恧 nǜ，惭愧。

[11] 攫 jué，本指鸟用爪抓取，引申为夺取。全句大意：大好河山已被列强瓜分得四分五裂，国运难道还能长久延续吗？

[12] 汤汤 shāng，大水急流的样子。扶桑，神木名，传说日出其下，亦为日本的代称。

[13] 精卫衔石：《述异记》及《山海经·北山经》记载，古代炎帝之女在东海淹死，化为精卫鸟，每天衔西山的木石填东海，后用以比喻有深仇大恨，立志必报。掩抑，低沉忧闷。无端，无缘无故地。全句大意：国人沉睡而不思努力雪耻，使我心情郁闷而不知不觉地流下眼泪。

金梁：壬子春游旅顺

海水苍茫落日黄，潮声呜咽泣残阳。
春风犹是带秋气，大好山河作战场。

金梁

金梁（1878—1962），字息侯。浙江杭州驻防满洲八旗人。光绪进士。曾任京师大学堂提调、内阁中书等职，辛亥革命后任奉天省政务厅长等职。工书法，擅篆籀。曾主持《清史稿》（关外本）刊印工作。著作有《光宣小记》《清帝外纪》《近世人物志》等。本诗题中的壬子年为公历 1912 年。

成多禄：和铁隍赴旅顺有感之作

一别金州雪满身，河山破碎岂无因。
幽怀未免鹃思蜀[1]，往事空谈鹿逐秦[2]。
愁对樱花搔短发，强浮竹叶醉余春[3]。
樽前一样沧桑感，独倚东风忆远人。

成多禄

成多禄（1864—1928），字竹山，号澹堪，吉林人。工书法，精诗文。民国时期东北社会名流，又被誉为“吉林三杰”之一，民国初年任吉林省第二届参议院议员、民国教育部审核处处长兼北京图书馆副馆长，且为官清廉，被人们誉为“清廉太守”。旅顺日俄监狱旧址博物馆碑林中《郭君精义纪念碑记》由其书丹。铁隍，为成多禄之友谈国桓，字玉庵，号铁隍。

【注释】

[1] 鹃，杜鹃鸟，又称子规。《蜀王本纪》《华阳国志·蜀志》载，古蜀帝杜宇，死后化为杜鹃鸟。白居易诗：“期间旦暮闻何物？杜鹃啼血猿哀鸣。”

[2]“鹿逐秦”，用“逐鹿”典故。《史记·淮阴侯列传》有“秦失其鹿，天下共逐之”句，后称群雄并起竞争天下为“逐鹿”。

[3] 强，勉强。浮，旧时行酒令罚酒之称，引申为满饮。竹叶，此指竹叶青酒。

谢廷麒：戊辰偕朱子桥游旅顺[1]

鸡冠山畔石崔巍[2]，鸠据宁知一念非[3]？
陈迹于今遗劫火，飘零故垒对斜晖。

谢廷麒

谢廷麒（1875—？），字泗泉，斋号觉非庵主，陕西宁羌（今宁强）人，光绪初年生于闽南。清末官至四川顺庆府知府，民初任川北盐运副使，1924 年移居大连，开设民寿药房，行医之余兼事书画。后去“新京”（长春）任伪满御医。1936 年移居天津。一生精书画，善诗文，笔墨清劲，不落尘俗。现立于旅顺日俄监狱旧址博物馆的《西岗商会前任副会长徐公香圃纪念碑记》为其书丹。

【注释】

[1] 戊辰为公历 1928 年。

[2] 崔巍，（山、建筑物）高大雄伟。

[3] 鸠据，用“鸠占鹊巢”典。《诗经·召南·维鹊》：“维鹊有巢，维鸠居之。”指日军占据旅顺。把日本军国主义的侵略扩张政策，仅仅说成是“一念之非”，显然是错误的。

王永江：黄龙墓

俄人租借旅顺，建炮台于黄金山上。掘得一墓，有弓矢刀矛。碣题曰：黄龙墓。考明人笔记，黄为登莱巡抚部下总兵，以追孔有德、耿仲明叛降清朝，战于旅顺，力绝自刎。而尚可喜亦遂降清。

崇焕无谋文龙死，孔耿已降余可喜[1]。
桓桓忠勇黄将军，追叛舟师破浪驶。
回军獐岛保南陬，转战风云黯淡愁。
力尽孤臣悬海外，从容刎颈丽谯楼[2]。
降将招降复及尚，辽东从此无汉将。
空余碧血化苌弘[3]，三百年来金山上。
墓中剑矢土花斑，碣畔刀弓血迹殷。

西海至今秋夜月，灵旗来往怒潮间。
太息当年明社屋，而今皮岛居他族。
曼殊终失汉山河[4]，地下忠魂应痛哭。
郁郁佳城谁为开，九原不作应心摧[5]。
土非干净耻居此，宁使英雄骨化灰。
孔耿尚王今安在？一般茅土成荒秽。
争及将军有遗芳，姓名并峙黄龙塞。

王永江

王永江（1872—1927），字岷源，号铁龛，金州人。奉天书院毕业，先后任教与行医，曾在旅顺孙家沟开设中药房。后入仕途，1922年擢任奉天省省长，保境安民，整顿吏治，发展教育，颇有政绩。1926年因与张作霖政见不合，作《辞职书》返回故里，潜心医学与诗歌创作。著有《铁龛诗草》传世。本诗歌颂明末民族英雄黄龙守城事迹。

黄龙，江西南丰人（一说辽东人）。1630年（崇祯三年）就任皮岛总兵（皮岛，今朝鲜椵岛）。明降将孔有德、耿仲明于1633年3月（崇祯六年二月）从山东登州来袭旅顺，黄龙率部痛击之，孔有德“几获而逸”，率残部渡海至外长山列岛，由鸭绿江口北上，降后金。同年七月，孔有德等侦知旅顺空虚，遂引后金大军攻袭旅顺口。黄龙率部英勇抗击，直至火药矢石俱尽，终因寡不敌众而数战皆败，知不能脱，自刭而死，其部将李惟鸾、项祚临、樊化龙、张大禄、尚可义俱死之。黄龙及其部将于崇祯六年七月十四日战死于旅顺黄金山麓，兵荒马乱中由军卒仓促掩埋。崇祯帝追封黄龙为左都督，钦赐祭葬，在旅顺黄金山上为黄龙建起一座“显忠祠”，并予世荫。

143年之后的1776年（乾隆四十一年），清廷谥黄龙“忠烈”并再次修墓建祠。1888年（光绪十四年）刘含芳主持重修墓祠并立碑。1994年9月黄龙墓被列为大连市首批40个爱国主义教育基地之一。《显忠祠碑记》现藏于旅顺博物馆。

【注释】

[1] 崇焕，指袁崇焕，明末蓟辽督师。文龙，指毛文龙，明末东江镇总兵。

1629年（崇祯二年）六月，袁崇焕于旅顺双岛借故诛杀毛文龙。孔，指孔有德。耿，指耿仲明。可喜，指尚可喜。三人皆为毛文龙部下，后先后降清。

[2] 谯 qiáo，望楼，古时在城门上建高楼以望敌阵。

[3] 苌弘，春秋时期周大夫，后受冤被周人杀死，传说其血三年化为碧玉。

[4] 曼殊，“满洲”别称，此指东北地区。

[5] 佳城，指墓地。九原，山名，春秋时期晋国卿大夫之墓地在九原，后用以指代墓地。九原不作，指人死了不能复生。心摧，伤心。

乔有年：旅顺怀古

矗立金山海气横[1]，唐家曾此驻雄兵[2]。
铭功千载鸿胪井[3]，酣战三军牧底城[4]。
地接辽金留胜迹，波连齐鲁渡王京。
而今日暮散风雨，犹似当年击柝声[5]。

乔有年，生于道光年间，卒年不详。字椿溪，号古农，大连营城子双台沟人，后迁居旅顺大潮口（今三涧堡街道石灰窑村）。1862年（同治元年）进士。同治、光绪年间，历任工部主事及山东蒙阴、沂水、章丘等县知县，政声颇著。死后葬于济南府城郊。

【注释】

[1] 金山，指旅顺黄金山。

[2] 唐家，唐王朝。传说唐贞观年间征东军队曾在此驻兵。

[3] 鸿胪井，位于黄金山下。714年（开元二年），鸿胪卿崔忻奉命北上册封渤海郡王，归途经旅顺时，于黄金山凿井刻石以为纪念。今井已湮，其井边刻石于日俄战争后被日军盗往日本。

[4] 牧底城，即牧羊城，位于今旅顺铁山街道牧羊城村，是辽南地区已发现的重要汉代城址之一。

[5] 柝 tuò，旧时巡夜者击以报更的木梆。

沈延毅：观旅顺木羊城[1]汉古城址书感

方壶员峤两茫然[2]，斯处登临俨若仙。
地尽辽南山入海，云连鲁北浪吞天。
先民跋涉此留迹，遗址荒凉难计年。
吊古低徊无限好，摩挲老柏立寒烟。

沈延毅

沈延毅（1903—1992），字公卓，号述菊，辽宁盖县（今盖州市）人。著名书法家，历任辽宁省书法家协会主席、沈阳市文史馆馆长等职。为辽沈地区的文史研究和社会公益事业做出了很大的贡献。本诗写于1952年。

【注释】

[1] 木羊城，亦称牧羊城，位于旅顺铁山街道刁家村西南的丘陵台地上。此城东南倚老铁山，西临渤海，为渤海南下和山东半岛北上舟楫往来的重要口岸，地理位置十分重要。牧羊城以土夯筑，石砌城基。城平面呈长方形，南北长132米，东西宽82米。今城之东、西、南三面城墙尚存。考古发掘出土了一大批青铜时代遗物。所出土之汉“河阳令印”“武库中丞”封泥等表明，牧羊城是一座建筑于燕秦遗址之上的汉代极为重要的沿海城堡。

[2] 方壶、员峤，皆为古代传说中海上仙山名。《列子・汤问》载，渤海之东有大壑，其中有五山：一名岱舆，二名员峤，三名方壶，四名瀛洲，五名蓬莱。

罗继祖：素壁二首咏旅顺万忠墓

素壁四言张武运[1]，石城三日恣凶残[2]。
最恨兵逃民束手，颓然白骨峙如山。

滔滔狂寇地天愁，娇女凝妆上翠楼[3]。
若辈那知亡国恨，憔花悴叶会寒流。

罗继祖

罗继祖（1913—2002），浙江上虞人，罗振玉之长孙。字甘孺，号鲠庵。吉林大学教授，著名的史学家、古文献学家、书画鉴赏家。少年时代在旅顺度过，1988 年 6 月离休后由长春移居大连养老。著作甚丰，主要有《辽史校勘记》《永丰乡人行年录》《枫窗三录》等。诗选自其诗集《两启轩韵语》，写于 1996 年 1 月。

【注释】

[1] 素壁，白色的墙壁。四言，可能是指“武运长久”四字。日军常将此四字书于墙上或旗上。

[2] 石城，谓垒石为城，至为坚固。此句写日军旅顺大屠杀。“三日”之说不确，应为“四日”。

[3] 翠楼，华美的楼阁，又指酒楼。

孙宝田：诗二首

题徐总兵轶事

甲午迄今九十年[1]，战争遗事化云烟。
忠职唯有徐邦道[2]，青史留名万古传。

孙宝田

孙宝田（1903—1991），字玉良，晚年号辽海赘翁。金州人，祖籍山东牟平。善诗文，工书法。潜心于地方史研究 50 余年，著有《旅大文献征存》八卷。第一首诗载于其编撰之《徐邦道总兵轶事》一书（手抄本）。1935 年春，曾与友人郑有仁到旅顺探访甲午年旅顺大屠杀的见证人、当年抬尸队长鲍绍武老人，获悉大屠杀中旅顺死难同胞仅集中火化者即达 18300 余人，纠正了 1895 年（光绪二十一年）十月所立“万忠墓”碑文中“被难者计一万八百余名口”之误。

【注释】

[1] 诗写于 1984 年 10 月。

[2] 徐邦道，名金锡，字剑农，号邦道，四川涪州（今重庆涪陵）人。自幼习武，后入行伍，1889 年授正定镇总兵。甲午战争爆发，奉李鸿章之命，于 1894 年 9 月 15 日率部乘船来旅顺，其后驻防大连湾。在金州石门子阻击战和旅顺土城子阻击战中表现英勇，重创日军。旅顺沦陷后率余部北上。当时驻防旅大之清军“诸将互不统属，统领于战局坐视不问”，唯徐邦道最有识见，最富战斗力。后病逝于辽阳田家庄军中，终年 58 岁。今旅顺万忠墓纪念馆中立有其塑像。

题旅顺万忠墓

光绪甲午二十年，日寇屠戮旅顺市民约两万人，翌年春忠骸火化于阳花沟，骨灰以柳木棺三口盛之（经后来发掘证明，无三口棺木这事，此当为讹传——编者注），从葬于此。五十年前，随同郑心源茂才访问鲍君绍武，备聆其详。回忆往事，曷胜怆怀，爰赋小诗纪之。一九八四年十月八十二叟孙宝田题于连滨春柳山房。

无端倭奴侵边疆，屠杀吾民惨且狂。
疾首痛心四十载，万忠古墓荐馨香[1]。

【注释】

[1] 荐，进献。馨香，芳香，此指烧香的香味。全句写为万忠墓死难同胞的亡灵“馨香祷祝”。

姬守先：满江红二首

其 一

气愤填胸，按不住、满腔仇燃。
可恨那、叛徒走狗、国贼汉奸，
出卖民族谋己利，陷害同志讨敌欢。
丧天良、不顾廉和耻，子孙患。
绝同类，背祖先；贩人命，花血钱。

当狗奴，破坏、抗日战线。
群愤生啖贼子肉，众怒活剥狗心肝。
誓杀尽帝国主义者，偿大愿！

其二

国破家亡，民族恨、不共戴天。
起来了、反抗巨浪、革命狂澜。
武装工农几百万，抵住强敌五六年。
要生存、不怕斗争久，决死战。
身入狱，志愈坚；头可断，志不转。
看敌人气馁，进退两难。
铁血冲开自由路，奋勇打破胜利关。
建设起中华苏维埃，死无憾！

姬守先

姬守先（1910—1942），原名姬兴周，吉林伊通人。1933年11月，姬守先在大连结识国际情报组（俗称“抗日放火团”）成员陈洪飞（中共党员），同年12月经陈洪飞介绍加入中国共产党和国际情报组，不久被派往苏联，在红军参谋部举办的一个军事学校学习。1934年8月，姬守先回国领导“抗日放火团”工作。该组织在中国的总部设在上海，以大连、奉天（今沈阳）、安东（今丹东）、华北等一些重要城市和地区为目标，发展成员，建立组织，爆破焚烧日本侵略军在中国沿海地区的军事设施和军用物资。从1935年至1940年，姬守先先后指挥爆炸、放火达78次，其中在大连地区组织放火57次，烧毁日军军用物资价值2000万日元，足够日军两个师团六七万人全年所需。

1940年6月，“抗日放火团”遭破坏。同年8月15日，姬守先在上海法租界被捕，其后被关进旅顺监狱，经受多次酷刑，但他始终坚贞不屈。在狱中，为争取难友们每天能有见面的机会，姬守先组织开展绝食斗争，迫使日本殖民当局让步，同意每天有 10 分钟的跑步时间。为鼓舞斗志，他咬破手指，用笤帚篾子蘸血写诗，用“满江红”调填词，教难友们传唱。

1942 年 12 月 9 日，姬守先在旅顺狱中被处以绞刑，年仅 32 岁。

黄炎培：白玉山、万忠墓

高高的白玉山，从那里飞来的塔！
原来是日寇打败了帝俄，表扬它的战绩。
呸！什么“表忠塔”，可耻，铲平它，有什么可惜！
一会儿望见东麓万忠墓，使人愤怒，使人感泣。
远在甲午之战的前夕，狠绝！惨绝！
一万八千多义民的尸骨。
我向全市人民建议：把这塔题名万忠塔。
建一座碑，前前后后事迹一齐写出，
举行一个盛大的题名仪式。
“万忠塔”！“万忠塔”！
国耻从此洗雪，永远纪念着当时旅顺人民为国牺牲的壮烈。

黄炎培

黄炎培（1878—1965），江苏川沙（今上海浦东新区）人。中国民主革命家，教育家。历任政务院副总理、全国人大常委会副委员长、全国政协副主席、民建中央主任委员等职。1951 年夏秋之交，黄炎培在大连疗养一个半月，有《新旅大》诗作六首，此为其第五首。载于《黄炎培诗集》中。

闻一多：七子之歌·旅顺，大连

……吾国自《尼布楚条约》迄旅大之租让，先后丧失之土地，失养于祖国，受虐于异类，臆其悲哀之情，盖有甚于《凯风》之七子。因择其与中华关系最亲切者七地，为作歌各一章，以抒其孤苦亡告、眷怀祖国之哀忱，亦以励国人之奋兴云尔……

我们是旅顺，大连，
孪生的兄弟。
我们的命运应该如何的比拟？
两个强邻将我们来回的蹴踢，
我们是暴徒脚下的两团烂泥。
母亲，归期到了，快领我们回来。
你不知道儿们如何的想念你！
母亲！我们要回来，母亲！

闻一多

闻一多（1899—1946），本名闻家骅，湖北浠水人。著名诗人，学者。先后在青岛大学、清华大学、西南联合大学任教。抗战胜利后，积极参加反对内战的民主运动，1946 年 7 月 15 日在昆明被国民党特务暗杀。本诗写于 1925 年，当时闻一多正在美国留学，因有感于晚清以来我国领土澳门、香港、台湾、威海卫、广州、九龙、旅大相继被帝国主义侵占，遂以拟人笔法，将这七个地方比作七个儿女，表达了对祖国母亲的眷念以及回归母亲怀抱的企盼之情。

1898 年 3 月，俄国威逼清政府签订《旅大租地条约》，租期 25 年，至 1923 年 3 月租借到期。日本承袭俄国的租借权，“归期到了”，仍占据旅大，实行殖民统治，直至 1945 年 8 月无条件投降。

范长江：旅顺口五首

观海空军演习

喷气神鹰啸辽空，海上铁骑飞白龙。
沉沙白骨魂如在，笑看旌旗满地红。

忆徐邦道军

甲午战争中，争夺旅顺口之战是一个重要的战役。日军在朝鲜战争得手后，即分兵一路由金州东北的花园口登陆，截断辽东半岛，包围旅顺大连。当时防守旅顺大连的中国军队，大都为李鸿章的淮军，其将领都腐败无斗志，当时辽东半岛最高指挥官是旅顺道台龚照玙，也是一个贪污腐败贪生怕死的家伙，唯有川军的总兵徐邦道力主抗战，并主张不能单纯防守旅顺，必须先要派队防御金州，不使日军抄袭旅顺后路，才有利战守。各军都不听他的意见，他乃自告奋勇，率部北防金州，但兵力太少，而各部又不相援助。日军大队突至，徐邦道部与驻守金州的满洲骑兵连顺奋勇抗战，予日军以重大杀伤，然后退守旅顺。日军围攻旅顺时，徐部与日军进行激烈巷战，英勇不屈，日军死伤重大。徐军最后冲出日军重重包围，突围北上，退到辽河西岸，与大队会合。在清朝腐败统治中，徐邦道以后亦未被重用。这支英勇善战的军队至今仍被旅大人民所歌颂。

峨眉峻秀映辽东，一叶孤军斗毒龙。
金州阻击惊敌胆，旅顺巷战称人雄。
三面环海困绝路，一军突阵破刀丛。
中国人民素英勇，只要领导是豪雄。

万忠墓

甲午战争中，日军攻占旅顺后，屠杀全城居民，血流成河，尸骨堆山，这些尸体被火焚后，骨灰被埋在旅顺郊外，后人名之为“万忠墓”。日本帝国主义累欲平此墓，因慑于民愤，未果行。解放后已加培修，成为历史上永久值得纪念的地方了。

万忠墓上漫咨嗟，当年华人贱于虾。
白骨成山惊睡梦，红旗如海换中华。
冤仇只记侵略者，人民总是善良家。
日本人民正觉醒，民主世界敬樱花。

在老铁山南望

老铁山为辽东半岛入海最深处，天晴时可以望见南长山列岛和山东蓬莱。此次适有南风，海中生雾，不能远视。但海水西流甚急，亦壮观也。

老铁山头入海深，黄海渤海自此分。
西去急流如云涌，南来薄雾应风生。
蓬莱未见念齐鲁，旅顺畅游论古今。
青年战士如龙虎，祖国江山万古青。

访唐代古井

唐开元间，鸿胪卿崔忻使渤海国，归时在旅顺黄金山下掘井以为纪念，遗址尚在。旅顺口作为中原和东北交通海上孔道，汉代已经来往频繁的。

唐时古井汉时湾，几度沦亡几度还。
幸得中原钢铁固，海疆从此有山关。

范长江

范长江（1909—1970），原名希天，四川内江人，当代著名新闻工作者。1936年西安事变后，以《大公报》记者身份到延安采访，写通讯《陕北之行》，是从国民党统治区去陕北苏区采访的第一个记者。新中国成立后，历任新闻总署副署长、人民日报社社长、中国科协副主席等。诗摘自《胶东辽东半岛旅行杂诗》。

流沙河：旅顺口

辽东半岛南端一只袋嘴，
旅顺港，你被人叫作口。
口腔内噙着许多船舶，如齿。
排列成两段圆弧，一左一右。
一会儿吐出一艘，
一会儿吸入一艘。
环岸是船坞，一片繁忙，
口外是渤海，远水悠悠。

口的两角突耸着礁山，
獠牙对峙，利于防守。
咽喉深处架着一尊海岸大炮，
指向当初来攻港的东洋寇仇。
炮筒上錾刻着俄国人的名字，
七十五年风雨，斑斑铁锈。
这一个斯基，那一个科夫，
字迹尚清晰，尸骨已腐朽。
交战的任何一方都不是中国，
虽然战争发生在中国的港口。
两个海盗在我们家中打架，
要说荒谬，真有如此荒谬！
仰视日军的高塔，一柱擎云，
俯察俄军的暗堡，几个荒丘。
天皇胜了，沙皇败了，
涂抹我中华满面的羞。
这是一轴国耻的画卷，
看在眼底，恨在心头。
如果有一天海盗又来染指，
旅顺，你得狠狠咬他一口！

流沙河

流沙河（1931—2019），原名余勋坦，四川金堂人。当代著名诗人。曾任《星星》诗刊编辑。1957 年因发表组诗《草木篇》被错划为右派，1978 年获平反后调入四川省文联，任四川省作家协会副主席。诗集有《告别火星》《流沙河诗集》等。《旅顺口》一诗原载于《芒种》月刊。

冀汸：旅顺口，不是没有好风景

一

不是没有好风景
只是没有看风景的心情

到海边去散步……
我会记起
海盗军舰
正是在这里
向渔船开炮
船破，桅折
海水燃烧了

登上白玉山眺望……
有凉风吹拂
有大树遮阴
有野花野草喷吐芳香
但也有
占领者留下的“表忠塔”
像一颗巨型炮弹
压在头顶
提醒我
　　这土地曾经被蹂躏
　　人民
　　曾经是奴隶

再往前走……
但不论走到哪里
1894，1904
两串不吉利的阿拉伯数字
也幽灵似的追踪到哪里
像两根带电的鞭子
抽打着我的背脊
叫我痛苦地记起
过去了的世纪

二

……皇帝和他的奴才
天天酒醉饭饱
一天
灵感来了
他们忽然想到
　　用堡垒打扮你
　　用克虏伯大炮装饰你
　　用铁甲舰
　　当作不冻之港的小摆设……
从这天起
旅顺口
变成了金城汤池
在他们的幻想里
战争来了

不是幻想的战争
粉碎了他们的幻想
连同他们的洋枪洋炮
像漂浮的泡沫
消失了
像纸糊的玩具
灰飞烟灭了
那时候
大海，也该这般深沉吧
海水，也像蓝黑色的墨水吧
波涛拍打岩岸
也激起了白灿灿的水花吧
日本侵略军
踩过它们
登了岸

那时候
旅顺口
开始了厄运
　　一颗明珠
　　紧紧攥在强盗的手里
　　一朵鲜花
　　牢牢别在强盗的胸襟

三

强盗的身边
还潜伏着强盗
　　饥饿的俄罗斯
　　纠合
　　熬红了眼睛的日耳曼和法兰西
向日本
打出撒手锏——
把叼在嘴里的，吐出来！

亲爱的旅顺口
你却并没有回来
你只是
从天皇殖民地
变成了沙皇殖民地
…… ……

冀汸

冀汸（1918—2013），原名陈性忠，湖北天门人。出生于印尼爪哇。当代著名诗人，毕业于复旦大学历史系，曾任浙江省作家协会副主席、顾问。此诗选自其诗集《灌木年轮》。